REGINALD FÖLDY
ERWIN RINGEL

MACHEN UNS DIE
MEDIEN
KRANK?

W0188001

REGINALD FÖLDY
ERWIN RINGEL

MACHEN UNS DIE
MEDIEN
KRANK?

DEPRESSION DURCH
ÜBERINFORMATION

UNIVERSITAS

Inhalt

Vorwort

Glaubt denen, die die Wahrheit suchen,
zweifelt an denen, die sie finden.
André Gide

Die globale elektronische Vernetzung schreitet weiter voran. Schon in absehbarer Zukunft wird im integrierten Fernmeldenetz IBFN mittels Glasfaserkabeln und Laserstrahlen eine praktisch schrankenlose Übertragung von Informationen – natürlich auch von Fernsehprogrammen – Wirklichkeit. Wie ein Nervensystem werden dann digitale Netze unsere Gesellschaft durchziehen, um in den »Großhirnen« der staatlichen oder kommerziellen Schaltzentralen zusammenzulaufen. Der Eintritt der menschlichen Spezies in die »Globalisierung des Jetzt«, in den Hyperraum der Information, hat längst begonnen.

Gleichsam »unter der Hand« schmelzen die technologischen Rahmenbedingungen auch das soziokulturelle Gefüge um. In der entstehenden »Schönen neuen Welt« erzeugen die elektronischen Medien eine freiwillige »Gleichschaltung« des Denkens und des Fühlens, wie sie in totalitären Staaten trotz aller Propaganda niemals erreicht werden konnte. Aldous Huxley, so scheint es, hat doch recht behalten. Die Wirklichkeit aus zweiter Hand erweist sich als stärker als jede direkt erlebte »Wirklichkeit«. An die Stelle der »kritischen Distanz« moralischer Notwendigkeit ist infolge der multimanischen Totalität der Informationsgesellschaft die grinsende Maske des Faktischen getreten.

Der Rausch an Information und Überinformation potenziert die Unüberschaubarkeit ins Grenzenlose und treibt die Zahl der Ab-Bilder in unseren Köpfen zur Explosion. Die Pathologisierung kollektiver Kommunikationsprozesse bleibt nicht ohne Folgen: Genauso wie in der überindustrialisierten Überflußgesellschaft der Staudruck der Überproduktion und des Überkonsums zum Systemkollaps führen muß, springt die überinformierte Mediengesellschaft durch eine Art »Überwissen« in eine Regression über. Das, was die Psychoanalyse unter »Regression« im klassischen Sinne versteht, ist ein Zurückfallen in frühkindliche Reaktionen. Heute generalisierbar als eine Art »Infantilisierung der Fortschrittsgesellschaft«.

Es ist mehr als eine These, daß die Verbreitung der Massenkommunikation eine drastische Einschränkung der Individualkommunikation bewirkte, die bis zur Implosion aller Bezüge führen kann. Depression, im klinischen Sinne der Psychiatrie, ist eine Krankheit, die den einzelnen betrifft. Wie aber sieht es in der Massengesellschaft mit der Ausbreitung kommunikativ stimulierter Verstimmungen aus? Es erscheint daher aktuell geboten, wenn Psychiater und Kommunikationspsychologe gemeinsam der neuen Entwicklung nachspüren.

Wir wissen heute, daß die Welt der Medienwirklichkeit eine fremder werdende Lebensalternative in die Wohnzimmer trägt. Daß immer mehr Menschen dazu neigen, ihnen ungemäße Inhalte zu übernehmen und in klischierten Formen zu leben und zu erleben. Die Medienmacht der Informationsgesellschaft scheint in zunehmendem Maße die Medienohnmacht des von ihr betroffenen verarbeitungsneurotisch stigmatisierten Menschen zu bewirken.

In der quantitativen Informationsüberforderung der überinformierten Gesellschaft erleidet die individuelle Identität Schaden. Die Schnelligkeit der Veränderung der Welt um uns führt uns zu einer unkritischen Handhabung von Fremdmeinungen. Die überproportionale Häufigkeit auf uns in Wort und Bild einstürmender schlechter Nachrichten läßt den Pessimismus in unserer Zeit sprunghaft anwachsen. Politikverdrossenheit, Lebensverdrossenheit nehmen zu. Seelentonnen von Fremdleid stürzen über Medien auf uns ein, verletzen die Identitätsfähigkeit, schieben uns in Zukunftspessimismus und »kollektive Depression«.

Depression als implosive Seelenreaktion und Aggression als explosive Seelenreaktion scheinen zu vorprogrammierten Weltfluchtwegen zu werden. Wo stehen wir heute im diagnostischen und therapeutischen Ansatz im Kampf gegen die »Volkskrankheit« Depression? Und wie sehen Wirkungen und Ausbreitungsmechanismen des kollektiven Syndroms in massenkommunikativ vernetzten und gesteuerten Gesellschaften aus? Fragen gibt es dazu viele. Wir wollen versuchen, darauf Antwort zu geben.

Erwin Ringel   Reginald Földy

TEIL I

Erwin Ringel
VOM WESEN DER DEPRESSION
Ursache – Wirkung – Hoffnung

Die Depression ist eine der häufigsten Erkrankungen auf dieser Welt. Jeder zweite hat mindestens einmal in seinem Leben eine Depression gehabt, und übereinstimmend wird berichtet, daß sie noch im Zunehmen begriffen ist. Was aber dabei viel zuwenig berücksichtigt wird, ist, daß es verschiedene Formen der Depression gibt, die in ihrer Verursachung sehr unterschiedlich sind und daher natürlich auch einer unterschiedlichen Therapie bedürfen. Wenn man also einem Mitmenschen über eine eigene Depression berichtet und er antwortet: Ich habe auch schon eine gehabt, und mir hat dieses oder jenes geholfen, so geht eine solche Antwort von der laienhaften falschen Annahme aus, daß alle Depressionen gleich und daher auch gleich zu behandeln seien.

Im folgenden möchte ich die wichtigsten Forman der Depressionen zur besseren Differenzierung beschreiben, wobei es sich wohl von selbst versteht, daß die letzte Diagnose nur dem Arzt, besonders dem Facharzt für Psychiatrie vorbehalten bleiben muß. Es ist aber dennoch auch für den Laien wichtig, sich hier wenigstens ein bißchen auszukennen.

KAPITEL 1

Die sogenannte »*endogene Depression*«, auch »*Melancholie*« genannt

Was bedeutet das Wort »endogen«? Eigentlich meint es, daß die Depression aus dem Innersten kommt, also mit äußeren Faktoren nichts zu tun hat. Wie wir aber noch sehen werden, stimmt diese Deutung nicht: Denn auch nach einem schweren Schicksalsschlag (z. B. dem Tod eines nahen Angehörigen) kann man eine »endogene« Depression bekommen, die wir dann als reaktiv ausgelöst bezeichnen. In anderem Sinn aber stimmt die Bezeichnung schon, denn die endogene Depression geht in jedem Fall auf eine *Stoffwechselstörung* im Inneren, also im eigenen Körper zurück, welche zu einer Verzögerung der Impulsvermittlung im Nervensystem und zu einer Blockierung des vegetativen Nervensystems führt. Daher unterscheidet sich die endogene Depression von allen anderen Depressionsformen dadurch, daß sie auch massive körperliche Symptome aufweist. Früher sagte man: Wenn keine Gründe vorliegen, depressiv zu sein, dann handelt es sich um eine endogene Depression. Heute wissen wir, daß eine solche Annahme – wie vorhin gezeigt wurde – falsch ist, und sagen statt dessen: An ihren Symptomen sollt ihr sie erkennen. Diese Symptome sind die folgenden:

1. *traurige Verstimmung mit Beharrungstendenz;*
2. *psychische und körperliche Hemmung;*
3. *absoluter Pessimismus;*
4. *Selbstvorwürfe;*
5. *Angst;*
6. *hypochondrische Ideen;*
7. *körperliche Symptome;*
8. *intensive Selbstmordtendenz*

ad 1:
Die *Beharrungstendenz* bedeutet, daß es sich um eine *anhaltende Traurigkeit* handelt. Die endogene Depression verläuft in Phasen,

das heißt, sie setzt langsam oder plötzlich ein und dauert dann Wochen, Monate, eventuell sogar Jahre. Schließlich klingt die Phase ab, und es tritt völlige Genesung ein, wobei es aber durchaus möglich erscheint, daß später neuerlich depressive Phasen auftreten. Es ist also nicht so, daß man bei dieser Erkrankung einige Tage depressiv ist, dann aber wieder fröhlich und ungestört. Wohl aber gibt es bei endogenen Depressionen einen charakteristischen Tagesablauf: Am Morgen ist der Zustand am schlechtesten, oft geradezu unerträglich, während er sich in den Nachmittagsstunden bessert. Viele Patienten bedauern es fast, am Abend schlafen zu gehen, weil sie sich gerade zu dieser Zeit am besten fühlen. Die Beharrung zeigt sich aber nicht nur in der chronischen traurigen Stimmung, sondern auch im Beharren auf traurigen Gedanken, welches wir als *»Grübelzwang«* bezeichnen. Der endogen Depressive hört auf, seine Umwelt zu betrachten (Hypovigilität), seine ganze Aufmerksamkeit ist auf das eigene Innere gerichtet, das als negativ erlebt wird und von dem er nicht loskommt (Hypertenazität). Daraus ergibt sich auch, daß es kaum möglich ist, den endogen Depressiven von sich selbst abzulenken.

ad 2:

Die *Verlangsamung* bezieht sich *im Körperlichen* auf die Bewegungen; die Muskulatur ist oft wie erstarrt, der Gesichtsausdruck bekommt dadurch etwas depressiv Eingefrorenes, so wie in früheren Zeiten von Dürer die *»Melancholei«* dargestellt wurde. Auch im Psychischen ist sie wirksam: Die Sprache wirkt gehemmt, verzögert. Der assoziative Betrieb ist verlangsamt, oft kommt er vollständig zum Erliegen, wodurch jede Form der Kreativität unmöglich erscheint. Viele endogen Depressive halten sich daher irrigerweise für verblödet und geistig abgebaut. Man kann diesen Zustand auch als Adynamie bezeichnen, das heißt als *Antriebslosigkeit*. Der Rückenwind, der einen seine Aufgaben wie von selbst erledigen läßt, ist verlorengegangen, und daher muß man sich zu jeder, auch der geringsten Tätigkeit zwingen; »die Dinge gehen einem nicht sehr von der Hand«.

ad 3:

Der Kranke hat gleichsam eine schwarze Brille auf, durch die er alles in negativer Weise betrachtet. Positives wird nicht zugelassen. *Hoffnungslosigkeit* dominiert. Millionäre können zum Beispiel in einer endogen depressiven Phase davon überzeugt sein, daß sie all ihr Geld verloren haben *(depressives Verarmungsgefühl).* Wenn man dem Patienten wahrheitsgetreu erklärt, die Depression werde vorübergehen, so kann er das infolge seines Pessimismus nicht glauben. Wenn z. B. ein Patient schon einige depressive Phasen gehabt hat und erleben durfte, daß sie vergingen, so ist er doch kaum imstande zu glauben, daß die jetzige auch solch ein gutes Ende finden wird. Daraus ergibt sich auch, welch ein Wahnsinn es ist, einem endogen Depressiven zu raten, sich zusammenzunehmen; er müsse nur den entsprechenden Willen haben, dann werde alles gut. Hier wird der Kranke vor Forderungen gestellt, die er nicht erfüllen kann, und dieses Nichtkönnen wird dann natürlich von ihm neuerlich im Sinne der negativen Bewertung seiner Situation und Person benützt (= ich habe schon wieder versagt). Andererseits muß man trotz allem dem Patienten immer von neuem Hoffnung geben (auch wenn er sie kaum annehmen kann), wozu man um so mehr berechtigt ist, weil heute ist die endogene Depression eine der erfolgreichst zu behandelnden psychischen Erkrankungen ist (siehe später).

ad 4:

Der endogen Depressive hat jedes *Selbstwertgefühl* verloren. Er hält sich für unfähig, meint, seinen Aufgaben niemals gewachsen zu sein, und erlebt seine Depression nicht als Krankheit, sondern eben als Bestätigung seiner Unfähigkeit, seines Schlechtseins. Er sucht die Schuld für alles und jedes bei sich selbst und macht sich dementsprechend die heftigsten *Vorwürfe,* oft für Lächerlichkeiten bis zurück in seine Kindheit. Religiöse Menschen, die eine endogene Depression bekommen, glauben mitunter nicht mehr an das Sakrament der Buße, sondern halten sich für unerlösbar, wünschen sich den Tod als Strafe für ihr vermeintliches Versagen. Im Zusammenwirken von Verlangsamung, Pessimismus und Verlust des Selbstwertgefühls entsteht ein für den endogen Depressiven charakteristisches Symptom: die *Unfähigkeit, irgendeinen Entschluß zu fassen.* Es ist daher nicht nur sinnlos, sondern auch unmenschlich, den Patienten in diesem Zustand vor Entscheidungen zu stellen.

ad 5:

In jedem endogen Depressiven ist ein starkes, enorm gefährliches »irrationales«, das heißt nicht vom Verstand, sondern von seinem

Gemützustand abzuleitendes Angstpotential enthalten. Es gibt endogene Depressionen, bei denen diese *Angst* und die aus ihr entstehende *Ruhelosigkeit* im Vordergrund stehen (Melancholia agitata), und andere, bei denen die Hemmung so dominiert, daß man die Angst nicht merkt (Melancholia passiva). Daß aber auch bei der letzteren Angst vorhanden ist, beweisen plötzlich ausbrechende *Angstanfälle* (Raptus), die dann durchaus zu blitzschnellen Selbstmordhandlungen führen können.

ad 6:
Der Pessimismus und die Schuldgefühle erzeugen in ihrem Zusammenwirken oft *hypochondrische Ideen*, die dann den Kranken noch zusätzlich in seinem Gefühl der Ausweglosigkeit bestärken und gleichzeitig als eine Bestrafung für sein vermeintliches Versagen interpretiert werden. Eine besonders oft von endogen Depressiven gewählte Vorstellung ist die Überzeugung, an Krebs erkrankt zu sein. Solche hypochondrischen Ideen, besser gesagt: Gewißheiten sind natürlich nur dadurch zu beseitigen, daß die endogene Depression erfolgreich behandelt wird und abklingt.

Mehrfache Untersuchungen haben gezeigt, daß mehr Menschen, die sich infolge einer endogenen Depression einbilden, Krebs zu haben, durch Selbstmord sterben, als tatsächlich Krebskranke durch Suizid enden. Es ist in diesen Fällen besonders tragisch, zu erleben, wie Angehörige nach einem solchen Selbstmord lieber hören möchten, der Patient habe wirklich Krebs gehabt, weil ihnen erstens dann der Selbstmord verständlicher erschiene und sie zweitens der Gedanke trösten könnte, der Betreffende habe sich mit seinem Suizid einen qualvollen Tod erspart. Auch andere hypochondrische Vorstellungen sind natürlich möglich, und es ist klar, daß sie allesamt den Kranken noch in seiner Depression bestärken. So kommt es hier zu einem Kurzschluß: Die Depression gebiert Vorstellungen, die ihrerseits die Depression verstärken.

ad 7:
Von den durch die Stoffwechselstörungen der endogenen Depression hervorgerufenen *körperlichen Symptomen* sind vor allem die Schlafstörungen zu nennen. Man kann in der Regel rasch einschlafen, wacht aber ungewöhnlich zeitig auf (oft das erste Symptom einer herannahenden endogenen Depression). Daß oft sehr unangenehme Träume mit ängstlich-depressivem Inhalt auftreten, be-

weist, daß die Depression auch im Unbewußten verankert ist. Mit diesem frühzeitigen Erwachen, von dem der Patient nicht durch Wiedereinschlafen erlöst wird, ist auch der bereits erwähnte morgendliche Höhepunkt der Depression verbunden. Man liegt ab 3 Uhr, 4 Uhr, 5 Uhr angstgeschüttelt im Bett, von Grübelzwang, Pessimismus und Selbstmordvorstellungen gepeinigt, fühlt sich gleichzeitig unfähig aufzustehen, sondern möchte sich im Bett verkriechen. Ein weiteres Symptom ist die Trockenheit im Munde, die oft als qualvoll empfunden wird. Der endogen Depressive kann nicht mehr mit Tränen weinen, denn auch die Tränenproduktion ist nämlich wie die des Speichels reduziert. Wenn der Patient zum ersten Male wieder in Tränen ausbricht, markiert dies gewöhnlich den Beginn der Heilung (»Die Träne quillt, die Erde hat mich wieder«). Auch der Appetit ist deutlich vermindert; man muß sich zu jeder Mahlzeit zwingen, dementsprechend kommt es auch zu Gewichtsverlust. Gewöhnlich ist der endogen Depressive obstipiert, das heißt verstopft, was zusätzlich zu einem unangenehmen Erleben des eigenen Körpers beiträgt. Bei Frauen setzt die Menstruation in einer endogen depressiven Phase gewöhnlich aus.

ad 8:

Selbstmordtendenz. Ich möchte es dem Leser überlassen, sich noch einmal die beschriebenen sieben Symptomgruppen der endogenen Depression zu überlegen, um daraus den Schluß zu ziehen, daß eigentlich jede Beschwerdengruppe in die Richtung des Suizids weist. Nun muß man sich noch zusätzlich des Zusammenwirken all dieser Symptome vorstellen, dann wird man begreifen, daß die endogene Depression die selbstmordgefährlichste aller Erkrankungen ist, die wir kennen. Fast ein Drittel aller Selbstmorde geht auf sie zurück. Hier ist die *Todestendenz* so überwältigend, daß dem *Selbsterhaltungstrieb* im Falle einer Selbstmordhandlung nur geringe Chancen bleiben. Dementsprechend ist die endogene Depression auch am Selbstmord viel stärker beteiligt als am Suizidversuch.

In diesen Ausführungen habe ich das voll ausgeprägte Bild der endogenen Depression beschrieben, das man eigentlich kaum übersehen kann. Es gibt aber heute viele Fälle einer »abgeschwächten« endogenen Depression, also mit einer weniger deutlichen Symptomatik, die natürlich schwerer zu erkennen sind. Außerdem muß bedacht werden, daß der endogen Depressive kein Geistes-, sondern ein Gemütskranker ist, der demzufolge die Fähigkeit besitzt, zu dissimulieren, das heißt, so gut er kann seine Krankheit zu verbergen, was ihm besonders am Nachmittag (infolge des Besserwerdens seines Zustandes zu diesem Zeitpunkt) relativ leicht gelingen mag. Es ist leider ein Irrtum, zu glauben, daß die *abgeschwächte endogene Depression* (Melancholia Mitis) auch mit einer *abgeschwächten Selbstmordgefahr* verbunden ist. Bei ihr erscheint nämlich vor allem die Hemmung nicht so ausgeprägt, womit aber ein Faktor wegfällt, der dem Suizid im Wege steht.

In diesem Zusammenhang muß auch noch der von W. Walcher geprägte Begriff der »larvierten« Depression erwähnt werden. Dabei handelt es sich um eine endogene Depression, bei der aber nur *ein* Symptom in den Vordergrund tritt, so daß sie leicht übersehen werden kann. Auf der anderen Seite jedoch muß man sich hüten, hinter jedem Symptom, das man nicht erklären kann (z. B. Schlafstörung), eine larvierte Depression zu vermuten. Entscheidend wird hier sein, ob man neben diesem Symptom – bei genauer Untersuchung – auch die anderen Kennzeichen der endogenen Depression entdecken kann.

Noch einmal muß ich zusammenfassend auf die Hölle hinweisen, welche eine endogene Depression für den Kranken, aber auch für seine Umgebung, die ja mitleidet und oft nicht weiß, was hier vorgeht, darstellt. V. Frankl hat dies unübertrefflich ausgedrückt, als er die endogene Depression als *»Dies irae in Permanenz«* (»Tag des Zornes, des andauernden Gerichtes«) bezeichnet hat. Wenn auch die Psychiatrie gelernt hat, diese Erkrankung immer besser zu verstehen, so ist vielleicht doch bis zum heutigen Tage die Darstellung unüberboten, die Goethe in »Faust II« von ihr gegeben hat:

»Wen ich einmal mir besitze,
Dem ist alle Welt nichts nütze.
Ewiges Düstre steigt herunter,
Sonne geht nicht auf noch unter,   (»Beharrungstendenz«)
Bei vollkommen äußern Sinnen   (geistige Intaktheit)
Wohnen Finsternisse drinnen.   (gemütsmäßige
Und er weiß von allen Schätzen   Verdunkelung)

Sich nicht in Besitz zu setzen.
Glück und Unglück wird zur
  Grille,
Er verhungert in der Fülle;   (»Verarmungsgefühl«)
Sei es Wonne, sei es Plage,
Schiebt er's zu dem andern Tage,
Ist der Zukunft nur gewärtig,
Und so wird er niemals fertig.
Soll er gehen? Soll er kommen?   (»Entschlußunfähigkeit«)
Der Entschluß ist ihm genommen.
Auf gebahnten Weges Mitte
Wankt er tastend halbe Schritte;   (»Angst«)
Er verliert sich immer tiefer,   (»Grübelzwang«,
Siehet alle Dinge schiefer,   Pessimismus«,
Sich und Andre lästig drückend,   »schwarze Brille«)
Atem holend und erstickend;   (»vegetative Symptome«)
Nicht erstickt und ohne Leben,
Nicht verzweifelt, nicht ergeben.
So ein unaufhaltsam Rollen,
Schmerzlich Lassen, widrig Sollen,
Bald Befreien, bald Erdrücken,
Halber Schlaf und schlecht   (»Schlafstörung«)
  erquicken
Heftet ihn an ihre Stelle
Und bereitet ihn zur Hölle.«

Schließlich möchte ich noch eine *Schilderung der endogenen Depression von einer von der Erkrankung selbst betroffenen Frau*
bringen:
»Ich werde mit den Anforderungen des Lebens nicht fertig; fühle mich *dauernd* unglücklich, unsicher, *müde und überfordert*
(obwohl meine Leistung immer mehr absinkt). Enorme geistige
und dadurch auch zeitliche Leerläufe vermehren meine unerle-
digten Arbeiten, ohne daß ich diesen Zustand aus eigener Kraft
ändern kann.
Nichts macht mir Freude, alles ist für mich sinnlos geworden,
egal, ob es sich um Arbeit oder Freizeit handelt.
Ziehe mich immer mehr zurück; trotz lieber Nachbarn und

Freunde werden Kontakte von mir nicht gepflegt. Kann mich zu nichts entschließen; noch während ich mir eine Aktivität abringe, ist mir deren Verwirklichung gleichzeitig lästig und unnütz. Finde meinen Zustand so hoffnungslos, weil mir nicht nur die Lebensfreude, sondern auch der positive Wille fehlt. Ich bin über meine Verfassung verzweifelt.«

KAPITEL 2

Die neurotische Depression

Um diese Krankheit besser zu verstehen, müssen wir uns zuerst dem Begriff *Neurose* zuwenden.

Die Grundsymptome der Neurose

Was ist eine Neurose, wie entsteht sie, welche Symptome kennzeichnen, welche Folgen hat sie? Bedenkt man, daß sich diese Krankheit in unserer überzivilisierten Welt immer mehr verbreitet, so daß man sie mit Fug und Recht als Gesundheitsproblem Nummer eins bezeichnen kann, ist es erschütternd, zu sehen, wie sehr man ihr in weiten Kreisen mit Gleichgültigkeit und Unwissenheit begegnet. Wahrlich, wir leben so, als hätten die Entdecker der Neurose, Sigmund Freud und Albert Adler, nie gelebt und nie in unserer Mitte gelehrt.

Die einen verharmlosen die Erkrankung mit dem Satz »Ach was, neurotisch sind wir alle«, die anderen verwenden den Ausdruck »du Neurotiker« als ein Schimpfwort, mit dem man Unliebsame stigmatisiert und degradiert; wieder andere halten sie mit dem »Rest« von Antisemitismus, der noch immer in uns lebt und der gar nicht so gering ist, für eine jüdische »Erfindung«, geboren aus »Ruhm-« und Geldsucht. In vielen Büchern kommt der Begriff zwar vor; selten läßt sich dabei aber eine Übereinstimmung finden, und der verwirrte Leser mag daraus den berechtigten Schluß ziehen: Die wissen ja selbst nicht, wovon sie reden, und an so etwas soll ich dann glauben? Unter diesen erschwerenden Bedingungen will ich dennoch versuchen, ein klares und verständliches Bild der Neurose zu zeichnen. Sie kann definiert werden als Konflikt zwischen bewußten und unbewußten Tendenzen in unserem Inneren. Ohne Anerkennung des »*Unbewußten*« ist ein Verstehen der Neurosenlehre unmöglich. Das bedeutet, einzusehen, daß in unserem Inneren viele unbewußte Faktoren, Gedanken und Gefühle

23

schlummern; wir haben von ihrer Existenz keine Ahnung, werden nur von Zeit zu Zeit an ihr Vorhandensein, gewöhnlich sehr schmerzlich, erinnert, wenn sie völlig überraschend aus uns herausbrechen und uns dann, im nachhinein, zu der Frage veranlassen: Wie war das möglich, wie konnte mir das passieren?

Das Unbewußte hat viele Quellen: Was unsere Vorfahren im Verlaufe der Jahrhunderte dorthin »absinken« ließen, womit wir uns also nicht mehr auf der bewußten Ebene »herumschlagen« müssen, ist hier ebenso zu erwähnen wie das, was wir im Laufe der Zeit vergessen haben, weil wir einfach nicht imstande sind, uns alles zu merken, was wir erlebten (jeder kann dies bei sich mühelos nachprüfen). *Krank machend* im Unbewußten sind aber jene Faktoren, die nicht zufällig, sondern absichtlich vergessen werden – weil sie uns peinlich, unangenehm, weil sie unerlaubt sind und uns daher mit großen Schwierigkeiten konfrontieren. *Nietzsche* hat diesen Vorgang in folgenden Worte zusammengefaßt:

»Das habe ich getan, sagt mein Gewissen. Das kann ich nicht getan haben, sagt mein Stolz. Und mein Stolz siegt.«

Es ist leicht zu erkennen, daß auf den ersten Blick die *Verdrängung* einen Vorteil mit sich bringt: Nun ist ja das belastende Problem aus meinem Bewußtsein verschwunden, und ich kann erleichtert aufatmen. Auf längere Sicht erweist sich diese Annahme jedoch als Trugschluß, denn nur allzu oft beginnen nun die verdrängten Dinge in unserer Tiefe ein Eigenleben zu führen, das sich unserer Kontrolle entzieht, um in quälende Symptome (eben der Neurose) zu münden, die sich dann viel schlimmer und unheimlicher auswirken, als wenn man sich den Problemen auf der bewußten Ebene gestellt hätte.

Für den Erwachsenen ist es charakteristisch, daß er verdrängen kann, aber selbstverständlich nicht *muß* (obwohl man darüber diskutieren könnte, ob es nicht Erlebnisse gibt – zum Beispiel im KZ –, die man nur bewältigen kann, indem man sie verdrängt), weil ihm auch andere Konfliktlösungsmöglichkeiten zur Verfügung stehen.

Die Situation des Kindes aber ist, sofern es sich um einen Konflikt mit den Eltern handelt, eine andere. Es ist von den Eltern in einem solchen Maße abhängig, sie haben in seinem Leben eine solche »gottesähnliche« Position, daß es mit bewußten Haßgefühlen ge-

24

genüber den Eltern nicht überlebensfähig wäre. Daher müssen solche im Unbewußten bleiben, wobei der »*Verdrängungsmechanismus*« beim Kind natürlich anders aussieht als beim Erwachsenen: Diese Haßgefühle werden erst gar nicht ins Bewußtsein eingelassen, sondern im *Vorbewußtsein* gehalten und abgefangen: ein entscheidender Schutzmechanismus, der dem Kind zur Verfügung steht. Daraus folgt: Wenn Eltern durch falsches Verhalten – worunter immer eine chronisch anhaltende seelenvergiftende Atmosphäre zu verstehen ist und nicht eine einmalige Entgleisung – *Aggressionen* im Kinde erzeugen, wird dadurch ein Verdrängungsprozeß im Kind erzwungen und damit die *Neurotisierung* mit hoher Wahrscheinlichkeit hervorgerufen.

Der Unterschied zwischen Kind und Erwachsenem bezüglich der Neurotisierung liegt damit auf der Hand: Das Kind wird durch falsches Verhalten der Eltern in die Neurose hineingezwungen; für den Erwachsenen werden viele Umstände eine mehr oder weniger große Verführung zum Verdrängen bedeuten, aber von einem diesbezüglichen Zwang kann nicht gesprochen werden. Wenn wir schließlich noch bedenken, daß die Neurose sich logischerweise um so schlimmer auswirken muß, je früher sie beginnt und je wehrloser der Mensch ist, und ferner noch einen therapeutischen Aspekt berücksichtigen – daß es nämlich viel leichter sein muß, Verdrängungen des Erwachsenen, die ja erst kurz zurückliegen, durch Wiederbewußtmachung aufzuheben, als Verdrängungen aus der frühen Kindheit –, dann wird man verstehen, daß wir jene Symptome, welche durch erzwungene Verdrängung in den ersten sechs Lebensjahren entstehen, als Neurose, alle auf spätere Verdrängungen zurückgehenden als bloße »*neurotische Reaktionen*« bezeichnen. Es erübrigt sich auf- grund dieser Ausführungen wohl, auf die *enorme schicksalhafte psychohygienische Bedeutung der frühen Kindheit* noch gesondert hinzuweisen.

Im folgenden möchte ich nur die Grundsymptome der *kindlichen Neurose* beschreiben, wobei schon vorweggenommen sei, daß sich jedes einzelne von ihnen katastrophal auswirken und zu unbeschreiblicher Not des Kranken selbst, aber auch der Menschen, die mit ihm in nahen Kontakt kommen, führen kann.

A. Die Ambivalenz

Darunter verstehen wir die Tatsache, daß die Gefühle gegenüber ein und derselben Person (oder auch mehreren Personen) nicht einheitlich sind, sondern dieser gegenüber Liebe und Haß zugleich bestehen, wobei die eine dieser Gefühlsqualitäten (gewöhnlich natürlich die Ablehnung) im Unbewußten gehalten wird. Ist der Zustand der Ambivalenz einmal erzeugt, bedeutet er in mehrfacher Hinsicht eine enorme Schädigung des Betroffenen. Die Einheit der Gefühlssphäre gegenüber den wichtigsten Personen des kindlichen Lebens ist zerstört; ein Riß geht gleichsam durch die kindliche Seele. Man könnte bereits von zwei einander entgegengesetzten Kräften im Kind sprechen, die miteinander im Kriege liegen. Der im Unbewußten gehaltene Haß droht immer stärker zu werden, und er kann dann plötzlich zu einer Handlung führen, durch die er sich verrät. Diese Handlung kann nicht nur für den Kranken selbst, sondern auch für seine Umgebung zu schlimmen Folgen führen.

Die *Ambivalenz* ist also ein *tragisches neurotisches Verhaltensmuster*, welches gegenüber den Eltern entwickelt wird. Schlimm ist es nun aber auch, daß der Neurotiker später diese Ambivalenz, die er also in der frühen Kindheit »erworben« hat, auf andere Personen überträgt, und zwar nach dem Grundsatz: Je wichtiger die Person, desto wahrscheinlicher erfolgt die *Übertragung* der in der Kindheit erlernten Ambivalenz auf sie.

Bei dieser Regel spielt natürlich das Geschlecht eine wesentliche Rolle. Ist die Ambivalenz zum Beispiel vorwiegend gegenüber der Mutter entstanden, so wird sie eher auf weibliche als auf männliche Personen »übertragen« werden. Man kann gedanklich leicht nachvollziehen, daß durch diese Wiederholung des in der Kindheit erlernten Verhaltensmusters spätere Beziehungen mit hoher Wahrscheinlichkeit zu scheitern drohen. Wer gezwungen ist, einem Menschen mit Ambivalenz zu begegnen, der erzeugt gewöhnlich in diesem ebenfalls eine Ambivalenz. Dies ist um so wahrscheinlicher, als ja der Partner nicht verstehen kann, warum sich der andere ihm gegenüber so ambivalent verhält. Immer hört man dann den Satz: »Womit habe ich denn ein solch *zwiespältiges Verhalten* verdient? Ich war doch so bemüht, ihm voller Liebe entgegenzukommen.«

Heute ist die Zahl der in der Kindheit in die Ambivalenz hineingetriebenen Menschen so groß, daß es schon als Glück bezeichnet werden kann, einen Partner zu finden, der nicht von diesem verhängnisvollen Phänomen befallen ist.

B. Die neurotische Angst

Bevor ich auf diese eingehe, muß betont werden, daß es natürlich sehr viele Formen menschlicher Angst gibt, die mit Neurose nicht das geringste zu tun haben. Nur die wichtigsten drei davon seien hier erwähnt:

Die Realangst

Sie entsteht als Reaktion auf ein angsterregendes Geschehen. Was uns »berechtigt«, Angst zu haben, dafür gibt es zahlreiche objektive Kriterien. Solche angsterregenden Situationen lassen sich nicht vermeiden; sie sind lebensimmanent, wie es so schön heißt, oder um es mit Erich Kästner auszudrücken: »Seien wir ehrlich, Leben ist immer lebensgefährlich.«

Die Beantwortung einer realen Gefahr mit Angst ist nicht nur lebensnotwendig, sondern oft auch lebenserhaltend, denn oft genug hat uns Angst in kritischen Umständen gerettet, und wir wären zugrunde gegangen, hätten wir nicht Angst als Warnung vor eigenem Übermut, Unterschätzung der Gefahr, unüberlegtem Tun entwickelt. Aber es gibt dabei eine Angst, die die richtigen Abwehrmaßnahmen fördert, die Aktivität entstehen läßt, also positive Aspekte zeigt, und eine andere, die zur Lähmung des Betroffenen nach Art des Kaninchens vor der Schlange führt.

Vor kurzem hat der große deutsche Psychoanalytiker und Psychosomatiker Horst Eberhard Richter ein Buch über die Angst veröffentlicht, in dem er meiner Meinung nach völlig zu Recht darauf hinweist, wie wichtig es wäre, daß der Mensch vor bestimmten Dingen wirklich Angst entwickelt, die er bis zum heutigen Tage unverständlicherweise bagatellisiert. Richter hat also gezeigt, daß unser Überleben wesentlich davon abhängig sein wird, daß wir vielfach *realistisch Angst* entwickeln.

Diese verdienstvolle Darstellung wurde ihm von vielen Kritikern übelgenommen, die meinten, es müsse doch die Aufgabe des Psychotherapeuten sein, Angst zu reduzieren und nicht statt dessen Angst zu erzeugen. Die Wahrheit aber ist, daß gerade der Psychotherapeut heute sich einer doppelten Aufgabe verpflichtet fühlen muß: auf der einen Seite krankhafte Angst zu beseitigen, aber auf der anderen Seite auch den Menschen gegenüber tatsächlich gefährlichen Dingen, die er einfach nicht wahrhaben will, zu sensibilisieren. Dabei kann, nebenbei bemerkt, die Sache auch kompliziert werden, denn es kann zum Beispiel eine *Atomangst* ein sehr gesunder notwendiger Mechanismus sein, andererseits kann aber auch das Atom vor allem zur Rationalisierung einer irrational hervorgerufenen, daher irrationalen krankhaften Angst benützt werden.

Die existentielle Angst
Mit der Aufklärung begann eine Tendenz, die bis heute nicht mehr zum Stillstand gekommen ist: Der »vernünftige« Mensch wollte sich an die Stelle Gottes setzen. »Eritis sicut deus« lautete die Devise, die den Menschen als stark, mächtig, unabhängig, als den Herrn der Welt darstellte: »Will kein Gott auf Erden sein, sind wir selber Götter.« Der Mensch wurde dabei als das Maß aller Dinge ausgerufen, alles wurde machbar, keine Grenzen schienen mehr für ihn zu existieren: Fortschritte der Wissenschaft sollten ewiges Glücklichsein bedeuten. Ungehört blieben die Warnungen Galileis (»Der Mensch ist nicht Mittelpunkt der Welt«), Darwins (»Der Mensch stammt vom Tiere ab«) und Freuds (»Der Mensch ist nicht Herr seines Unbewußten«). Diese Weltanschauung war nur aufrechtzuerhalten durch die gewaltsame *Verdrängung der eigenen Schwäche.*
Gerade aber in unserer Zeit wird der Mensch in wirklich dramatischer Form an die Unhaltbarkeit dieser Verdrängung gemahnt. Wir sind dabei, die Grundlage jedes menschlichen Leben-Könnens, die Natur, zu zerstören. Die Technik entwickelt sich vom Diener des Menschen zu seinem Herrn. Zum erstenmal in der Geschichte des Menschen steht sein Überleben im Falle eines Atomkrieges, eines *Klimaschocks*, verursacht durch Technik, genauso wie bei *Überbevölkerung* (= »Grüne Revolution«) zur Diskussion.
Das menschliche Omnipotenzgefühl ist also nicht aufrechtzuerhalten. Die Menschen erkennen, daß sie sich mit der Verdrängung ihrer Schwächen um eine wesentliche Dimension ihres Seins und Ringens gebracht haben. Dennoch fürchten sie sich nach wie vor vor dem Auftauchen dieser Begrenztheit der menschlichen Existenz aus der Tiefe ihrer Seele, und in stellvertretender Form tritt dieses Schwächegefühl in *existentieller Angst* in Erscheinung. Na-

türlich um so eher in einem Lebensabschnitt, in dem der Mensch drastisch an seine Begrenztheit erinnert wird, also während des Prozesses des Alterns, welcher mit Leiden, Sterben und Tod als den urmenschlichen Problemen schlechthin gekoppelt ist.

Die irreale Angst
Sie kommt vor allem bei Geisteskrankheiten unter dem Einfluß von *Wahnvorstellungen* und *Halluzinationen* zustande (zum Beispiel Verfolgungswahn). Sie findet sich aber *auch bei der Depression* (siehe vorne), wo zu Hemmung, Verlust der Aktivität, Verlust der Lebensfreude, Schuldgefühlen, Selbstvorwürfen, Grübelzwängen, resignativer Hoffnungslosigkeit, Pessimismus und schweren Schlafstörungen auch eine innere Unruhe hinzukommen kann, die bis hin zu panischer angstvoller Getriebenheit führen mag. Hier ist es durch das Vorhandensein der anderen Symptome leicht möglich, die Angst als eine endogen depressive zu qualifizieren.

Nun zurück zur neurotischen Angst: Wenn man etwas ins Unbewußte abschiebt beziehungsweise es im Vorbewußten hält, wie es beim Kinde der Fall ist, so entwickelt es verständlicherweise nach physikalischen Gesetzen die Tendenz, ins Bewußtsein eindringen zu wollen. Sigmund Freud hat den Verdrängungsprozeß mit einem Lehrer verglichen, der einen unliebsam störenden Schüler aus seiner Klasse verbannt. Zu diesem Prozeß gehören beim Erwachsenen ja zwei Voraussetzungen; nämlich zuerst einmal etwas Unangenehmes wegzuschieben, dann aber auch zu vergessen, daß man es weggeschoben hat. Beim Verdrängungsprozeß des Kindes ist dies, wie bereits beschrieben, anders, da ja das Verdrängte gar nicht erst ins Bewußtsein eingelassen wird. Gleich bleiben aber für den Erwachsenen wie für das Kind die Folgen. Um es wieder mit dem Bild Freuds darzustellen: Nun beginnt dieser hinausgeworfene Schüler durch allerlei Zeichen, Klopfen und Scharren die Klasse zu beunruhigen. Dadurch, daß man sich des Vorhandenseins des Hinausgeworfenen nicht mehr bewußt ist, entsteht eine viel größere Unruhe, Angst, ja Panik, als wenn man wüßte, von wem das Klopfen und Scharren ausgeht.
Noch dieses eine muß vielleicht an dieser Stelle hervorgehoben werden: Das Kind in seiner Unerfahrenheit des Ichs ist dieser *neu-*

rotischen Angst besonders qualvoll ausgeliefert, während der Erwachsene immerhin die Möglichkeit hat, durch den *Abwehrmechanismus der Rationalisierung* die wesenlose Angst in Furcht zu verwandeln, also statt der ungerichteten Angst, bei der der Patient eigentlich gar nicht weiß, wovor er sich fürchtet, glaubt er jetzt seinen »Feind« zu kennen: Krebs, Aids, Atom, Ozon usw. usw.

Wie jeder Abwehrmechanismus ist auch die Rationalisierung im Anfang hilfreich, weil man nun die Ursache der Angst zu kennen glaubt. Im Grunde aber handelt es sich um einen sehr gefährlichen Abwehrmechanismus, denn er lenkt den Patienten auf eine völlig falsche Spur, von der die Beseitigung der Angst selbstverständlich nicht zu erwarten ist. Im übrigen ist wohl klar, daß die Angst des Neurotikers so lange andauern wird, solange die verdrängten Gefühle im Unbewußten die Tendenz haben, ins Bewußtsein einzudringen. Die neurotische Angst des Kindes hat selbstverständlich mit irgendwelchen geistigen Problemen nichts zu tun; sie geht vielmehr zurück auf die im Unbewußten gehaltenen Aggressionen gegen die Eltern.

Mit Recht bezeichnen wir daher die neurotische Angst als irrational. Es wäre ein Wahnsinn, zu hoffen, man könnte solche Angst mit dem Willen oder mit verstandesmäßigen Überlegungen beseitigen. (In Österreich werden einem diese beiden »*Therapieangebote*« von ahnungslosen Mitmenschen gewöhnlich nahegelegt.) Das Gesetz, das die neurotische Angst mit dem Willen nicht zu beseitigen ist, gilt sowohl für Erwachsene wie auch für das Kind.

C. Das neurotische Minderwertigkeitsgefühl

Das Kind, welches sich nicht geliebt fühlt, kann sich selbst nicht lieben, gemäß dem wunderbaren Satz von Rückert: »Daß du mich liebst, macht mich mir wert.« Für das ungeliebte Kind verwandelt sich dieser Satz etwa so: Da du mich nicht liebst, kann ich mich nicht akzeptieren. Es ist aber eine Lebensnotwendigkeit, daß wir lernen, uns selbst zu achten, zu uns selbst eine positive Beziehung zu haben. Peter Turrini drückt dies wie folgt aus:

»Wie lange noch
werde ich alles hinunterschlucken
und so tun,
als sei nichts gewesen?

Wie lange noch
werde ich auf alle eingehen
und mich selbst
mit freundlicher Miene
vergessen?

Wie lange
müssen sie mich noch schlagen,
bis dieses lächerliche Grinsen
aus meinem Gesicht fällt?

Wie lange noch
müssen sie mir ins Gesicht spucken,
bis ich mein wahres
zeige?

Wie lange
kann ein Mensch
sich selbst nicht lieben?

Es ist so schwer
die Wahrheit zu sagen
wenn man gelernt hat
mit der Freundlichkeit
zu überleben.«

Alfred Adler hat jenen Zustand, der uns nicht ermöglicht, an uns selbst zu glauben, als *Minderwertigkeitskomplex* bezeichnet. Dieser Ausdruck ist heute zu einem Allgemeinbegriff geworden, ganz losgelöst von seinem Schöpfer, sehr ähnlich jenem Prozeß, der zu einem Volkslied führt. Dies alles spricht dafür, daß heute der Minderwertigkeitskomplex unglaublich weit verbreitet ist, und auch dieses wiederum hat verhängnisvolle Folgen – für den Träger genauso wie für seine Umgebung.
Aus der Heiligen Schrift wissen wir: »Liebe deinen Nächsten wie dich selbst.« In einer klareren Form kann nicht gezeigt werden, daß die Selbstbejahung Voraussetzung der *Nächstenliebe* ist oder, um es in der Negation auszudrücken, daß, wer sich selbst nicht bejaht, auch andere nicht lieben kann. In der Öffentlichkeit sind gerade über diesen Punkt falsche Ansichten weit verbreitet,

nämlich etwa die: Die Selbstbejahung stünde der Nächstenliebe im Wege.

Man darf also die *Selbstbejahung* nicht mit Selbstliebe verwechseln. Wer eine gute, natürliche, gesunde Beziehung zum eigenen Ich hat, der wird imstande sein, zum Partner eine Beziehung aufzubauen, welche eine von Subjekt zu Subjekt ist, denn er braucht den anderen nicht, um sich selbst zu bestätigen; er ruht gewissermaßen in sich selbst. Wo es jedoch zu einer Verunsicherung des eigenen Ichs, etwa zum Minderwertigkeitskomplex gekommen ist, dort wird der andere benötigt, um auf dessen Kosten das ramponierte Selbstgefühl wiederherzustellen.

Hier entsteht also nicht eine Beziehung zwischen zwei Subjekten, sondern der andere wird zum Objekt, zum bloßen Mittel zum Zweck degradiert. Es ist auch nicht annähernd zu vermuten, wie oft dieser Vorgang heute vorkommt und wie oft auch an ihm zwischenmenschliche Beziehungen scheitern.

Noch eine Folge muß ausgedrückt werden: Wer sich minderwertig fühlt, fühlt sich schlecht; wer sich schlecht fühlt, zieht sich entweder in Einsamkeit und Isolation zurück, oder aber er entwickelt die Charakterzüge der *Verbitterung,* wie zum Beispiel Neid, Haß, Tendenz zur *Gewaltanwendung* und zur *Machtgier.* Laing hat in einer seiner »Knotenbildungen« diesen Prozeß wunderbar nachvollzogen:

»Meine Mutter liebt mich.
Ich fühle mich gut.
Ich fühle mich gut, weil sie mich liebt.

Ich bin gut, weil ich mich gut fühle.
Ich fühle mich gut, weil ich gut bin.
Meine Mutter liebt mich, weil ich gut bin.

Meine Mutter liebt mich nicht.
Ich fühle mich schlecht.
Fühle mich schlecht, weil sie mich nicht liebt.

Ich bin schlecht, weil ich mich schlecht fühle.
Ich fühle mich schlecht, weil ich schlecht bin.
Ich bin schlecht, weil sie mich nicht liebt.
Sie liebt mich nicht, weil ich schlecht bin.«

32

In dieser »Knotenbildung« wird noch ein anderer Prozeß meisterhaft dargestellt: Das ungeliebte Kind wird bösartig und liefert damit den Eltern tragischerweise das Alibi dafür, wie man es immer wieder hört, »daß man ja einen solchen zu Recht nicht geliebt habe, ja, ihn nicht habe liebhaben können«. Daß dabei die wahre Kausalität ganz anders läuft, nämlich, daß die Eltern das Kind völlig unberechtigter- und unerlaubterweise nicht geliebt haben und daß erst daraus das »böse Kind« resultierte, wird dabei geflissentlich übersehen.

Zum Abschluß dieses tragischen Komplexes noch eine Bemerkung: Wer sich minderwertig fühlt, ob er sich deshalb nun gekränkt zurückzieht oder gewalttätig ausbricht, kann in beiden Fällen nicht lieben. Jüngst hat Herbert Pietschmann gesagt:

> »Es gibt zwar unendlich viele Definitionen, worin der Sinn des Lebens bestehen oder gefunden werden könne; dies alles erübrigt sich aber vor dem einfachen Satz: *Der Sinn des Lebens ist, zu lieben.*«

Pietschmann folgert daraus:

> »Wenn du den Sinn des Lebens nicht finden kannst, suche daher nicht mit Gewalt nach einem bestimmten Sinn, sondern prüfe dich, warum du nicht lieben kannst.«

Wenn man diese Zusammenhänge, die auch ganz meinem jahrzehntelangen therapeutischen Umgang mit Selbstmordgefährdeten entsprechen, nachvollzieht, wird man verstehen, warum das Minderwertigkeitsgefühl so oft in das *Gefühl der Sinnlosigkeit* der eigenen Existenz mündet.

D. Das neurotische Schuldgefühl und die daraus resultierende neurotische Selbstbestrafungstendenz

Wer jemals begonnen hat, seine Eltern aufgrund ihres Verhaltens zu hassen, und gezwungen war, diese Aggressionen im Vorbewußten zu halten, bei dem entwickelt sich tragischerweise ein *Schuldgefühl*, das ebenso unbewußt bleibt wie seine Quelle – die Aggression. In dieser Feststellung, die ungezählte Male wissenschaftlich belegt wurde, verbirgt sich eine doppelte Tragödie. Fürs erste muß bedacht werden, daß ein Kind ja nichts dafür kann, wenn Aggressionen als Reaktion auf das falsche Verhalten der Eltern in ihm entstehen. Leider ist aber das Kind noch nicht imstande, diesen Nicht-Zusammenhang zu erfassen und zu analysieren. Selbst wenn ihm die Aggressionen bewußt wären – was sie ja nicht sind –, wäre ihm dies aufgrund seiner begrenzten Fähigkeiten noch nicht möglich.

Zum zweiten kann es ja bei diesem Prozeß zu keiner schuldhaften Handlung des Kindes kommen. Dennoch genügt die Tatsache, daß der unbewußte Hintergrund des Kindes von Haß gegen die Eltern besetzt ist, um ein Schuldgefühl zu erzeugen. Es resultiert aus all dem der unbeschreiblich tragische Tatbestand, daß das Kind sich schuldig fühlt, ohne im geringsten schuldig zu sein.

Wir haben in der Regel folgenden Ablauf: Auf der einen Seite sind die Eltern, die das Kind schädigen, in *Aggression und Neurose* hineintreiben, die aber dabei überzeugt sind, entweder nur das Beste für das Kind zu wollen oder aber nur von einem Recht Gebrauch zu machen, das ihnen eben zusteht, und die jedenfalls weit von jedem Schuldgefühl entfernt sind, als hätten sie das Christuswort nicht gehört:

»Wehe den Menschen, von denen das Ärgernis für die Kinder kommt. Es muß zwar Ärgernis geben, aber wehe dem Menschen, von dem es ausgeht.«

Auf der anderen Seite stehen die Kinder, die schuldlos in den *Haß gegen die Eltern* hineingetrieben werden, die man nicht hassen darf, und bei denen sich nun aufgrund dieses unbewußten Schuldgefühles eine unbewußte, enorme, unaufhaltsame chronische *Selbstbestrafungstendenz* entwickelt. Man kann das nicht oft genug sagen: Hier wird der Mensch unbewußt zu seinem allerschlimmsten Feind, und für diese Person gilt der Czokorsche Satz: »Das Wichtigste wäre es, den Menschen vor sich selbst zu schützen.« Karl Stern drückt es so aus:

»Es ist nun eine Tatsache, daß unter uns Tausende und Tausende von Menschen leben, die in einer höchst merkwürdigen Weise entweder selbst leiden oder die Menschen in ihrer Umgebung leiden machen. Sie leben in *Todesängsten*, oder sie haben alle Fähigkeit zu hoffen verloren oder sind in *geheimnisvollen Haß* verstrickt. Sie sind darauf aus, das zu zerstören, was ihnen Glück bringen würde, sie sind nicht imstande, anderen zu trauen, oder sie sind überwältigt von etwas, das man am besten *unersättliche Reue* nennen kann. Sie bilden ein Riesenheer von Leiden, Unzufriedenheit, Enttäuschung und Hemmung.«

Alfred Adler hat von Menschen gesprochen, die ständig ihren eigenen Ohrfeigen nachlaufen. Baudelaire hat diesen *Masochismus*, der sich auf das gesamte menschliche Verhalten bezieht, in erschütternden Versen zusammengefaßt:

»Ich bin das Messer und die Wunde,
ich bin die Wange und der Streich,
gerädert Glied und Rad zugleich.
Ich bin der Henker und sein Kunde.«

So entstehen Lebensläufe, durch die wie ein roter Faden von Anbeginn bis zum Ende die *unbewußte Tendenz der Selbstbestrafung* festzustellen ist, wobei man natürlich dem Grade nach zwischen *Selbstschädigung, Selbstzerstörung* und *Selbstvernichtung* unterscheiden kann. So unfaßbar schrecklich dieser Tatbestand ist – vielleicht noch schlimmer ist das Ausmaß der Gleichgültigkeit, welches die Welt diesen unzähligen Prozessen gegenüber zeigt. Wir leben in einer Zeit, in der gleichsam das einzelne Leben nichts mehr wert zu sein scheint und in der gegenüber dem Schicksal der anderen vollständige *Unbetroffenheit* vorherrscht. Vergessen ist das Zitat, daß unter jedem Grabstein gleichsam eine Weltgeschichte verborgen ist, weil in jedem Menschen die ganze Welt lebt und mit diesem auch wieder zugrunde geht.
Ich habe einmal eine Szene erlebt, als ich bei einem Vortrag diese Versessenheit des Neurotikers nach Selbstbestrafung beschrieb, wie ein recht prominenter Mann aufstand und rief: »Wenn sie sich bestrafen wollen, dann sollten wir ihnen doch diese Arbeit abnehmen; wir würden ihnen dann ja nur ihre Wünsche erfüllen.« Diese Worte zeigen nicht nur das vollständige Unverständnis der Öffentlichkeit für die neurotische Problematik, sondern auch unbeabsichtigt eine Wahrheit, denn sehr oft läßt sich die Öffentlichkeit nur allzu gerne in den Dienst der *Selbstbestrafungstendenz des Neurotikers* stellen. Überflüssig, zu sagen, daß es nur eine wirkliche

Chance gibt, diese unersättliche Selbstbestrafungstendenz zu beenden: die Heilung der Neurose, die Befreiung von Schuldgefühl (welches ja, wie gezeigt bei der kindlichen Neurotisierung, mit Realschuld nichts zu tun hat – bei den neurotischen Reaktionen des Erwachsenen mögen hier teilweise auch andere Gesichtspunkte gelten).

E. Das Bedürfnis, die neurotische Konfliktsituation durch immer neue Symptome symbolisch darzustellen

Die Neurose entsteht im Kind aus einem Konflikt zwischen *Triebtendenzen*, nämlich Aggressionen gegen die Eltern (durch deren falsches Verhalten hervorgerufen), und der Tatsache, daß diese Triebtendenzen verboten sind. Die *Verdrängung*, welche den Konflikt zu lösen versucht (die Zurückhaltung der Aggressionen im Vorbewußtsein), führt nun zu einer *Pseudolösung*, denn weder die Triebwünsche noch die Gewissensanforderungen werden durch sie voll befriedigt. Es kommt ja weder auf der einen Seite zu einem Ausleben der Aggressionen noch auf der anderen Seite zu einer Überwindung der verbotenen Triebwünsche. (Beim Kind könnte es zu einer solchen Überwindung nicht einmal auf der bewußten Ebene kommen, weil das Ich des Kindes ja noch nicht reif genug dazu ist.) Daher werden nun in neurotischen Symptomen die beiden Kräfte, deren Aufeinanderprallen die Neurose bedingt hat, symbolisch dargestellt und gleichzeitig befriedigt.

In jedem neurotischem Symptom findet man dementsprechend eine *aggressive Tendenz* (zum Beispiel in Bettnässen die Auflehnung, die Verunreinigung) und gleichzeitig auch eine Befriedigung des Gewissens, eben in der bereits erwähnten Selbstbestrafungstendenz (es ist kein Vergnügen, nun im Nassen zu liegen, und außerdem erhöhen die Erwachsenen gewöhnlich die Selbstschädigung, indem sie das Kind noch zusätzlich für das Einnässen bestrafen). Ich kann hier nicht auf die einzelnen neurotischen Symptome näher eingehen, aber es steht fest: der Januskopf, nämlich der *Aggressionsausdruck* ebenso wie die *gleichzeitige Selbstbestrafung*, ist in jedem neurotischen Symptom zu finden. Entsprechend diesem *Dualismus* macht der Mensch, der ein neurotisches Symptom entwickelt, andere (als Ausdruck seiner Aggression) leiden, leidet aber unter diesen Symptomen (da sie ja auch Ausdruck der Selbstbestrafung sind) selbst ebenfalls enorm. Dieses Faktum wird nur allzu oft übersehen, weil die Umwelt gewöhnlich nur geneigt ist, sich selbst als behelligt zu empfinden, und beharrlich ignoriert, daß jedes neurotische Symptom auch tiefste *Selbstquälung* bedeutet.

Hier ergibt sich noch eine *Dialektik der neurotischen Symptomatik*. Im Grunde ist jedes neurotische Symptom ein Schrei um Hilfe, ein Wunsch, auf sich aufmerksam zu machen, eben im Sinne: Liebt mich nun mehr, und liebt mich besser als bisher. Die Tragik aber ist, daß in der Regel der Neurotiker das gerade Gegenteil erreicht, nämlich einen zusätzlichen *Liebesentzug*. Das »schwierige Kind« wird abgelehnt. Um bei dem Beispiel des Bettnässens zu bleiben: Wenn die Umwelt wütend wird und einen Neurotiker noch zusätzlich bestraft – und schon Herabsetzung und Bloßstellung sind fürchterliche Strafe –, so kann dies vom Kind nur als zusätzlicher Liebesentzug erlebt werden und damit zu einer Intensivierung seiner neurotischen Symptomatik führen. Wir sollten in diesem Zusammenhang die Maxime von Ferdinand Birnbaum nie vergessen: »*Wer Schwierigkeiten macht, hat welche.*« Und wir sollten vor allem diesen Satz so fortsetzen: »Wenn das Kind Schwierigkeiten hat, vielleicht sind *wir* daran schuld.«

Aber leider, die Eltern verhalten sich hier so wie später auch viele andere Institutionen gegenüber neurotischen Menschen: Wenn die Schwierigkeiten machen, so ist es schon ihr allerletzter Gedanke, daß sie daran schuld sein könnten.

Ursachen der Neurose – oder wie man ein Kind lieben soll, damit es nicht neurotisiert wird.

Wenn wir als Thema haben: »Wie man ein Kind lieben soll«, dann kann diese Frage wahrscheinlich kein Mensch erschöpfend beantworten, selbstverständlich auch ich nicht. Ich werde mich bemühen, auf die wichtigsten Dinge einzugehen; vieles wird jedoch unerwähnt des Lesers Phantasie überlassen bleiben. Mit jedem Jahr, das ich länger lebe, glaube ich besser zu verstehen, was ein Kind braucht, und fühle, daß die Zukunft der ganzen Welt davon abhängig ist, ob wir endlich begreifen lernen, welcher Schatz ein Kind ist und wie wir uns bemühen müssen, der Tatsache, daß uns durch die wunderbare Fügung Gottes oder der Schöpfung ein solcher Schatz anvertraut ist, gerecht zu werden.

Freilich, das lädt eine ungeheure Verantwortung auf unsere Schultern. Gleich muß da aber auch ein Trost dabei sein, nämlich der, daß kein Meister vom Himmel gefallen ist, auch nicht auf diesem Gebiet. Für alles mögliche braucht man eine Prüfung, aber für das Vater- und Muttersein nicht. Auf einmal steht man vor der Aufgabe und weiß nicht recht, wie man sich ihr gewachsen erweisen soll. Und selbst, so meine ich, wenn es eine Prüfung gäbe und man sie bestünde, wäre das noch keine Garantie, daß man ein guter Erzieher ist. Dann noch etwas: Die Eltern haben ja alle selbst vor vielen Jahren eine *Erziehung* »genossen«. Aber oft ist das ja leider eine gewesen, die sie selber neurotisiert hat. Wie groß ist die Versuchung, das, was man als Kind erlebt hat, aus Gewohnheit an die nächste Generation weiterzugeben oder aber, da man jetzt der Große, der Mächtige ist, sich *an den Kindern dafür zu rächen*, was man selbst als wehrloses Opfer erleiden mußte. Daraus resultiert dann jene verhängnisvolle *Stafette*, welche die Neurosen – ganz ohne Vererbung – von Generation zu Generation überspringen läßt!

Nun möchte ich in diesem Zusammenhang allen Eltern das folgende Gedicht wärmstens zur steten Beachtung ans Herz legen:

»Habt ihr denn früher nie geschworen
(zu einem Zeitpunkt, da die Schwelle kam in Sicht):
Das mache ich mal nicht mit meinen Kindern;
wie DIE zu mir sind, so bin ich mal nicht?

Ich sag mal nicht:
nun laß mich doch in Ruhe,
du siehst doch, daß ich jetzt nicht kann –
ich bin beschäftigt, in Gedanken;
sieh dir doch deine Bilderbücher an.

Und auch nicht:
Hör doch auf mit deinen Fragen!
Das ist noch nichts für dich, geht dich nichts an,
lern, setz' dich auf den Hosenboden,
als ich so klein war, mußte man …

Auch das kommt über eure Lippen
und auch das Wort: werd erst mal trocken hinterm Ohr.
Habt ihr denn die Erinnerung verloren,
habt ihr vergessen euren Kinderschwur?«

Selbst wenn man diese Ermutigungen befolgt und aus den eigenen traurigen Erfahrungen den Schluß zieht: »Ich werde in der Erziehung meiner Kinder in allem und jedem das gerade Gegenteil machen wie meine Eltern«, so bleibt man doch noch immer ein *Gefangener seiner eigenen Vergangenheit*, denn auch ein solches starres Prinzip, das einen von vornherein festlegt, ist oft genug eine schlechte Erziehungsmethode.

Aber zurück zum Trost: Wenn Sie also ehrlich sind bei einer solchen Lektüre, wenn Sie zugeben, daß Sie betroffen sind und erkennen: Um Gottes willen, das habe ich falsch gemacht, das habe ich auch versäumt, da habe ich mich den Kindern gegenüber verfehlt, geirrt – bitte, dann verzagen Sie nicht, denn ich will ja keine aggressiven Vorwürfe erheben, sondern Sie, als Ausdruck dessen, was ich selbst in mühseligen Entdeckungen gelernt habe, bitten, es in Zukunft besser zu machen.

Der große österreichische Dichter Franz Theodor Czokor, ein wunderbarer Mensch, hat das wunderbar formuliert: »*Immer ist Anfang.*« Und dieser Satz gilt, mögen Sie auch noch so weit fortgeschritten in Ihrem Lebensalter sein. Immer können Sie noch beginnen; immer können Sie noch gutmachen; immer können Sie noch versuchen, sich zu *verwirklichen*, denn wer seinen Kindern Gutes tut, der verwirklicht ja damit sich selbst auch.

Wie soll man also ein Kind lieben? Vorerst einmal *soll* man es lieben. Das ist nämlich keineswegs ausgemacht. Es ist völlig naiv, zu glauben, »selbstverständlich« liebt jeder seine Kinder. Gar keine Rede davon. Die Liebe ist eine große Gnade. Das Kind erwächst aus dem Zusammenfließen zweier Menschen; in diesem sollte ja die Liebe enthalten sein, muß es aber nicht sein. Ich pflege zu sagen: Wenn es so eine Art Ferment gäbe, die Liebe als Ferment, ja, und nur dann ein Kind entstünde, wenn die zwei, die hier miteinander einen Koitus erleben oder »die einander erkennen«, wie es im Alten Testament heißt, wenn sie dabei dieses Ferment produzieren – ich vermute, daß es zu einer ungeheuren Reduktion der Population der ganzen Welt käme. Anton Wildgans hat schon vor vielen Jahrzehnten dieses Problem wie folgt beschrieben:

»Die Liebe zwischen Eltern und Kindern ist ebenso selten wie die Liebe zwischen Mann und Weib. Die Gebärden dieser beiden Arten von Liebe sind zwar alltäglich, aber deswegen um so verdächtiger. Vielfach herrscht geradezu Feindschaft zwischen Mann und Weib und Eltern und Kindern, und nur der Illusionist wird das leugnen und aus der Wirklichkeit zu lügen versuchen. Der Idealist wird diesen Sachverhalt anerkennen; der Realist nach den Mitteln suchen, hier Besserung zu schaffen. Die beiden Phänomene hängen innig zusammen. Würden die meisten Ehen aus anderen Gründen geschlossen, als sie meist geschlossen werden, das heißt aus wirtschaftlichen Interessen, aus Bequemlichkeit, Feigheit, Phantasielosigkeit, Berechnung, nun – ginge diesem Bunde, der auch noch etwas anderes ist als die vom Staat gewünschte und begünstigte Grundlage einer Existenz, eine genaue gegenseitige Prüfung aufgrund beiderseitiger Mündigkeit voraus, dann würden die Eltern an ihren Kindern nicht jene Überraschungen erleben, die zu spät kommen und sie über die Unrichtigkeit ihrer gegenseitigen Wahl aufklären könnten.«

Mit anderen Worten: Viele Menschen sagen (und viele Patienten kommen damit zu uns):

»Ich bin eigentlich ein ›Unfall‹ meiner Eltern gewesen, die haben mich gar nicht gewollt, haben lange überlegt, ob sie mich nicht abtreiben sollen, und haben es dann doch nicht getan, und jetzt bin ich auf der Welt, und es ist wahnsinnig schwer.«

Es ist wahnsinnig schwer, betonen diese Menschen, »zu leben in dem Bewußtsein, daß die Schöpfer einen *eigentlich nicht gewollt haben*«. Um es anders auszudrücken: Es ist gar nicht so selbstverständlich, daß man das Kind, das man gezeugt hat, das man unter dem Herzen getragen hat, auch wirklich liebt. Natürlich ist es »bequem« und entspricht dem »Anstand«, wenn wir uns das selbst einreden, vormachen, vorlügen, aber es ist schlimm, wenn diese Einbildung nur durch Verdrängung der Wahrheit ins Unbewußte zustande kommt. Denn das Unbewußte ist von viel größerem Einfluß auf das Verhalten des Menschen als das Bewußte, und solche Eltern erleben oft schreckliche Überraschungen, wenn die verdrängte Ablehnung des Kindes plötzlich aus ihnen herausbricht und feindselige Handlungen gebiert.

40

Dieser Prozeß muß sich viel öfter abspielen, als wir ahnen, sonst könnte ein so profunder Menschenkenner wie Jean Paul Sartre nicht schreiben:

»Das Unbehagen beginnt dann, wenn kaum geliebte Kinder *das heißt die Mehrzahl,* verblüfft feststellen, daß sie ohne Grund existieren. Der Ursprung des Elends ist die *Verlassenheit des Säuglings.*«

In Wirklichkeit beginnt das Unheil noch früher. Wir haben heute den Begriff der pränatalen Psychologie, das heißt, wir wissen, daß das Kind schon im Mutterleib ganz wesentliche und entscheidende Eindrücke mitbekommt, ob es wirklich angenommen ist, ob es geliebt wird, ob die Mutter mit Angst der Stunde der Geburt entgegenbebt oder ob sie mit Freude auf diesen Tag wartet. Das Kind ist mit dem Kreislauf der Mutter verbunden. Auf diesem Wege bekommt es alle Empfindungen der Mutter zu spüren. Das ist ein wichtiger und ganz wesentlicher Punkt, den wir endlich einmal akzeptieren müssen. Natürlich gilt dies auch für das kleine Kind! Einer der schlimmsten Sätze, den viele Menschen immer wieder sprechen, lautet: »Des klane Wutzerl kann eh noch nichts verstehen!« Das Gegenteil ist wahr: Je kleiner das Kind ist, desto mehr ist es auf seinen *Instinkt* angewiesen und desto mehr weiß es instinktiv Bescheid; es läßt sich nicht täuschen, bekommt in gewissem Sinne alles mit. Vom ersten Tag an besteht somit gegenüber dem Kind eine ungeheure *Verpflichtung zur Liebe.* Und nun werden Sie vielleicht erwidern: »Zur Liebe kann man sich aber nicht zwingen.« Das ist vollkommen richtig, und das ist natürlich die große Tragik für die, die nicht lieben. Um so wichtiger aber ist es, die Gefühle, die man wirklich hat, sich selbst einzugestehen, auch wenn dies sehr peinlich erscheint. Denn was man weiß, kann man verändern; Verdrängtes, Unbewußtes entzieht sich diesem Prozeß; was man »vergessen« hat, bleibt daher unverrückbar fixiert.
Sehr oft hängen zwiespältige Gefühle dem Kind gegenüber ja mit *Partnerproblemen* zusammen. Ist doch das Kind, wo bisher zwei waren, sozusagen diese beiden zusammen, eigentlich der innigste Ausdruck dieser *Vereinigung.* Um so mehr müßte auf der bewußten Ebene unter Berücksichtigung (und nicht Verleugnung) der

Schwierigkeiten der Versuch gemacht werden, zum Wohle aller Beteiligten zu einer *Verständigung* zu kommen. Gelingt dies nicht, bleibt man dem Kind nicht nur die richtige Liebe schuldig, sondern es wird dann gewöhnlich auch zum Schauplatz der elterlichen Kämpfe, und wir wissen, wie *Schlachtfelder* aussehen: zerstört und verwüstet.

Nun kommen wir zum vielleicht wichtigsten Punkt: Das Kind ist zwar zuerst scheinbar ein Bestandteil des mütterlichen Leibes, aber es ist keineswegs so, daß sie deswegen sagen kann: Über meinen Körper verfüge ich selbst. Das ist ein ganz großer Irrtum. Denn vom ersten Tag an ist das Kind ein eigenes Lebewesen, mit eigengültigen Gesetzen, und vor dieser Tatsache müssen wir uns beugen. Ich verstehe durchaus die Not vieler Frauen, die eine ungewollte Schwangerschaft erleben, möchte um alles in der Welt nicht einer Rückkehr zum unseligen alten Paragraphen 144 das Wort reden, kann auch nur hoffen, daß die »Pille« dieses Problem allmählich weltweit reduzieren wird, muß aber gleichzeitig darauf hinweisen, daß der Satz »Über meinen Bauch kann ich verfügen nach Belieben« (ein in diesem Zusammenhang besonders schlimmes Wort, weil es wohl mit Liebe denkbar wenig zu tun hat) der Beginn einer Tendenz ist, das Kind als *eigenen Besitz* anzusehen –, und das ist am Anfang ebenso schlimm wie später auch.

Und damit komme ich zu einem wesentlichen Grundsatz, zu einem ganz wichtigen Punkt, nämlich: Die größte Gefahr besteht in der *possessiven Liebe* der Eltern. Das Kind ist kein Besitz; es gehört nur einem einzigen Menschen, nämlich sich selbst. Auf dem Lande fragt man ein Kind, dessen Namen man nicht kennt: »Wem gehörst denn du?« Und wie immer sagt der Volksmund auch da viel Wahres über unsere Gesinnung: Du gehörst mir oder uns, wir können über dein Leben, über dein Sein, deine Entwicklung bestimmen.

Schon im Mutterleib fängt das an. Moreno hat ja den Begriff des »psychologischen Babys« geprägt: Die Mutter sinnt und träumt, wie wird das Kind aussehen? In ihren Phantasien stattet sie das Kind aus mit einem bestimmten Geschlecht, mit einem bestimmten Aussehen, mit einer bestimmten Haarfarbe, mit allen möglichen anderen Attributen. Das heißt: Noch ist das Kind gar nicht auf der Welt, beginnt man schon, von ihm Besitz zu ergreifen und gestaltet es in der Phantasie nach den eigenen Wünschen. »Gott schuf den Menschen nach seinem Ebenbilde« heißt es in der Heiligen Schrift. Wir alle sind aber keine Götter; uns steht es nicht zu, Ebenbilder von uns selbst zu schaffen. Uns steht es nicht zu, die ganze Entwicklung des Kindes in der Phantasie vorwegzunehmen und damit einzuengen. Das ist eine ungeheure Gefahr, eine Entwicklung zu behindern, ja zu zerstören.

Janov, der die »Urschreitherapie« entwickelt hat, sagt, der erste Schrei des Kindes sei ein Protest dagegen, daß die Eltern bestrebt sind, den Kern, den jedes Kind darstellt, von beiden Seiten in eine Schale zu pressen, die das Kind in die Enge treibt und es zwingt, sich nach den Gesetzen, nach den Wünschen der Eltern zu entwickeln. Für den einen ist das Kind die *Fortsetzung der eigenen Existenz:* Was man selbst nicht erreicht hat, das muß dem Kinde gelingen. Manche Frauen sagen: »Wenn ich kein Kind bekomme, habe ich nicht gelebt.« Mich beunruhigt dieser Satz, denn das Kind ist kein »Sinnerfüller« der mütterlichen Existenz. Für den anderen ist es eine Möglichkeit, mit dem Partner einen erbitterten Kampf auf Leben und Tod um die Ziele der Entwicklung des Kindes auszutragen. Für wieviel Eltern gilt der Satz, den mir einmal eine meiner Patientinnen gesagt hat: »Meine Eltern führen einen permanenten Atomkrieg.« Für andere wieder ist das Kind ein Sündenbock; man hat endlich jemanden, der *an allem schuld* ist, und daher wird der Blitz dorthin abgeleitet: Eine treffliche Methode, sich selbst freizusprechen und einem anderen, hilflosen, wehrlosen, schwachen Lebewesen alle Schuld aufzulasten.

In dem Stück »John Gabriel Borkmann« von Ibsen sagt die Mutter zu ihrem Sohn:

> »Sohn, es ist doch dein Wille, daß das, was der Vater an Unheil über uns gebracht hat, daß du dieses Unheil wieder ausgleichen willst.«

Und der Sohn antwortet:

> »Mutter, es ist dein Wille, daß ich das tue. Aber du bist nicht mein Wille, sondern ich will einen eigenen Willen haben; ich will das tun dürfen und können, was in mir an Wünschen drinnen ist. Ich will mein eigenes Sein verwirklichen.«

Bei dieser Gelegenheit möchte ich ein Bekenntnis zur Kostbarkeit jedes einzelnen menschlichen Lebens ablegen. Auf der einen Seite ist es nichts, wenn man die Milliarden Menschen bedenkt, die seit

Jahrtausenden wie Blätter gewachsen, zu Boden gefallen, verfault, verschwunden und versunken sind. Aber andererseits wird das Leben doch ungeheuer bedeutungsvoll, wenn wir erkennen, daß wir nur einmal leben. Und wie schrecklich ist es, wenn man mit Karl Kraus schließlich entdecken muß: »*Man lebt nicht einmal einmal*«, oder mit anderen Worten: wenn man dieses eine Leben, das man hat, nicht sinnvoll nutzen kann. »Vor jedem steht ein Bild dessen, das er werden soll.« Dies einigermaßen zu verwirklichen, ist doch das Wichtigste, was es überhaupt gibt. Und dazu bleibt uns nur eine ganz schmale Zeitspanne; wir wissen gar nicht, wie lange sie ist – nach Wilhelm Busch:

»So ist es mit der Zeit allhie,
erst trägt sie dich, dann trägst du sie.
Und wann's zu Ende, weißt du nie.«

In dieser Zeitspanne können wir versuchen, dies zu erreichen. Da kommen nun oft gerade die Menschen, die uns gezeugt haben, und hindern uns, dieses Leben zu gestalten. Statt dessen zerstören sie es, zertrümmern es, weil sie egoistisch sind, weil die eigentliche *Elternliebe*, wie Kafka sagt, allzu oft »*der Eigennutz der Eltern*« ist, derselbe Kafka, der gemeint hat, es sei tragisch, daß dieselben Eltern, die zuerst alles getan haben, um das Kind aus der Erde herauszustampfen, später alles tun, um es wieder in die Erde zurückzustampfen – gleichsam eine *Rücknahme des Schöpfungsaktes*.

Die besondere Tragödie dabei ist, daß die Eltern dies gewöhnlich in »*bestem Glauben*« tun, nämlich immer deswegen, weil sie meinen, am besten zu wissen, was für das Kind das Beste sei. Aber leider, sie handeln in Wirklichkeit, um *sich* etwas Gutes zu tun; aber dies ist in den seltensten Fällen auch etwas wirklich Gutes für das Kind. Mit Recht hat Pascal einmal gesagt: »Der Weg zur Hölle ist mit guten Vorsätzen gepflastert« – in diesem Fall erweist sich wieder einmal die fürchterliche Richtigkeit dieses Ausspruches.

Wann, wenn nicht hier, muß ich jene Sätze zitieren, die im Herzen aller Väter und Mütter unvergänglich eingeprägt sein sollten:

»Deine Kinder sind nicht deine Kinder. Sie sind die Söhne und Töchter der Sehnsucht des Lebens nach sich selbst. Sie kommen durch dich, aber nicht von dir, und obwohl sie bei dir sind, gehören sie dir nicht. Du kannst ihnen deine Liebe geben, aber nicht deine Gedanken, denn sie haben ihre eigenen Gedanken.

Du kannst ihrem Körper ein Heim geben, aber nicht ihrer Seele, denn ihre Seele wohnt im Haus von morgen, das du nicht besuchen kannst, nicht einmal in deinen Träumen. Du kannst versuchen, ihnen gleich zu sein, aber sicher nicht, sie dir gleich zu machen. Denn das Leben geht nicht rückwärts und verweilt nicht beim Gestern. Du bist der Bogen, von dem deine Kinder als lebende Pfeile ausgeschickt werden. Laß deine Bogenrundung in der Hand des Schützen Freude bedeuten.« (Kahlil Gibran) Damit komme ich wieder zu einem ganz wichtigen Punkt: *Erziehung ist Leitung in die Freiheit des Menschen.* Sie hat zum Ziele, daß der Freiheitsraum eines Menschen immer größer wird, daß er sich nicht verengt, nicht zusammenschrumpft. In diesem Zusammenhang erscheint ja schon das Wort »erziehen« ganz verhängnisvoll, weil in ihm das »Ziehen« enthalten ist, und wer einen zieht, der behindert und vergewaltigt ihn.

Ich muß immer wieder betonen, daß die Entscheidung der »Erziehung« zwischen Einengung und Erweiterung stattfindet. Rainer Maria Rilke sagt:

»Und dann, meine Seele, sei weit, sei weit,
daß dir das Leben gelinge!«

Also das Leben soll gelingen, und dazu muß die Seele weit werden, muß sie sich weiten, muß sie sich öffnen, muß sie sich entfalten. Dazu muß dem Kind die Möglichkeit gegeben werden, den Lebensraum lustvoll zu durchdringen. Es gibt nichts Wunderbareres, nichts Freudigeres, nichts Schöneres als das kleine Kind vom ersten Tag an auf seiner unglaublichen Entdeckungsreise, die man mit Worten gar nicht beschreiben kann, auf der es in das Leben hineinkrabbelt und die Welt entdeckt, zu begleiten. »Wie schön ist alles erste Kennenlernen. Du lebst so lange nur, als du entdeckst«, sagt Morgenstern. Lassen wir doch dem Kind diese göttliche Neugier. Schauen Sie, das Lassen ist so wichtig. Lassen – laß ein Kind laut sein, laß ein Kind sich freuen, laß ein Kind sich austoben. Laß ein Kind »ausgelassen« sein, indem du es ausläßt! Gib ihm die Chance, den Lebensraum lustvoll zu durchdringen!

Wir aber haben einen ganz anderen Satz geprägt, der auch mit »lassen« zusammenhängt. Nämlich »Laß das, laß das!«, und dieses »Laß das!« ist der einengende Satz schlechthin! Natürlich, es ist schon richtig: Wir müssen das Kind warnen vor vielen Gefahren, die auf es lauern, aber wir dürfen es deshalb nicht mit lauter Mauern und Zäunen umzingeln! Es sind ja ohnehin bei den heutigen Wohnverhältnissen die diesbezüglichen »Möglichkeiten« des Kindes schon so verbarrikadiert! Wir wissen heute, daß die Neurotisierung zunimmt mit jedem Stockwerk, das ein Kind in einem Hochhaus weiter oben wohnt, weil es dann nicht mehr die Möglichkeit hat, sich »auszutoben« und mit anderen Kindern zu kommunizieren im Spiel, im Grünen. Diese köstlichen Geschenke werden ihm ja Schritt für Schritt genommen, und wir sorgen dafür, daß es behindert, eingeengt wird. Fast möchte ich hier von einem Gefängnis sprechen, in das wir die Kinder hineinstecken. Mir fällt der Satz von Frederick Mayer ein: »*Unsere ›Erziehung‹ ist eine einzige ›Einladung‹ zur Depression.*«

Noch etwas ganz Wichtiges: Viele Eltern wollen nicht, daß sich das Kind von ihnen entfernt. Viele wollen es als einen *Teil ihrer Existenz* ein Leben lang behalten. Nicht nur nach der Geburt muß daher die Nabelschnur durchtrennt werden, sondern es gibt auch eine *psychologische Nabelschnur,* und es ist sehr wichtig, daß wir auch sie durchschneiden und dem Kind in immer größer werdenden Kreisen die Möglichkeit geben, sein eigenes Leben zu gestalten.

Franz Werfel hat einmal dieses wunderbare Gedicht geschrieben: »Kinder laufen weg«. Aber man denke zum Beispiel an eine Mutter, die mit ihrem Mann todunglücklich ist, und nun hat sie ein Kind, und sie ist auf einmal nicht mehr allein. Der Mann kommt, weiß Gott wann, spät nach Hause; der Mann kann sich entfernen, kann entfliehen. Das Kind aber ist auf die Mutter angewiesen und kann sich nicht helfen, denn es benötigt die Mutter, und die Mutter nützt diese Situation aus, stürzt und stützt sich auf das Kind, welches zu ihrem Mannersatz wird: »Du gehörst mir! Wenn schon der Mann in aller Ferne ist – du nicht!«

Aber *ein Kind ist kein Partnerersatz,* sondern ein Kind ist ein Partner schlechthin, ist ein eigenständiger, selbständiger Mensch, dem wir von Anfang an immer größere Räume der Freiheit zugestehen müssen; zuletzt auch die Freiheit, daß das Kind uns verläßt. Das ist der normale Lauf der Welt, und doch gehen viele Eltern an der Tatsache zugrunde, daß sie vom Kind »verlassen« werden, und hoffen, bewußt oder unbewußt, daß sie das Kind in irgendeiner Weise auf die Dauer an sich binden können.

Es gibt dazu ein fürchterliches Mittel, nämlich die sogenannte *Verzärtelung«* des Kindes, indem man dem Kind alle Schwierigkeiten aus dem Wege räumt:

>»Nein, das brauchst du nicht zu machen; das mache ich schon für dich; da sorge ich schon. Alles wird von mir (oder uns) durchgeführt. Du brauchst dich um nichts zu kümmern, dich gar nicht zu bemühen, gar nicht zu plagen. Die Welt wird einmal grausam genug sein; sei froh, wenn du dir das jetzt ersparen kannst.«

Wie rührend schaut das aus – und wie niederträchtig ist es. Denn es ist eine so furchtbare Methode, oft bewußt, oft unbewußt angewendet, das Kind an sich zu binden.

Wir Psychotherapeuten haben ungezählte Male mit jungen Menschen zu tun, die vor folgender Katastrophe stehen: Sie wollen selbständig werden, träumen davon, endlich ein eigenständiges Leben zu führen; und gerade dann, wenn die Zeit gekommen ist, dies zu realisieren, entfalten sie eine *grenzenlose Angst vor dem Selbständigwerden,* weil sie ein Leben lang, durch viele Jahre gegängelt worden sind, weil man ihnen alle Schwierigkeiten aus dem Weg geräumt hat. Jetzt sollen sie auf einmal zustande bringen und bewältigen, was sie nicht gelernt haben, und so kommen sie in eine der qualvollsten Situationen, die man sich vorstellen kann, nämlich, sich nach etwas zu sehnen und gleichzeitig vor dem, wonach sie sich sehnen, eine panische Angst zu haben. »Um Gottes willen, nur nicht selbständig werden; ich habe ja nie gelernt, auf meinen eigenen Füßen zu stehen.« Das ist ein furchtbares Fazit und ein jammervoller Zustand, und gleichzeitig ein Triumph der Eltern, denn nun bringt das Kind die Kraft nicht auf, fortzugehen.

Börries Freiherr zu Münchhausen hat einmal in einem seiner Gedichte zutiefst bedauert, daß die Kinder den *»goldenen Ball«,* den sie von den Eltern erhalten haben, ihnen später nicht zurückgeben, sozusagen undankbar sind. Ich fürchte, die Wahrheit ist eine ganz andere: Man kann nur einen Ball zurückwerfen, den man auch einmal bekommen hat; und das ist in allzu vielen Fällen leider nicht geschehen.

Ich möchte im Zusammenhang mit der Verzärtelung gleich dialektisch davor warnen, deswegen zu sagen: Aha, Verzärtelung ist falsch, daher muß ich möglichst »hart« zu meinem Kind sein.

Das Leben ist so grausam, sagen viele, es setzt ja den Menschen so ungeheuren Belastungen aus, ja, da muß ich doch rechtzeitig darangehen, das Kind mit der Härte des Daseins zu konfrontieren. Auch hier wieder ein Vorwand für eine brutale Methode, denn das Wichtigste ist nicht »Abhärtung des Kindes«, sondern das *Selbständigwerden*. Hinter dem Wunsch, eine Abhärtung durchzuführen, steht immer eine geheime Aggression gegen das Kind, auch wenn sie sich »menschenfreundlich« tarnt und unter dem Motiv gestartet wird, das Kind müsse rechtzeitig lernen, mit dem Leben fertig zu werden.

Was das Kind braucht, um mit dem Leben fertig zu werden, sind zwei Dinge: Vor allem einmal braucht es Wärme, die in einem Hause »zu Hause« sein sollte. Das Kind, wie wir heute wissen, kommt viel zu früh auf die Welt; es sollte noch ein paar Monate lang im Mutterleib bleiben dürfen. Nun wird es plötzlich mit einer Urgewalt aus dem Warmen hinausgeworfen und wird konfrontiert mit einer neuen Luft, mit einem neuen Licht, mit einer neuen Temperatur. Dies ist ein ungeheures Problem, und in dieser Situation braucht das Kind Wärme; es braucht Geborgenheit, es braucht Zärtlichkeit. Zärtlichkeit ist ganz besonders wichtig, die Tendenz, das Kind zu herzen, zu streicheln, zu liebkosen.

Wir haben unsere Haut aus zwei Gründen (und das bleibt übrigens bis zum Ende unseres Daseins so): erstens, um uns *abzugrenzen,* daß wir wissen, dort bist du noch und dort hörst du auf, und zweitens, um die *Berührung der Mitwelt* zu empfinden, und zwar liebevoll.

Es gibt eine Sorte von Eisbären, die sterben, wenn sie die Mutter nicht beleckt, und solch eine Art von Lebewesen sind wir im Grunde auch. Wir sterben vielleicht nicht, wenn wir keine Zärtlichkeit bekommen, aber wir verkümmern, wir verdorren. Unsere Haut rötet und entzündet sich, beginnt zu nässen: Die Neurodermitis, eine ernste *psychosomatische Erkrankung,* tritt auf. Die Haut des Kindes schreit um Hilfe; sie sagt: Ihr seid nicht gut zu mir, nicht herzlich zu mir; mir fehlt die Wärme. Die *Wärme* ist das entscheidende Kriterium der familiären Atmosphäre.

Ein vierjähriges Mädchen fragte vor einiger Zeit seine Mutter: »Mutter, kannst du noch Kinder bekommen?« Da sagte die Mutter, sehr indigniert und unangenehm berührt: »Ich bin eine gesunde, normale Frau; natürlich kann ich Kinder kriegen.« Darauf sagte die Vierjährige: »Du kannst keine Kinder bekommen, Kinder bekommt man ja, wenn Vater und Mutter sich *liebhaben*. Ihr zwei habt euch ja nicht mehr lieb.« – »Wieso willst du das wissen?« – »Eure Stimmen verändern sich ja vollkommen, wenn ihr miteinander sprecht; sie bekommen einen schrillen, harten, kalten Ton.« Die Mutter war um so mehr betroffen, als das Kind ihr die Wahrheit sagte: Es war unter den Eltern tatsächlich kein Gefühl füreinander mehr vorhanden.

In wieviel Familien herrscht *eisige Kälte;* oft wird sie auch als »Sachlichkeit« bezeichnet und getarnt. Viele Menschen haben zwar Gefühle, aber sie lernten seit ihrer Kindheit, daß man sie nicht zeigen dürfe, so daß sie sie auch ihren Kindern nicht übermitteln können. Wiederum ein tragischer *neurotischer Stafettenlauf!* Wärme erzeugt Vertrauen; wenn man liebkost wird, fühlt man sich geborgen, dann kann man vertrauen, und für die Entwicklung eines Menschen ist das Urvertrauen ganz entscheidend. Wenn es kein *Urvertrauen* im Leben des Kindes gibt, ist es irrsinnig schwer, später im Leben noch irgend jemandem zu glauben. Natürlich ist es möglich, Dinge, die in der Kindheit passieren, später zu korrigieren, aber von wieviel glücklichen Zufällen ist diese Korrektur abhängig! Außerdem: Es versteht sich von selbst, daß eine direkte Brücke vom Urvertrauen über das Selbstvertrauen zum Vertrauen gegenüber dem Mitmenschen führt. Im negativen Fall heißen diese Stationen Urmißtrauen, Minderwertigkeitsgefühl, Verlust des Glaubens an die Mitmenschen, an die Menschheit.

Das Wort »*Selbstvertrauen*« ist gefallen, ein ganz wesentlicher Begriff, denn ohne Selbstvertrauen kann ein Mensch wohl nur dahinvegetieren, kaum richtig leben. Darüber habe ich schon bei den Grundsymptomen der Neurose geschrieben, für diesmal kann ich mich daher mit einem Goethe-Wort aus dem »Westöstlichen Diwan«, leicht verändert, begnügen: »Hätten sie sich weggewendet, augenblicks verlöre ich mich.«

Sehr wichtig für die weitere Entwicklung des Selbstvertrauens ist also Bejahung und Ermutigung durch die Eltern. Das Kind ist in seinen Anfängen klein und hilflos. Es dauert eine lange Zeit, bis es lernt, seine beiden Händchen zu koordinieren und etwas mit ihnen festzuhalten; viele Mißerfolge säumen diesen Weg. Da braucht das

Kind die Geduld und das Verständnis der Großen, der Mächtigen, die alles können. Was vermag Ermutigung nicht alles zu bewirken: »Das nächste Mal wird es schon besser gehen« – und dann geht es auch besser. Und wie wichtig ist es dann auch, das Kind zu loben, wenn es endlich ein Erfolgserlebnis erreicht hat. Aber leider: Viele Eltern bleiben bei Ermutigung und Anerkennung stumm und werden hingegen um so lauter, wenn sie ihren Unmut, ihre Herabsetzung und Geringachtung vermitteln wollen. Es ist kaum zu glauben, welche Ausdrücke da oft verwendet werden! Zur Rede gestellt, rechtfertigen sie sich oft damit, daß man das Kind nicht hoffärtig und »eingebildet« machen dürfe! Welche Verkennung der für den Aufbau der menschlichen Seele so unbedingt notwendigen Bausteine!

Die Beziehung des Vaters und der Mutter zum Kind muß vom ersten Tag an eine partnerschaftliche sein. Vielen Menschen erscheint dies als eine geradezu perverse Forderung. Weil wir in einem typischen *Groß-Klein-Denken* gefangen sind: Wie, ich, der Mächtige, und das winzige Kind sollen gleichberechtigt sein? – Daß ich nicht lache!

Wie aber sagt Anton Wildgans: »Wer bist du, daß du nicht das Knie zu beugen brauchtest vor dem neuen Menschen?« Die Mehrzahl jedoch antwortet: »Das Kind muß Respekt vor mir haben. Das ist das Gesetz. Aber doch nicht ich vor dem Kinde!« Dennoch ist es so: Je schwächer, hilfloser, je ausgesetzter das Kind, je abhängiger es ist – und es gibt nichts Ausgesetzteres als ein Kind –, desto mehr braucht es den Respekt und die Ehrfurcht der Eltern. Wir müssen daher auch lernen, das vierte Gebot neu zu interpretieren: In unserer Fassung ist praktisch nur die Rede von den *Rechten der Eltern* und den *Pflichten der Kinder*. Wir müssen umdenken und lernen, die *Pflichten der Eltern* und die *Rechte der Kinder* zu betonen. Man wirft mir immer vor, daß ich einseitig auf der Seite der Kinder stehe. Mein Eintreten für die Kinder ist aber gar keine Einseitigkeit und keine Parteilichkeit, sondern es resultiert aus den Erkenntnissen von Menschlichkeit und Wissenschaft. Erstens möchte ich klarstellen: *Kein Kind kommt neurotisch zur Welt* (es sei denn, es wurde schon pränatal neurotisiert), sondern es wird dadurch krank gemacht, daß es gezwungen ist, jahrelang mit Menschen zu leben, die es zerstören. Das ist ein ganz entscheidendes Motiv, warum man auf der Seite der Kinder stehen muß. Aber es gibt noch einen anderen Grund: Die Eltern haben ja in Wirklichkeit nichts davon, wenn sie ihre Kinder schlecht behandeln. Sie machen dann die Kinder krank, und neurotisch erkrankte Kinder entwickeln Symptome, die unweigerlich auch den Eltern unendliche Schwierigkeiten bereiten. Wer also für das Recht der Kinder eintritt, nicht neurotiert zu werden, erweist letztlich auch den Eltern einen guten Dienst.

Wir haben eine *Hackordnung* entwickelt wie im Hühnerhof, und jeder weiß genau, vor wem er buckeln muß und wen er treten darf. Und leider: *In dieser Hackordnung steht das Kind an unterster Stelle.* (Das erinnert mich an den Ausspruch des unvergeßlichen Janusz Korczak: »Die Kinder sind das einzige Proletariat, das noch nicht erlöst wurde.«) Sobald sich etwa einer einmischt, wenn jemand ein Kind brutal behandelt, dann kann er vernehmen: »Hören Sie, erstens geht das Sie nichts an, und zweitens, bitte, nehmen Sie zur Kenntnis: Mit meinem Kind, da mach' ich noch immer das, was ich will.«

Das ist ein schrecklicher *Machtmißbrauch,* den wir mit solchen und ähnlichen Worten für uns in Anspruch nehmen. Aber es sitzt in uns allen mit einer furchtbaren Dämonie drin, daß wir eben das Wehrlose mißbrauchen und glauben, mit ihm tun zu können, was uns paßt. Und eben die Leute, die diesen Machtmißbrauch betreiben, sind dann um so überraschter, wenn aus dem Kind nichts »Rechtes« wird! Darf man sich wirklich darüber wundern, wenn sich in diesen Kindern die Aggression zusammenballt und sie einen *schlechten Charakter* bekommen? Wir sagen ja auch ganz leichtfertig und leichtsinnig: »Na, ist schon jemand an einer Ohrfeige je gestorben?« Selbstverständlich ist daran noch kaum jemand gestorben, aber dennoch darf gesagt werden, die *»gesunde Ohrfeige«* gibt es nicht, weil jede *Gewaltanwendung* eine unvergeßliche *Demütigung* darstellt.

Wir sind alle nur Menschen. Es war eine der bewegendsten Szenen, die ich in meinem Leben erlebt habe, als Professor Cermak, der wunderbare Vorkämpfer der gewaltlosen Erziehung in Österreich, auf die Frage im Rundfunk: »Herr Professor, sagen Sie ehrlich, haben Sie nie in Ihrem Leben Ihren Kindern eine Ohrfeige gegeben?« erschüttert antwortete: »Herr Reporter, leider muß ich bekennen, daß ich das zweimal in meinem Leben getan habe. Ich schäme mich, Ihnen das sagen zu müssen, aber die Wahrheit gebietet es, und ich kann mir und Ihnen nur einen Trost geben: Ich habe es zutiefst bereut.« Die Moral von dieser Geschichte: Wir sind alle nicht unfehlbar, und es ist gar kein Zweifel, daß uns das passieren kann, wenn es uns auch nicht passieren sollte. Aber es kommt sehr wohl darauf an, ob wir uns dann sagen: »Ich habe nur von meinem ›Recht‹ Gebrauch gemacht, oder ob wir unseren Fehler bereuen.

Mein Vater, Mittelschullehrer, war einer der gütigsten Erzieher, aber wenn man ihm gegenüber in gewissen Situationen Widerspruch äußerte, wenn er zum Beispiel sagte: »Du hast mich angelogen«, und ich antwortete: »Ich habe dich nicht angelogen«, da konnte er über die vermeintliche Unaufrichtigkeit in eine enorme Erregung geraten, und ich erinnere mich dreier Szenen, wo es dann schon so zugegangen ist, daß meine Mutter an mir eine Art *Lebensrettung* durchführen mußte. Hier trafen zwei Auffassungen aufeinander, denn ich war ein Mensch, der nichts weniger erdulden konnte als Unrecht. Und wenn er mir sagte: »Du hast mich angelogen« und ich sicher war, daß ich das nicht getan hatte, war ich eher bereit »zu sterben«, als nachzugeben, was wiederum meinen Vater zur Raserei brachte. Aber am nächsten Tag war mein Vater so vernichtet und so beschämt, daß ich ihm nicht böse sein konnte. Einmal habe ich ihm gesagt: »Rege dich nicht auf, es ist ja eh nicht so schlimm. Du siehst, daß ich lebe, und ich bin dir weiter nicht böse.«

Ich möchte diese Gelegenheit benützen, um auf die *Fehlbarkeit aller Menschen* (auch des Papstes) und natürlich auch der Eltern hinzuweisen. *»Errare humanum est«*, irren ist menschlich; und wer möchte sich davon ausnehmen? Wir haben in diesem Zusammenhang eine doppelte Aufgabe: Erstens, den eigenen Fehler zuzugeben, und zweitens, daraus zu lernen (und dadurch kann er sehr fruchtbar werden). Nur gibt es aber sehr viele Eltern, die glauben, im Falle eines solchen »Eingeständnisses« ihre *Autorität* zu verlieren (was übrigens nicht stimmt; gemäß dem wunderbaren Ausspruch des ehemaligen Berliner Bürgermeisters Albertz: »Wer je seinen Vater weinend einen Fehler eingestehen sah, der wird ihn ein Leben lang nicht verlassen«).

Ich möchte aber nun auch die Gelegenheit nützen, um einen Begriff zu diskutieren, der in der *Erziehungsproblematik* eine bedeutende Rolle spielt und spielen muß: die Autorität. Es kann kein Zweifel darüber bestehen, daß die Eltern in diesem Prozeß für die Kinder zu Autoritäten werden. Würde man also unter antiautoritärer Erziehung eine Erziehung ohne Autoritäten verstehen, wäre dies schier ein Unsinn, denn kein Mensch kann sich gesund entwickeln, wenn er nicht von Anbeginn an Menschen hat, die ihn lieben, die er liebt, mit denen er sich *identifiziert*, die für ihn *maßgebend*, also *Autorität* sind. Ohne solche Vorbilder retardiert die psychische Reifung des Kindes.

In einem anderen Sinne gewinnt aber das Wort von der antiautoritären Erziehung eine gewisse Berechtigung: Denn so, wie Autorität für das Kind notwendig ist, müssen wir zwischen echter und angemaßter Autorität unterscheiden. Und die angemaßte Autorität zu bekämpfen ist wahrlich eine Aufgabe, zu der wir berechtigt, ja mehr noch, eigentlich verpflichtet sind.

Das Wort »autoritas« leitet sich vom lateinischen »augeo« (ist gleich: wachsen lassen, vermehren, fördern, beglücken) her, und es drückt somit etwas Positives aus: eine Persönlichkeit, die hilft, unterstützt, Glaubwürdigkeit und Vorbildfunktion vermittelt (ich fürchte, daß die Mehrzahl der Menschen zum Autoritätsbegriff ganz andere Assoziationen entwickelt). Damit sind schon die Kriterien der echten Autorität umschrieben: Sie wirbt um die Liebe und das Verständnis des Kindes, anstatt sie vorauszusetzen und zu fordern, kommt dem Kind entgegen, bemüht sich , Vorbild zu sein, ist nicht arrogant und versucht, notwendige Maßnahmen (und jedem Kind müssen auch in seinem Interesse gewisse, freilich nicht zu enge Grenzen gesetzt werden) so gut wie möglich zu erklären. Angemaßte Autorität hingegen beruht darauf, daß man meint: Die Unterordnung der anderen steht mir zu; ich brauche mich daher um Verständnis und Einsicht der »*Untertanen*« nicht zu bemühen, die meinen Befehlen bedingungslos zu gehorchen haben.

Die Auswirkungen dieser *angemaßten Autorität* sind in der *Eltern-Kind-Beziehung* ganz besonders schlimm. Wenn nämlich ein Erwachsener einen unausstehlichen Vorgesetzten hat, bestehen für ihn meistens noch verschiedene Möglichkeiten, die Situation zu verbessern oder ihr zu entrinnen. Aber die Eltern kann man sich nicht aussuchen, und so wie es eine Gnade ist, in eine Familie hineingeboren zu werden, in der man wachsen kann, so ist es ein Verhängnis, mit Eltern konfrontiert zu sein, die einen mit ihrem Herrschaftsanspruch erdrücken.

Die *Dominanz* der angemaßten Autorität äußert sich in Worten wie »Der hier zu befehlen hat, das bin ich«, »Du hast zu parieren«, »Du hast den Mund zu halten«, »Kinder dürfen nur reden, wenn sie gefragt sind«, »Frag nicht; für eine Erklärung bist du noch zu dumm«, »Schon mein Wunsch muß dir Befehl sein«, »Was auf den Tisch kommt, wird gegessen« und vielen anderen schrecklichen Phrasen mehr.

In Bert Brechts Gedicht »Was ein Kind gesagt bekommt« wird dies höchst anschaulich dargestellt:

»Der liebe Gott sieht alles.
Man spart für den Fall des Falles.
Die werden nichts, die nichts taugen.
Schmökern ist schlecht für die Augen.
Kohlentragen stärkt die Glieder.
Die schöne Kinderzeit, die kommt nie wieder.
Man lacht nicht über ein Gebrechen.
Du sollst Erwachsenen nicht widersprechen.
Man greift nicht zuerst in die Schüssel bei Tisch.
Sonntagsspaziergang macht frisch.
Zum Alter ist man ehrerbötig.
Süßigkeiten sind für den Körper nicht nötig.
Kartoffeln sind gesund.
Ein Kind hält den Mund.«

An dieser Stelle eine Feststellung: Wie wichtig ist es zuerst für das Kind, daß es durch Schreien seine Empfindungen ausdrücken darf, ohne daß dies die Eltern als Störung bewerten und gar nicht oder indigniert darauf reagieren. Wie wichtig ist es sodann, daß das Kind in seinen ersten Phantasien, die sich in Bildern, Farben und Tönen abspielen, nicht behindert wird, weil diese Zeit die *Geburtsstunde der Kreativität* (»Oh, lerne denken mit dem Herzen«) ist. Und wie wichtig ist es schließlich, daß das Kind die Sprache gebrauchen lernt und sie auch für Kritik, für Unzufriedenheit und Auflehnung verwenden darf; wie schrecklich, wenn, um es mit Turrini zu sagen, »das tausendmal geformte Nein als freundliches Ja den Mund verlassen muß«. Daraus kann nur resultieren, daß die *Verdrängungen der frühen Kindheit* später weiter fortgesetzt werden müssen und dadurch ins Unermeßliche verstärkt werden.

Aus meiner eigenen Kindheit möchte ich eine kleine Geschichte erzählen. Frühzeitig begann ich, auf einen Tisch zu steigen und Reden, natürlich völlig sinnloser Art, zu halten. Da sagte die Mutter zu mir: »Kind, das kann doch niemand aushalten; höre doch auf.« Ich antwortete: »Mutti, ich muß!« Da überwand sich die Mutter und entschied: »Wenn du mußt, dann rede halt weiter.« Ich bin davon überzeugt, daß dies für mich eine entscheidende Weichenstellung war und ich heute nicht so gerne und gut reden könnte, wenn die Mutter sich damals anders verhalten hätte.

Ich möchte aber noch einmal auf das schreckliche Problem der *Gewaltanwendung gegen Kinder* zurückkommen und den Lesern dieses wunderbare Lied von Bettina Wegner liebevollst ins Herz – ich möchte sagen – hineintropfen, sozusagen als Infusion:

»Sind so kleine Hände, winz'ge Finger dran,
darf man nicht drauf schlagen, sie zerbrechen dran.
Sind so kleine Füße mit so kleinen Zeh'n,
darf man nicht drauf treten, können sonst nicht geh'n.
Sind so kleine Ohren, scharf unter der Haub'.
darf man nicht zerbrüllen, werden davon taub.
Sind so schöne Münder, sprechen alles aus,
darf man nie verbieten, kommt sonst nichts mehr raus.
Sind so kleine Augen, die noch alles seh'n,
darf man nie verbinden, können sonst nichts versteh'n.
Sind so kleine Seelen, offen und ganz frei,
darf man niemals quälen, geh'n kaputt dabei.
Ist so'n kleines Rückgrat, sieht man fast noch nicht,
darf man niemals beugen, weil es sonst zerbricht.
Grade, klare Menschen wär'n ein schönes Ziel;
Leute ohne Rückgrat haben wir schon zuviel.«

Nun noch etwas von Thomas Bernhard: Man sollte nie behaupten, daß manchmal Worte ein Kind nicht noch mehr zerstören können als Schläge. (Bitte, dieses Zitat nicht als Freibrief für Schläge aufzufassen!) Thomas Bernhard schreibt:

»Das Wort war hundertmal mächtiger als der Stock. Mit *teuflischen Worten* erreichte sie ihr Ziel, das sie im Sinne hatte. Andererseits stürzte sie mich *in die fürchterlichsten aller Abgründe,* aus welchen ich dann *zeitlebens nicht mehr herausgekommen* bin: ›Du hast mir noch gefehlt, du bist mein Tod.‹ In den Träumen werde ich heute noch davon gepeinigt. Sie wußte nichts von dieser verheerenden Wirkung.«

Ich kann diesen Punkt nicht abschließen, ohne ganz allgemein zum Begriff der Strafe Stellung zu nehmen. Ich halte es für eine Katastrophe, mit Strafen zu erziehen. Der große katholische Theologe und Philosoph Romano Guardini hat gesagt:

»Wer den Menschen bessern will, der muß ihn zuerst respektieren.«

Beinhaltet die Strafe die *Achtung* des Menschen? (Diese Frage ist auch an unseren *Strafvollzug* zu richten, der oft aus nichts anderem als Rache besteht, weswegen wir uns nicht wundern dürfen, daß nach der Haftentlassung so viele Rückfälle passieren.) Ob man nun hundertmal etwas abschreiben muß, ob man sich hinknien muß, ob einem das Fernsehen verboten wird, und was immer Menschen (?) ersinnen mögen – das sind im Grunde alles *sadistische Spiele* auf Kosten der Seele eines anderen. Wer Strafen verhängt, der sollte sich fragen, ob er nicht unbewußt sadistische Tendenzen befriedigt, und sollte bedenken, daß der, welcher solche Wünsche hat, immer einen Vorwand finden wird, sie zu realisieren. Auch der in diesem Zusammenhang strapazierte Satz »Wer nicht hören will, muß fühlen« ist im Grunde *sadistisch-faschistoid.*

Apropos »hören«: *Pädagogik* im besten Sinne ist *Bemühung um den Aufbau* des jungen Menschen, und der kommt dadurch zustande, daß man um die Einsicht des Menschen im Gespräch geduldig ringt. Die Strafe ist immer der bequeme, der »einfache« Weg, der leichtere Weg, aber ein Weg, der eigentlich die zwischenmenschliche Beziehung sehr gefährdet und oft sogar für alle Zeiten zerstört.

Ich möchte Ihnen in diesem Zusammenhang zwei Geschichten zitieren. Die eine betrifft ein Erlebnis des unvergeßlichen Friedrich Heer, einem der größten Österreicher unseres Jahrhunderts. Er betitelt es »Ein Spaziergang«:

»Das Kind erinnert sich bis heute an diesen einen Spaziergang. Es zog aus, um einem Onkel und einer Tante eine Freude zu machen. Dieser ›Onkel‹ und diese ›Tante‹ waren, wie so oft auch heute noch in Kinderkreisen, keine ›richtigen‹ Onkel und Tanten, sondern eben Freunde der Familie. Onkel und Tante hatten ihr Sommerfrischendomizil in einer hochragenden Villa jenseits des Flusses. Da war nur die Eisenbahn zu überqueren.

Onkel und Tante hatten den Knaben herzlich begrüßt und herzlich verabschiedet; er möge bald heimkehren, so allein, die Mutter würde vielleicht Angst haben. Angst um das Kind. Das Kind läuft daher, so rasch es kann, nach Hause. Es erwartet, lieb aufgenommen zu werden. Die Mutter aber stürzt sich auf das Kind. Ihre große Angst – was ist ihm geschehen? – entlädt sich in Schlägen. Die Frau besitzt nur dieses eine Kind. Ihre Liebe, ihre Angst um das Kind ist grenzenlos ... Es sind unsichere Zeiten. Werden nicht, wie die Bauern berichten und Zeitungen vermelden, Kinder gestohlen? Von Zigeunern, vom fahrenden Volk, von lichtscheuem Gesindel? Mord und Totschlag sind an der Tagesordnung. Verwilderte Soldaten streunen umher. Offenes, ungeschütztes Land, 1921.

Nach den Schlägen, nach dem Hagel der Vorwürfe sitzt das Kind auf dem Balkon in der heißen Sonne. Eine Welt ist zusammengebrochen: der Glaube an die Gerechtigkeit. Es stimmt alles nicht in der Welt. Nichts stimmt. Das Kind sieht dumpf den Staub an. Hitze brütet über dem Balkon, legt sich schwer über das Kind. Das Kind sieht den Tod. Alles ist aus. Es gibt nichts, was stimmt. Alles ist böse. Die Mutter ist böse. Es gibt keinen Gott. Keinen gerechten Gott.

Das Kind sieht direkt in die Sonne, bis es voll von Schmerz, auch physischem Schmerz, die Augen abwenden muß. Das Kind sieht in die Rillen, in den Staub, kratzt mit dem Zeigefinger an den harten Brettern.

In allem ist der Tod. Die Vernichtung. Gelähmt starrt das Kind vor sich hin.

Ich glaube auch heute noch, daß dieses Erlebnis der stärkste Eindruck meines Lebens ist.

Das Kind vermag nicht mehr zu glauben. Es hat Angst. Angst, Angst, Angst. Es betet viele ›Vaterunser‹. Übermüdet schläft es dann irgendwie ein.«

Die zweite Geschichte bezieht sich auf einen Brief, den ich vor einiger Zeit erhielt. Darin setzte sich eine Mutter mit der *Problema-*

tik von Verantwortung und Gewaltanwendung auseinander. Weil ihr kleines Kind sich trotz wiederholter Verbote immer wieder dem Schwimmbassin näherte, fühlte sie sich gezwungen, ja verpflichtet, im Sinne ihrer elterlichen Verantwortung dem Kinde es durch Schläge beizubringen, daß man das nicht tun dürfe. Die Moral von der Geschichte: Die Verantwortlichkeit der Elternschaft erzwinge manchmal geradezu Gewaltanwendung, um das Kind vor unsäglicher Gefahr zu beschützen.

Ich möchte Ihnen an dieser Stelle Teile aus meiner Antwort zitieren:

»Was das Verhältnis von Macht und Verantwortung betrifft, finde ich es zwar sehr großartig von den heutigen jungen Leuten, Verantwortung zu übernehmen, aber Macht zurückzuweisen, jedoch weiß ich selbst nicht, wie man das bewerkstelligen könnte, denn es handelt sich dabei in etwa um ein Problem vom Ausmaß der Quadratur des Kreises. Nur eines weiß ich sicher: So wie Sie es mit Ihrem fünfjährigen Kind gemacht haben, so darf man es meiner Überzeugung nach eben nicht tun, denn ich halte es für einen der gröbsten Fehler, den man überhaupt begehen kann, ein Kind zu schlagen; auch dann, wenn man es damit vor der Gefahr des Ertrinkens zu retten glaubt. Da muß es ganz einfach, trotz allen kindlichen Unverstandes, andere Möglichkeiten geben.

Liebe, dies soll kein persönlicher Vorwurf gegen Sie sein. Ich versuche ja, Sie zu verstehen, und ich weiß, daß Sie es gut gemeint haben. Aber wenn es eben so nicht geht oder nicht zu gehen scheint, so muß es einfach andere Wege geben. Man müßte ein Kind durch gutes Zusprechen so lange beeinflussen können, bis es die Notwendigkeit des Verbotes einsieht. Sie schreiben: ›Das Verbot allein reicht offenbar nicht aus‹, und setzen in Gedanken fort: ›daher mußten es Schläge tun.‹ Für mich aber muß die Fortsetzung dieses Satzes anders lauten: ›Daher muß ich mich mit einem Kind, auch wenn es noch so klein ist, so lange bemühen und beschäftigen, bis die *Einsicht der notwendigen Grenze* doch eintritt.«

Die einzige Methode ist also das beharrliche, immer wiederholte Gespräch mit dem uns anvertrauten Kind. Ich liebe dieses Wort »*anvertraut*«; es fällt mir dazu immer der wunderbare Satz ein, den

Hugo von Hofmannsthal seinen Färber Barak in der »Frau ohne Schatten« sprechen läßt: »Mir anvertraut, daß ich sie hege, daß ich sie trage auf diesen meinen Händen, und ihrer achte und ihrer schone um ihres jungen Herzens willen ...«

Das ist so eine schicksalhafte Sache, der *Dialog zwischen den Eltern und dem Kind,* später auch der Dialog zwischen dem Lehrer und den Schülern. Es hat vor einiger Zeit eine Umfrage bei den österreichischen Schülern stattgefunden: Was wünschen sich die Schüler, was die Lehrer am meisten? Die Lehrer wünschen sich am meisten *Gespräche mit den Schülern,* die Schüler am meisten *Gespräche mit den Lehrern.* Sie wollen also alle das gleiche, nur kommt es so schwer zustande. Bei unserem Schulsystem gibt es *keinen Dialog,* sondern nur: Das lernst du, und darüber wirst du geprüft, und dafür kriegst du eine gute oder schlechte Note. Das ist die *Vernichtung der Kommunikation,* und darum verlassen die Schüler, wie Ingmar Bergman gesagt hat, als »*Analphabeten des Gefühls*« unsere Schulen.

Die Menschenbildung findet jedenfalls in den Schulen und in zu geringem Umfang statt. Sehr viele Lehrer sind darüber verzweifelt und bemühen sich sehr, diesen Zustand zu ändern, können sich aber (noch) nicht durchsetzen. Ich möchte sie ermutigen, nicht aufzugeben. Letztlich hat sich noch immer das durchgesetzt, was von unten nach oben mit großer Beharrlichkeit aufgebaut wurde.

Und wie schaut es diesbezüglich im Elternhaus aus? Dies bringt mich zu meinem nächsten Punkt: Mit eine der wichtigsten, der kostbarsten Aufgaben, die Eltern zu übernehmen haben, ist die *Wertvermittlung.* Was brauchen wir, um sie zu erfüllen? Erstens müssen wir selber Werte haben. Neulich sagte ein Mann: »Wissen Sie, ich glaube an gar nichts, aber meinem Kind werde ich schon die Religion beibringen. Das kann ihm nicht schaden, verstehn Sie?« Also, wer glaubt, daß er auf diese Weise Werte vermitteln kann, ist ein armer Narr. Man muß somit selbst Werte haben, muß von ihnen begeistert sein, muß sie dem Kind vortragen, wozu man Zeit und Kraft braucht, denn das kostet ohne Frage viel Anstrengung. Ich möchte in diesem Zusammenhang noch einmal auf meinen Vater hinweisen: Der ist heimgekommen aus der Schule und hat *nicht* gesagt: »Du, jetzt bin ich müde; laß mich in Ruhe!« Er hat sich vielmehr hingesetzt und mir zwei, drei Stunden erzählt, was er mit seinen Schülern erlebte. Ich habe oft wirklich geglaubt, daß mein Vater nur deswegen in die Schule geht, daß er mir das am Abend erzählen kann. Heute ist es ganz anders: Die Kinder können zwar den Beruf der Eltern angeben, wenn man sie aber fragt: *Was tut der Vater da eigentlich?* dann herrscht Ahnungslosigkeit, und zwar nicht nur dann, wenn der Vater ein Beamter ist.

Der Reihe nach also: Erstens haben die Eltern im Verlaufe unseres Jahrhunderts *ihre eigenen Werte größtenteils verloren.* Zu oft ist ihnen diesbezüglich der Boden unter den Füßen weggezogen worden; immer haben sie »aufs falsche Pferd gesetzt«. Zu guter Letzt haben sie nach dem Zusammenbruch 1945 (eigentlich die Befreiung des Landes von der Tyrannei, von vielen aber als »Niederlage« erlebt) ihre ganze Hoffnung im materiellen Aufstieg gesehen und so das Wirtschaftswunder zustande gebracht. Dieses unaufhaltsam sich steigernde Jagen nach Geld kostet aber unbeschreiblich viel Zeit und Kraft – da bleibt für die Kinder nicht viel übrig.

Ich pflege immer zu sagen: Man liebt so sehr, wie man bereit ist, einem Menschen Zeit zu widmen, und also fühlen sich die Kinder wenig geliebt und leben, im Sinne eines wunderbaren Ausspruches von Manès Sperber, als »Waisen *mit* Vater und Mutter«. Freilich, die Eltern spüren schon, daß sie da ihren Kindern unendlich viel schuldig bleiben; irgendwie wollen sie es wiedergutmachen, und sie können es naturgemäß nur mit Dingen tun, die ihnen zur Verfügung stehen; also »überschütten« sie die Kinder mit *materiellen Werten.*

Vor ein paar Jahren durfte ich zum Todestag von Johannes XXIII., der für mich neben Gorbatschow zum idealen Leitbild unserer ganzen Zeit geworden ist, den Gedenkvortrag in der Hochschule in Eichstätt halten. Nachher ist ein junger Mann zu mir gekommen mit dem Namen Markus Marotte: »Ich gebe Ihnen da ein Gedicht, und wenn Sie es brauchen können, dann benützen Sie es.« Der Titel des Gedichtes ist »Liebe«, und nun werde ich von dieser Erlaubnis Gebrauch machen:

»Wir erschrecken vor dieser Freiheit,
die ihr uns plötzlich gebt,
mit der ihr uns allein laßt in den leeren Wohnungen,
während ihr selber die Flucht ergreift,
in panischer Angst, in immer schnelleren Autos.

Unsere Frage nach Gott
speist ihr mit einem Löffel Schlagsahne ab.
Eure Schwarzwälder Torten stinken.
Wundert euch nicht,
wenn wir euren Händen entgleiten,
davonbrausen auf unseren heulenden Maschinen,
weil wir daheim nicht heulen dürfen,
in der hellhörigen Wohnung.
Wundert euch nicht,
wenn wir uns ekeln vor euren Gesichtern,
aber den Augen des Guru blind vertrauen.
Wir wissen ja, so oder so ,
wir gehen drauf.
In eurer Mitte fallen wir um eines Tages.
Vor euren Augen sterben *wir*
an der Sinnlosigkeit *eures* Lebens.«

Wir sollten aus dem Gedicht lernen, wie sehr in der Wertvermittlung die entscheidende *Brücke* zwischen Eltern und Kindern gebaut werden kann. Wir müssen uns zu Werten bekennen, diese Werte leben, verwirklichen und sie den Kindern vermitteln. Wertvermittlung dürfte aber nie in einem *Aufzwingen von Werten* bestehen. Nie sollte man sagen: »Ich weiß alles und bin im Besitz der alleinseligmachenden Wahrheit.« Vielmehr müßte es heißen: »Schau, so sehe ich das, so halte ich es für richtig, aber du mußt zu deiner eigenen *Überzeugung* kommen, und beim Finden derselben will ich dir nicht im Wege stehen.« – In den letzten Sätzen sind sehr viel Konjunktive zu finden, weil es sich um Möglichkeiten handelt, die derzeit kaum oder jedenfalls viel zu selten realisiert werden. Noch etwas Entscheidendes ist aus dem Gedicht zu lesen: Die *wertmäßige Unterernährung* führt direkt zu einer Verdünnung des Lebensinteresses und damit der Lebenslust. Sie wird damit so eine *Vorstufe der neurotischen Depression,* die uns hier besonders interessiert, und auch des Lebensüberdrusses, welcher oft einer ihrer schrecklichen Folgen ist.

Ein letzter Punkt, die Erziehung betreffend: Das Kind braucht nicht nur die Zeit der Eltern, sondern die Eltern müssen ihm auch Zeit lassen, sich zu entwickeln. Wir leben in einer raschlebigen Zeit, und viele Eltern sind davon so infiziert, daß ihnen die Entwicklung der Nachkommen viel zu langsam vonstatten geht. Demgegenüber muß mit Nachdruck gesagt werden: Die *Kindheit* ist *keine bloße Vorbereitungszeit,* sie ist kein »Durchgangsstadium«, sondern sie ist ein Wert für sich. »O selig, o selig, ein Kind noch zu sein«, und wehe denen, die ihre Kinder um diese kostbare Zeit betrügen, die sich nie mehr einstellt, wir mögen noch so sehr danach suchen; die schon immer auf der Lauer sind: Was wird mein Kind morgen Neues können, und das Heute übersehen und damit sich und dem Kind das Glück des Augenblicks rauben!

Was sind die Ursachen für ein solches Verhalten? Oft findet man da einen *pathologischen Ehrgeiz:* Mein Kind muß früher gehen können als das des Nachbarn. Noch verhängnisvoller wirkt sich aber die Tendenz vieler Eltern aus, die Triebwünsche des Kindes als »asozial« anzusehen, woraus sie den Wunsch ableiten, diese »bösen Dinge« dem Sprößling möglichst rasch abzugewöhnen. So wird die Einverleibungstendenz des Kindes (in der oralen Phase) als Unersättlichkeit, das Spielen mit dem Stuhl (eine unendlich lustvolle Tätigkeit in der analen Phase) als *Unsauberkeit* und die Entdeckung der Sexualregion (in der ödipalen Phase) als *Unanständigkeit* und Schamlosigkeit abqualifiziert. Wichtig wäre es, dem Kinde zuerst Zeit zu geben, diese Triebe auszuleben (dies setzt die *Unbefangenheit* der Eltern diesen Triebbereichen gegenüber voraus). Wenn dies zuerst erlaubt wurde, wird die »Entwöhnung« dann leichter gelingen. (Anna Freud, die sich mit diesem Problem besonders beschäftigt hat, bezeichnete es ausdrücklich als Fehlinterpretation der Psychoanalyse, wenn man annimmt, man könne dem Kind die *»Abgewöhnungsphase«* überhaupt ersparen: Das würde nur *infantile Triebfixierungen* zur Folge haben, die absolut nicht wünschenswert sind.)

Neben der Geduld ist die Liebe bei diesem Prozeß ganz wichtig, ja sogar das wichtigste, denn die liebenden Eltern werden sicher auch geduldig sein. Das Kind muß Triebwünsche aufgeben; die Eltern wünschen es. Das Kind ist in diesem Kampf natürlich der Schwächere; es will ja die Liebe der Eltern um keinen Preis verlieren, also wird es sich fügen. Um so wichtiger ist es aber, daß es intensiv spürt, dafür auch die Liebe der Eltern zu bekommen. Unter solchen Umständen, aber nur unter diesen, wird sich jener Prozeß abspielen, den wir als *Sublimierung* bezeichnen, das heißt, die ursprünglich primitiven Triebwünsche werden allmählich höheren Zielen zugewendet.

Anna Freud schreibt in diesem Zusammenhang:

»Viele der frühen Freuden des Kindes – wie das Spielen und Schmieren mit Fäzes, das Zeigen des nackten Körpers, das Herausfinden sexueller Geheimnisse – können auf Bereiche umgelenkt werden, die den ursprünglichen ähnlich, aber für die Außenwelt akzeptabel sind. Im Malen und Kneten zum Beispiel kann viel von der alten Lust am Schmieren wiederaufleben; die Zurschaustellung von Kleidern, von Körper- und Verstandesleistungen ist kaum weniger befriedigend als reiner Exhibitionismus; die Neugier für sexuelle Geheimnisse kann sich in allgemeinen Wissensdurst verwandeln und ein gut Teil ihrer Lustqualität an das Lernen abgeben.«

Es kann in diesem Zusammenhang nicht nachdrücklich genug auf den Unterschied zwischen *Sublimierung* (als Folge einer liebevollen und geduldigen) und *Unterdrückung* (als Folge einer befangenen und lieblosen Erziehung) der kindlichen primitiven Triebtendenzen hingewiesen werden. Wo eine Triebregung unterdrückt wird, niemals ausgelebt werden darf, ins Unbewußte verdrängt werden muß, bleibt der ihr innewohnende Betrag an Energie im Unbewußten blockiert und ist für die Weiterentwicklung verloren. Wenn die Sublimierung hingegen gelingt, wird deren Triebkraft von dem ursprünglichen Ziel abgelöst und auf *soziale Aktivitäten* gerichtet, von denen Anna Freud sagt, »die zu erwerben dann mühelos, die auszuüben nicht lästig, sondern erfreulich« ist. (Wir sehen also: Die Sexualität ist im Leben eines Kindes nicht nur eine Realität, sondern mehr noch, ihr Erkennen und ihre richtige Handhabung werden nicht nur für die Sexualität des Erwachsenen eine große Rolle spielen, sondern auch für sein ganzes *menschliches Verhalten.*)

Mit einem anderen Zitat von Anna Freud möchte ich diesen Punkt abschließen:

»Es ist für das Kind nur abträglich, wenn es Schritte der Triebumwandlung zu rasch vollzieht. So werden etwa die schädlichen Folgen der Sauberkeitsgewöhnung (Starrsinn, übertriebener Ekel, Zwangssymptome) weitgehend ausbleiben, wo diese sich über die ersten zwei Jahre erstreckt und nicht früher beendet wird. Sexualneugier sollte erlaubt bleiben, bis sie in die Kanäle des Lernens einmünden kann; Aggression soll allmählich unter Kontrolle gebracht werden, um genug Energie für sublimierte Aktivität übrigzulassen, usw. Viele Eltern sind stolz, wenn ihre Kinder sich in jungen Jahren wie Erwachsene zu benehmen beginnen, die ihre Triebe sicher beherrschen; für die gesunde Entwicklung des Kindes ist eine solche Frühreife eine potentielle Gefahr.«

Es ist jetzt einige Jahre her, daß ich in der deutschen Wochenzeitung »Die Zeit«, die einen sehr guten Ruf hat und in der ich im allgemeinen gerne lese, eine Artikelserie unter dem Titel »Das *sogenannte* Unbewußte« gefunden habe, bei der mich schon der Titel nichts Gutes ahnen ließ. In ihr wurde die Behauptung aufgestellt, die Existenz eines Unbewußten sei wissenschaftlich nie erwiesen worden, und bei der Postulierung von der Wichtigkeit der ersten sechs Lebensjahre für die psychische Gesundheit des Menschen handele es sich um eine Freudsche Erfindung. Es gebe viele Menschen, die sich trotz einer schlechten Kindheit großartig entwickelt hätten, während andererseits Kinder, die unter den besten Umständen aufgewachsen seien, sich später als schwere Neurotiker entpuppt hätten.

Dazu ist zu sagen, daß die »besten« Lebensumstände, die man behauptet hat bei späteren Neurotikern gefunden zu haben, sich bei näherem Hinsehen oft als reine Fassade erweisen. Umgekehrt stimmt es, daß es einigen wenigen Menschen gelungen ist, selbst schwerste neurotisierende Bedingungen der Kindheit ohne spätere Entwicklung einer Neurose zu überstehen. Von neurotisierenden Kindheitsbedingungen kann gesagt werden, daß sie mit hoher Wahrscheinlichkeit in eine Neurose münden, daß sie eine solche aber nicht mit absoluter Sicherheit zur Folge haben müssen. Vielleicht ist selbst dem Kind schon ein kleiner Freiraum des »*Nichtneurotisch-reagieren-Müssens*« offen, oder es sind andere glückhafte Umstände, die wir heute noch nicht kennen, die einem Kind in wenigen Ausnahmefällen das tragische Schicksal einer lebenslänglichen Neurose ersparen. Wie dem auch immer sei, ich hoffe, damit gezeigt zu haben, daß es keine verantwortungsvolle Begründung dafür gibt, die *Bedeutung der Kindheit* für die Entwicklung des Menschen im Positiven wie im Negativen auch nur ein wenig zu reduzieren.

Ich habe die Artikelserie in der »Zeit« deswegen hier erwähnt, weil man immer wieder mit Menschen konfrontiert wird, die Ansichten kolportieren, welche geeignet sind, die Erkenntnisse der Tiefenpsychologie zu bagatellisieren, zu bestreiten und lächerlich zu machen. Wenn man bedenkt, daß die Tiefenpsychologie von jedem Menschen gerade im Erziehungsbereich eine hohe Verantwortungsbereitschaft verlangt, wie groß wird dann die Gefahr sein, solche Lügen zu glauben, um dadurch sich einerseits im Umgang mit Kindern »gehenlassen« zu können und sich gleichzeitig von der großen Verantwortung entlastet zu fühlen. Daher kann ich hier nur nochmals bitten, sich von den Sirenengesängen dieser falschen Propheten, die eine Rückkehr in vor-Freudsche Zeiten propagieren, nicht verführen zu lassen.

Wie entsteht die neurotische Depression, und durch welche Symptome ist sie gekennzeichnet?
Es wurde schon gesagt, daß von den vielen Symptomen, welche die Neurose beim Kind und beim Erwachsenen ausdrücken, hier nur eines abgehandelt werden kann: *die neurotische Depression.* Es gibt sicher zahlreiche Wege, die zu ihr führen, ich glaube aber, daß die folgenden zwei die entscheidendsten sind.
α aus anhaltend *ungelösten seelischen Konflikten;*
β als *Resultat einer chronischen neurotischen Lebensverunstaltung.*
ad α: *Ungelöste seelische Konflikte.*
Das Wesen der Neurose ist, wie wir wissen, ein Konflikt zwischen bewußten und unbewußten Tendenzen. Wenn zum Beispiel mein Unbewußtes gerade das Gegenteil meines Bewußten wünscht, dann muß dies unweigerlich zur *Verlängerung* eines Konfliktes führen, denn hier verhindert das *Gegenspiel der beiden Konflikte* natürlich jede Lösung. Schon der heilige Augustinus, der den Namen Neurose wahrlich noch nicht kannte, hat dieses Problem bereits meisterhaft beschrieben:
»Zum Teil wollen und zum Teil nicht wollen ist kein unbegreiflicher Sachverhalt, sondern eine Krankheit der Seele ... es gibt dann zwei Willen, und keiner ist ganz, sondern der eine besitzt, was dem anderen fehlt. Weder wollte ich völlig, noch wollte ich völlig nicht. Daher lag ich mit mir im Streite und war in mir gespalten. Auch der Zwiespalt geschah gegen meinen Willen, aber

er bekundete nicht das Vorhandensein eines fremden Geistes in mir ... ein und dieselbe Seele ist es, die mit *halbem Willen* das eine und mit halbem Willen das andere will.«

So vergeht die Zeit, eine befreiende Lösung ist nicht in Sicht, und je länger der Konflikt besteht, desto quälender und damit depressiver wird er erlebt. Dieses ergebnislose Vorbeigleiten der Zeit macht immer verbitterter und verzweifelter. Besonders tragisch fällt dabei ins Gewicht, daß der Neurotiker über die aus dem Unbewußten kommenden hemmenden und blockierenden Faktoren ja nicht informiert sein kann, wodurch ihm die wahre Ursache seiner Not nicht bekannt ist und er dabei auch immer mehr die Hoffnung verliert, seine *Befindlichkeit* verbessern zu können. Es darf dann nicht verwundern, daß viele dieser Patienten in ihrer neurotischen Depression schließlich den Eindruck gewinnen, die einzige Möglichkeit, den Konflikt aus der Welt zu schaffen, sei die *Eliminierung der eigenen Person aus dem Leben.*

ad β: *Neurotische Lebensverunstaltung*

Hier wird die neurotische Depression geradezu zum Endpunkt einer unbarmherzig durch lange Zeit sich abspielenden neurotischen Lebensverunstaltung. Die Kriterien derselben sind:

Erstens: *schwere Neurotisierung in der Kindheit.*

Die familiäre Situation bietet in diesen Fällen nicht jene Voraussetzungen, unter denen sich normalerweise das Individuum zu einer vital-lebensbejahenden Persönlichkeit entwickelt. Es ist dabei selbst aufgrund zahlreicher Untersuchungen nicht möglich, eine einzige, gleichsam typische Situation in der Kindheit herauszuarbeiten; es liegt hier vielleicht in der *Intensität der Traumatisierung* und in ihrer *lange anhaltenden Einwirkung.* Erikson, wohl der bedeutendste Psychoanalytiker der Gegenwart, konnte zeigen, daß in der *oralen Phase* die Entscheidung fällt zwischen Urvertrauen (bei positiver Entwicklung) und Urmißtrauen (bei negativer Entwicklung), in der *analen Phase* die zwischen Autonomie und Scham und Zweifel und schließlich in der *ödipalen Phase* die zwischen Initiative und Hemmung durch Schuldgefühle.

Da man nun immer wieder alle drei hier beschriebenen negativen Verhaltensformen findet, liegt, wenn man dem Konzept Eriksons folgt, der Gedanke nahe, daß diese Menschen in allen drei Phasen intensiv traumatisiert und damit neurotisiert worden sind. Spricht

man mit solchen Patienten, gewinnt man den Eindruck, daß es das Schicksal den Opfern dieser Entwicklung gleichsam nicht gönnt, sich in der nächsten Phase von den Schlägen der vorangegangenen zu erholen (was ja bis zu einem gewissen Grad prinzipiell möglich ist). Im Gegenteil: Neue Traumatisierungen verstärken die bereits eingetretenen negativen Folgen. Typisch ist auch die Tatsache, daß die ersten Symptome der kindlichen Neurotisierung in diesen Fällen einheitlich in die Richtung eines gehemmten und entmutigten Kindes, mit unsicher-ängstlichem, oft auch schüchtern-kontaktgestörtem Verhalten weisen. Hier wird also gleichsam die Grundlage gelegt für die zukünftige Lebensverunstaltung, und es gibt keinen besseren Ausdruck für dieses Stadium als jenen, den Zwingmann geprägt hat, wenn er von der Gefahr des »*Erstickens der Lebensfreudigkeit*« spricht. Nach den Erkenntnissen der Tiefenpsychologie ist, wie bereits früher gezeigt, Ich-Unsicherheit immer mit *verstärkter Egozentrizität* gekoppelt – die *Selbstbestätigung* wird hier, durchaus verständlich, zur absoluten Notwendigkeit, zur Voraussetzung für die Verbesserung des Selbstwertgefühles; damit aber erscheint jede zwischenmenschliche Beziehung ihrer Natürlichkeit beraubt, da ja der andere in einem unnatürlichen Ausmaß als Mittel zum Zweck (der Selbstbestätigung) mißbraucht wird – hier droht konsequenterweise bereits in den Ansätzen das Scheitern solcher Beziehungen und, daraus resultierend, die Isolierung.
Zweitens: Die beschriebene Entwicklung wird auch nach der Kindheit konsequent fortgesetzt.
Sie beruht auf folgenden drei neurotischen Faktoren:
- Auf einer grundsätzlich *entmutigten neurotischen Lebenseinstellung;*
- auf bestimmten, immer wieder zur Anwendung gebrachten *Verhaltensmustern* (Wiederholungstendenz);
- auf *neurotischen Gefühlsübertragungen* (Ambivalenz).

Sie führen zusammenwirkend zur Aneinanderreihung ähnlicher, wenn nicht sogar gleichartiger Erlebnisse und daraus resultierender Situationen, entsprechend der Tendenz des Neurotikers, die ursprünglich pathogene Situation im Verlauf des späteren Lebens wieder darzustellen.
Durch die konsequente Anwendung dieser neurotischen Mechanismen kommt es zu einer *Kette von Enttäuschungen und Mißer-*

folgen, so daß man von einer *neurotischen Lebensverunstaltung* sprechen kann.

Nun haben wir schon gesehen, daß *jede Neurose* die *Tendenz zur Selbstschädigung und Eigenbehinderung* in sich trägt. Man könnte aber von dieser neurotischen Lebensverunstaltung sagen, daß sie die Neurose mit dem stärksten Minderwertigkeitsgefühl ist und daß bei ihr infolge der ständigen Anwendung neurotischer Mechanismen die massivsten *Sekundärkonflikte* (Mißerfolge, Niederlagen, Enttäuschungen) zustande kommen.

Hier liegt also eine besonders intensive Lebensverunstaltung vor, die es berechtigt erscheinen lassen mag, eben diese Lebensverunstaltung als das kritische Detail einer solchen Neurose auch in ihrer Bezeichnung hervorzuheben.

Ihren Höhepunkt erreicht sie in drei Stadien:

a) *Verkümmerung und Verlust der expansiven Kräfte.*

Der Verlust des Urvertrauens führt zu unsicherer Entmutigung. Aus dieser Haltung heraus werden viele Dinge gar nicht erst angestrebt, sondern gleichsam links liegengelassen, man weicht ihnen ängstlich aus, und damit wird eine Fülle von Möglichkeiten a priori ausgeschaltet.

b) *Stagnation.*

Die Fixierung auf starre, gleichbleibende Verhaltensmuster läßt den Menschen gleichsam *im Kreis gehen,* ihn immer wieder an dieselbe Stelle zurückkehren: Die Wandlungs- und damit Evolutionsfähigkeit fehlt. Dem Betreffenden wird der unendlich qualvolle Eindruck vermittelt, daß *alles mißlingt,* daß er ein *Stiefkind des Lebens* und des Glückes sei, daß er nichts wirklich Neues mehr erleben könne, weil ja immer wieder das gleiche, und zwar Negative, geschieht. Kann es wundernehmen, wenn durch eine solche Entwicklung die schon ursprünglich gegebene Unsicherheit und die Entmutigung noch wesentlich verstärkt werden? In unseren schlimmsten Alpträumen kommen wir nicht von der Stelle, gehen im Kreise, kehren immer wieder zum selben Punkt zurück, dementsprechend führt die Erlebniswiederholung leicht zum Gefühl der *Ausweglosigkeit* und damit in die Nähe des Suizids.

Es mag kein Zufall sein, daß sich Lieder, wie etwa das vom »traurigen Sonntag«, als besonders gefährlich erwiesen haben, Selbstmord auszulösen; neben traurigem Inhalt und entsprechend sentimentaler Melodie spielt hier die sich wiederholende Einförmigkeit, die stete Wiederkehr bestimmter Tonfolgen und Rhythmen eine entscheidende, einengende Rolle. Dabei sind die Opfer dieses Geschehens – und das ist vielleicht das Schlimmste – nicht imstande, aus dem erlittenen Schaden klug zu werden; sie können aus eigenem nicht jene Veränderung ihrer Verhaltensmuster vornehmen, die es ihnen ermöglichen würde, in Zukunft erfolgreich zu sein. Es erfüllt sich somit an ihnen das Wort Toynbees:

»Diejenigen, die ihre Vergangenheit nicht verstehen, sind dazu verdammt, sie immer von Neuem in der Zukunft zu erleben.«

In dieser Situation einer *weitgehenden Resignation* bezüglich der eigenen Möglichkeiten macht sich eine weitere Komponente der Entwicklung zum Selbstmord hin bemerkbar.

c) *Regression.*

An die Stelle des verlorengegangenen aktiven Prinzips tritt mehr und mehr das passive, eben die Regression. Dem Kind ähnlich, erwarten diese Menschen dann alles von den anderen; sie *lieben nicht mehr,* sondern *wünschen, geliebt zu werden* (möchten sich »lieben lassen«); sie leisten keinen Beitrag zur Gestaltung des Lebens der Gemeinschaft, sondern wünschen, von anderen im und am Leben gehalten zu werden. Es entsteht eine verstärkte *Abhängigkeit* von der Umwelt, damit aber auch eine besondere *Sensibilität* und *Vulnerabilität,* und schließlich resultiert daraus nur allzuleicht das Gefühl des Nichtverstanden-, ja sogar des Alleingelassenseins, also Verbitterung und inneres Sich-Zurückziehen. Ein Patient beschrieb dies so:

»Ich warte, daß man mir in Liebe entgegenkommt; wenn dies aber der Fall ist, möchte ich der sein, der die Wahl von sich aus aktiv trifft, und weise deshalb jede Annäherung zurück. Aktiv werde ich nicht, weil ich *Angst vor Mißerfolg* habe.«

Erschütternder kann das Schwanken zwischen Sehnsucht und Unfähigkeit, die ersehnten Ziele zu realisieren, nicht dargestellt werden. Jeder wird verstehen, daß ein solches Verhalten in *immer mehr zunehmende Isolierung und Verzweiflung* münden muß. Noch etwas ergibt sich daraus: Je länger die neurotische Lebensverunstaltung andauert, desto verwundbarer wird selbstverständlich der Mensch, so daß es oft schon relativ harmlose Geschehnisse sind, die den Betreffenden restlos aus dem Gleichgewicht bringen können.

Betrachtet man diese *neurotische Lebensverunstaltung,* so muß es jedem klar sein, daß sie sich durch äußerst eindrucksvolle Symptome verrät. Es ist aber eine tragische Tatsache, daß gerade in unserer Welt solche Entwicklungen weitgehend ignoriert werden, zum einen deswegen, weil die Menschen mit sich selbst beschäftigt sind und daher nicht bereit, für andere Zeit und Mühe aufzuwenden. Zum zweiten aber leider auch deswegen, weil für viele die Versagenden, die Scheiternden sogar willkommen sind – denn damit fallen für sie in der grausamen Welt unseres Existenzkampfes wieder ein paar *Konkurrenten* aus. Wo käme man denn hin, wenn man sich um solche Menschen, die offenbar an ihrem Unglück ja selbst schuld sind, noch kümmern müßte!?

Auf diese Weise sind diese Unglücklichen in unserer Welt sich selbst überlassen und sind außerdem nicht imstande zu durchschauen, wieso sie von Mißerfolg zu Mißerfolg taumeln. Wohl sagen sie: »Glück ist für mich ein Fremdwort.« »Ich bin ein *totaler Versager.*« »Das Schicksal hat mich in den Abfallkorb des Lebens geworfen.« »Mein Leben ist auf Sparflamme gestellt.« »Ich kann mich noch so bemühen, es gerät mir alles zum Schluß schlecht.« Alle ihre Enttäuschungen sind in Erfüllung gegangen, aber sie wissen nicht, wieso dies alles so ist. Es liegt nahe, sich dann als Opfer von Zufällen, unglücklichen Umständen, Tücken des Schicksals, Feindseligkeiten usw. anzusehen. Kaum einer von diesen Kranken durchschaut sein eigenes neurotisches Arrangement, erkennt, daß der Steuermann all dessen in ihm selber sitzt, und sieht ein: Du bist es, der das alles macht. Durch diese tragische Verbindung fühlt sich der Mensch mit der neurotischen Lebensverunstaltung als *Opfer der Umwelt und der Lebensumstände* und vermag die Chance, die in der Aufarbeitung der eigenen Konflikte läge, selbst kaum zu entdecken.

Ich zitiere in diesem Zusammenhang aus einem an mich gerichteten Brief:

»Als das jüngste von drei Kindern einer Bauernfamilie wurde ich geboren. Meine Eltern führten und führen keine glückliche Ehe. Besonders meine Mutter redet oft vom Weggehen, doch sie tat es nie. Als Vorschulkind wirkte ich äußerlich lebhaft, innerlich aber war ich schon unsicher und ängstlich. Mit der Schule wurde meine Not offensichtlich, denn ich hatte beim Lernen Schwierigkeiten.

Meine Mutter schlug mich für jede schlechte Note, und nach der Unterschrift, die sie unter jede solche Note geben mußte, dankte ich dem Herrgott, daß ich noch am Leben war. *Die Schule war mir verhaßt.* Von den Eltern wurde ich zu intensiver Arbeit am Bauernhof angehalten. Bewundert habe ich meine große Schwester, die in das Gymnasium gehen durfte. Mein Vater tat einmal den Ausspruch: Deine Schwester wird Frau Direktor, und du kannst bei ihr putzen. Mit fünfzehn wurde mir bewußt, daß ich mit meinem Zeugnis aus dem zweiten Klassenzug nicht viele berufliche Chancen haben würde. Außerdem wußte ich nicht, was ich werden sollte. Besonders mein Vater wollte, daß ich auf dem Hof bliebe, doch das wollte ich nicht. Dann erkrankte der Vater schwer, und von meiner Mutter kam nun der Druck, in dieser Situation den Hof nicht zu verlassen. Ich aber wollte eine Ausbildung machen, um unabhängig zu sein. Krankenschwester will ich werden, kam mir in den Sinn. Meine Mutter meinte: ›Du bist größenwahnsinnig geworden, das schaffst du doch nie.‹ Beim Vorstellungsgespräch entmutigte mich auch die Oberin. ›Sie werden die Schule nicht schaffen als Schülerin des zweiten Klassenzuges.‹ Eingeschüchtert trat ich in die Schule ein, doch schon zum Jahresende wußte ich, daß ich durchfallen würde, weil ich jeden *Glauben an mich selbst verloren* hatte. Ich wünschte mir, zu sterben, um der Schmach zu entgehen. In diesem Schuljahr war ich häufig krank, doch ich starb nicht. Nachdem ich als Schwesternschülerin gescheitert war, habe ich einen Job gefunden, der nicht schlecht bezahlt ist. Doch mein Leben kommt mir ohne Ausbildung sehr sinnlos vor. Ich möchte etwas machen, was mir Freude bereitet, doch meine Versagensängste hindern mich daran. Die Erfolgreichen, die alle sinnvolle Arbeit haben, beneide ich. *Ich sterbe nicht an Hunger, sondern an meinem Minderwertigkeitskomplex.* Der Statistik nach stehen mir noch einmal so viele Jahre bevor zum Leben wie bis jetzt (ich bin dreißig). Doch wie kann ich meinen Minderwertigkeitskomplex ablegen und Freude in mein Leben und also auch in das meiner Mitmenschen bringen?«

Ich habe schon gezeigt, wie leicht die neurotische Depression, die aus der Chronifizierung von Konflikten entsteht (α), in den Selbstmord münden kann. Dies ist noch mehr bei jener neurotischen Depression der Fall, die aus der jahrelangen neurotischen Lebensverunstaltung (β) hervorgeht. Im vorigen Jahrhundert hinterließ ein Suizidant anstelle eines Abschiedsbriefes ein Gedicht, unmittelbar vor seinem Selbstmord verfaßt. Dieses Gedicht zeigt auf der einen Seite die Stadien der chronischen neurotischen Lebensverunstaltung und zugleich auch die *ausweglose Verzweiflung,* die aus derselben resultiert:

»Immer enger wird mein Denken,
immer blinder wird mein Blick,
mehr und mehr erfüllt sich täglich
mein entsetzliches Geschick.
Kraftlos schlepp ich mich durchs Leben,
aller Lebenslust beraubt,
habe keinen, der die Größe
meines Elends kennt und glaubt.
Doch mein Tod wird euch beweisen,
daß ich jahre-, jahrelang
an des Grabes Rand gewandelt,
bis es jählings mich verschlang.«

Nun fehlt nur noch die *Beschreibung der Symptome,* durch die sich die *neurotische Depression* manifestiert. Es wird jedem Leser dieses Buches bereits klar sein, daß hier die Symptome der endogenen Depression *nicht* vorhanden sind. Die neurotische Depression verläuft *nicht in Phasen,* sondern ist gleichsam ein *chronischer Prozeß.* Dafür zeigt sie in ihrer Intensität große Unterschiede. Es gibt schlechtere und bessere Tage, die einander abwechseln. Dies deswegen, weil die Beharrungstendenz der endogenen Depression fehlt. Was den Tagesablauf betrifft, so ist der Verlauf dem der endogenen Depression entgegengesetzt: Man fühlt sich bei einer neurotischen Depression im allgemeinen am Morgen am besten, mit Fortschreiten des Tages wird der Zustand schlechter. Es ist so, als würde mit den Stunden dem Kranken sein Konflikt und seine seelische Situation immer qualvoller bewußt. Es gibt aber keinen absoluten Pessimismus, keinen Grübelzwang, keine andauernden Selbstvorwürfe, kaum hypochondrische Ideen.

Da die neurotische Depression nicht auf eine Stoffwechselstörung zurückgeht, fehlen bei ihr auch die quälenden körperlichen Symptome der endogenen Depression. Freilich gibt es auch bei der neurotischen Depression *Schlafstörungen,* die aber nicht organisch,

sondern psychologisch zu erklären sind. Es kommt zum sogenannten *neurotischen Etappenschlaf,* das heißt, der Schlaf ist oberflächlich, man schreckt leicht aus ihm auf, die unbewußten Konflikte bewirken sozusagen dieses Erwachen, nach dem man aber dann wieder einschlafen kann. Oft gibt es mehrmalige solche Schlafunterbrechungen, bei denen auch neurotische Alpträume sicherlich eine Rolle spielen. Die erquickende Wirkung des Schlafes geht durch diese Zerteilung in mehrere Etappen natürlich verloren. Es wurde schon betont, daß auch neurotische Depressionen häufig in *Suizidtendenz* münden. Es stimmt, daß hier die selbstzerstörende Komponente nicht so intensiv ist wie bei der endogenen Depression und damit das Leben eine größere Chance erhält. Es wäre aber ein ganz verhängnisvoller Irrtum, wenn man deswegen die Selbstmordgefahr bei der neurotischen Depression als gering einschätzen würde. Deren Anteil am Selbstmord ist nur unwesentlich geringer als der der endogenen Depression, der Prozentsatz bei den Selbstmordversuchen sicherlich noch höher (siehe später beim präsuizidalen Syndrom). Ich wünschte, ich könnte die rechten Worte finden, um den Lesern die Not eines Menschen näherzubringen, der an einer neurotischen Lebensverunstaltung leidet, denn dann bestünde durch Anregung ihrer Phantasie eine große Chance, solche tragischen Endpunkte menschlicher Lebenszerstörung rechtzeitig zu entdecken und zu verhindern. Ich weiß diesbezüglich nichts Eindrucksvolleres als die Verse eines Menschen, der selbst Betroffener war:
»Mein Tagwerk ist:
Mich zu begraben. Geduldig erlernen meine Hände
das Handwerk,
Stein um Stein auf meine Wünsche zu häufen,
bis die Seele erstickt ist.
Ich verwende Granit,
um mein Herz zu erdrücken,
und den feinen Sand,
um meine Adern zu stopfen.
So wächst von Stunde zu Stunde
der Hügel über mir,
bis alles nur mehr ein Denkmal ist
für ein Leben,
das nie stattgefunden hat.«

KAPITEL 3

Die Altersdepression

Es ist mein wichtigstes Anliegen, hier vor einer doppelten Verkennung der Problematik der Altersdepression zu warnen. Die erste Verkennung ist, die Tendenz zu haben, jede Depression eines älter werdenden Menschen mit einem geistigen Abbau in Zusammenhang zu bringen. Natürlich gibt es solche Fälle, aber im großen und ganzen müssen wir doch sehr vorsichtig und bemüht sein, die *Würde des alternden Menschen* zu wahren, und dürfen ihn daher nicht automatisch und voreilig mit dem Stempel eines geistigen Abbaus versehen. Wachsamkeit ist nötig, aber *negative Subsumierung* wäre eine große Gefahr und eine Herabsetzung des Menschen. Ich sage das deshalb, weil ich sehr viele Personen gesehen habe, die als Fälle der depressiven Form einer Arteriosklerose eingestuft waren, ohne es je zu sein. Ich kann also von der Gleichsetzung Alter/Demenz nur dringend abraten.

Eine zweite Verkennung ist, jede Altersdepression einfach als endogene Depression anzusehen. Natürlich gibt es kaum eine Altersdepression, die man nicht rein symptomatisch in eine Endogenität einordnen könnte: Da ist eine gewisse *Adynamie,* da ist ein *Grübelzwang,* da ist ein *Gefühl der eigenen Minderwertigkeit,* da sind *hypochondrische Ideen,* und daher liegt die Diagnose »endogene Depression« sehr nahe, und doch gibt es einen großen Unterschied: Während die endogene Depression, wie wir wissen, in Phasen verläuft, zeigt die *Altersdepression* die *fatale Tendenz zur Chronifizierung.* Mein Lehrer Hans Hoff aber hat gesagt: »Wenn eine endogene Depression sich chronifiziert, dann deswegen, weil offenbar ein anderer Faktor noch hinzukommt.« Daher möchte ich nachdrücklich betonen, daß man keine Altersdepression als rein endogene Depression auffassen sollte, sondern den hinzukommenden Faktor suchen müßte, und der ist fast immer *in einer mißglückten oder zu mißglücken drohenden Altersadaption* zu finden.

Das Altern stellt den Menschen wahrscheinlich vor die schwierigste Problematik, die es gibt, und alle Faktoren, die mit einer mißglückten Altersadaption zusammenhängen, drängen den Menschen in eine depressive Verarbeitung. Diese Bezogenheit ist oft so intensiv, daß man oft kaum unterscheiden kann, was zuerst da war: die Altersproblematik oder die Depression. Diese verzahnen sich ineinander und bedingen einander und verstärken einander dann in einem schrecklichen *Circulus vitiosus*. Daher meine ich, daß mit der mechanistischen Betrachtung: »Er hat die Symptome einer endogenen Depression, und deshalb gebe ich ihm *nur* Antidepressiva«, einem alten Patienten nicht gedient ist. Ich sage das deshalb, weil ich bei meinen Kontakten sowohl in der Krisenintervention als auch in meiner Ordination unzählige Menschen getroffen habe, die in einer solchen Weise, also insuffizient, behandelt worden sind. Ich meine, daß wir versuchen müssen, einem Menschen die Chance zu bieten, aus einer mißglückten Altersadaption oder einer zu mißglücken drohenden herauszufinden, und ihm damit eine *bessere Beziehung zu seinem Altern* und seinem Alter zu ermöglichen. Ohne diesen zusätzlichen Aspekt gibt es meiner Überzeugung nach keine ausreichende Behandlung der Altersdepression.

Ich möchte hier *fünf Punkte der Altersproblematik* anführen, die wesentlich mit dem depressiven Bild im Alter zusammenhängen: Der erste Punkt ist der *eigene Körper*. Der Mensch im Alter wird – ich möchte das so ausdrücken: in schrecklichster Weise an seinen Körper erinnert, denn er erlebt ständig das *Nachlassen bestimmter Körperfunktionen*. Man wacht auf und ist vielleicht glücklich, daß man zu den zahlreichen Symptomen, die man schon hat, nicht noch ein neues entdecken muß. Man erlebt also Funktionsverluste, man hat *Schmerzen,* man hat *Krankheiten,* die im Gegensatz zu früher anhalten und in chronisches Leiden übergehen, und das bewirkt natürlich eine persönliche Bedrückung. Man fürchtet um jede Funktion, und das führt leicht zu einer *hypochondrischen Grundhaltung.* Jeder von dem Problem Betroffene weiß, wie man besorgt ist, man könnte das, was man heute noch kann, morgen nicht mehr leisten. Ein weiser Mann hat einmal den Unterschied zwischen der diesbezüglichen Situation des jungen und des alten Menschen treffend wie folgt beschrieben: *Der junge fragt sich, was hat mir der Tag gebracht, der alte, was hat mir der Tag genommen?*

Das bezieht sich natürlich auch auf einen Punkt, den wir noch immer sehr unterschätzen, nämlich auf die sexuelle Funktion. Der alte Mensch, und das dürfen wir nicht übersehen, hat auch ein *Recht auf Sexualität,* und das Abschiednehmen davon ist für viele ein sehr schweres Problem. Unsere Gesellschaft purifiziert ja die Kinder von Sexualität und ebenso die alten Menschen. Eine Leserzuschrift an den »Kurier«, der zu diesem Thema eine Artikelserie brachte, zeigt dies sehr deutlich. Ich zitiere: »Das ist doch das Schöne am Alter, daß die Menschen endlich von diesen Schweinereien befreit sind.« Ein weiteres Zitat aus einer Zuschrift: »Menschen, die mit über siebzig Jahren noch Sexualverkehr *begehen,* die soll man töten.« Viele ähnliche Aussprüche sind jederzeit zu hören. Ich will damit aufzeigen, daß hier ein sehr ernster Punkt für die Not der alten Menschen gegeben ist, die damit immer von neuem auf ihren Körper hingewiesen werden. Und wie Buitendijk gesagt hat, ist unsere Beziehung zum Körper eine doppelte: wir sind Körper, und wir haben Körper. Durch diese *Doppelfunktion unseres Körpers,* durch dieses Haben, wird auch unser Sein ganz wesentlich beeinflußt, und es ist daher klar, daß unser Körper im Alter sehr zur Entstehung einer Depression beitragen kann.

Ich habe mir vorgenommen, zu jedem Punkt einen Dichter zu zitieren. Zu diesem habe ich ich Grillparzer gewählt, von dem ich ein Autograph besitze, einen Vers von vier Zeilen:

»Ich war ein Dichter,
nun bin ich keiner,
der Kopf auf meinen Schultern
ist nicht mehr meiner.«

Auch aus diesen Worten sprechen *tiefe Hoffnungslosigkeit* und *Entwertungsgefühl,* die sehr oft mit der Altersdepression verbunden sind. Und schon jetzt möchte ich darauf hinweisen, daß jeder dieser Punkte eine große therapeutische Dimension beinhaltet, die mit Pillen allein niemals zu bewältigen ist.

Der *zweite Punkt* ist die *Entwertung des alten Menschen.* Wir leben in einer Zeit, die den alten Menschen grundsätzlich degradiert, die ihn herabsetzt. Es ist nicht überall so kraß wie zum Beispiel in Japan. Dort war bis zum Jahre 1945 der alte Mensch König; es konnte nichts geschehen ohne die Zustimmung des Familienoberhauptes, und das war der Älteste. Bis zu diesem Jahr hat es in Japan kaum einen Selbstmord eines alten Menschen gegeben. Nach 1945 wurden die alten Menschen entmachtet, und jetzt ist dort das Hauptproblem in der Suizidverhütung: Wie bewahrt man alte Menschen, die sich ihrer Würde beraubt fühlen, vor dem Selbstmord?

An dieser Stelle möchte ich eine Bemerkung einfügen, die mir sehr wichtig erscheint: Die Medizin hat einen großen Fortschritt gebracht, aufgrund dessen die Menschen ein höheres Alter, vor allem das Pensionsalter, erreichen. Gerade dadurch aber müssen auch Menschen in Pension gehen, die sich noch keineswegs pensionsreif fühlen, weil sie noch arbeiten wollen. Das bezieht sich nicht nur auf die Intellektuellen. Es ist ein Hochmut der Intellektuellen, zu glauben, daß nur sie »sinnvolle« Arbeit leisten, während alle anderen nur arbeiten, um Geld zu verdienen. Für sehr viele, auch Nichtintellektuelle, ist *Arbeit ein unendlicher Segen,* der ihnen *Wert und Würde* gibt: Diese verlieren sie mit der Pensionierung. Deshalb halte ich auch die Frühpensionierung für sehr problematisch, da dadurch die Menschen oft in ein Vakuum gedrängt werden, mit dem sie nichts anzufangen wissen. Es ist dies sehr oft mit einer *Wertverdünnung,* einer *Wertreduktion* verbunden. Daher müßte die Devise lauten: *kein Ruhestand im Ruhestand.* Untätigkeit ist nicht ein Zeichen der personellen Erweiterung, sondern ein Zeichen des Schrumpfens und somit ungeheuer gefährlich. *Erweiterung* bedeutet auch stimmungsmäßig einen Gewinn; Schrumpfen dagegen ist auch immer verbunden mit einer Neigung zur Depression. Der Schrumpfende wird auch in seinem Gefühlsleben beengt, wird immer stiller, *depressiver* und *introvertierter.*

Ich möchte Ihnen zu diesem Punkt wieder ein Gedicht von Grillparzer zitieren:

»Was je dem Menschen schwergefallen,
eins ist das Schwierigste von allen:
entbehren, was schon unser war,
den Kranz verlieren aus dem Haar,
nachdem man sterben sich gesehen
mit seiner eig'nen Leiche gehen.«

Das ist ein erschütternder Ausdruck für ein *Zugrundegehen bei lebendigem Leib*.

Ein dritter Punkt ist die zunehmende *Isolation* des alten Menschen. Sie bedeutet, daß wir immer mehr Menschen verlieren und damit in eine *immer größere Einsamkeit* geraten. Wir wissen das alle, bemerken es aber nur, wenn wir selbst davon getroffen werden. Und darauf kommt es an: Wissen in Betroffenheit zu verwandeln.

Es ist bekannt, daß der alte Mensch nicht mehr so leicht neue Beziehungen anknüpfen kann, daß er nicht mehr die Elastizität besitzt, wie sie die Jungen haben. Ich frage mich allerdings, ob es nicht in gewissem Sinne auch ein Vorteil ist, ein älterer Mensch zu sein und diese Elastizität zu verlieren, da dadurch eine bestimmte Partnerschaft eine viel intensivere und stärkere wird. Trotzdem, wenn der Verlust dann eintritt – das Schicksal von Philemon und Baucis, die zur gleichen Zeit sterben durften, ist ja den wenigsten beschieden –, bedeutet ein solcher eben auch eine ungeheure Belastung, aus der man sehr schwer herausfinden kann. Andererseits habe ich bei meinen Arbeiten im Kriseninterventionszentrum und bei der Suizidverhütung, wo wir den Versuch gemacht haben, mit Gruppen zu arbeiten, erfahren müssen, daß es sehr schwierig ist, ältere Menschen in Gruppen von Altersgenossen zu integrieren. Auch das hängt mit der *Problematik des Alterns* (und damit auch der Isolation und Vereinsamung) zusammen: Der alte Mensch möchte nicht gerne unter seinesgleichen sein.

Abschließend zu diesem Punkt möchte ich nun ein Gedicht von Anton Wildgans bringen:

»Freunde
Wir waren viele, da wir gingen,
und ich voran sah mich nicht um;
ich hörte doch so nahe klingen
der Stimmen freundliches Gesumm.
Trat mancher auch vom Weg zur Seite,
verhallend meinem Lauscherohr,
war immer noch ein reich Geleite
und guter Herzen voller Chor.
Allmählich aber ward es leiser,
da wir durchmaßen Jahr für Jahr
und an des ersten Kreuzwegs Weiser
hielt unser eine kleine Schar.
Von fern die einen und die andern
gesellten sich zu unserm Zug.

War immer noch ein reiches Wandern
und treuen Einklangs Lust genug.
Nur, daß ich sie jetzt öfter zählte,
die teuren Stimmen ringsumher,
ob keine, die mir lieb war, fehlte,
denn manche, schien mir's, klang nicht mehr.
Auch dieses liegt schon längst im Weiten,
und stiller wird's tagaus, tagein.
Ist immer noch ein reiches Schreiten,
doch wer, am Ende meiner Zeiten,
wer wird bei mir der letzte sein?«

Ich komme jetzt zu einem vierten Punkt, den wir nicht übersehen dürfen, nämlich: die *soziale Not* eines alten Menschen; sie ist unendlich ernst zu nehmen. *Die Kombination von Einsamsein, Kranksein und Armsein im Alter* ist eine katastrophale. Gesichert davor ist jedoch niemand; wir müßten deshalb ganz besonders an die Armen denken. Die Tatsache, daß von den in ein Altersheim gebrachten Menschen ungefähr ein Viertel im ersten Monat stirbt, kann kein Zufall sein, sondern ist vielmehr ein Hinweis darauf, daß hier Menschen in eine Veränderung gedrängt werden, der sie einfach nicht mehr gewachsen sind. Ich glaube, die schlimme Erkenntnis tut not, daß wir, bei allen unseren sozialen Fortschritten, trotzdem vielen Mitbürgern noch nicht ein *lebenswertes Alter* ermöglichen können. Es wäre Wahnsinn, dieser Wahrheit auszuweichen: Wir müssen uns dies eingestehen. Und noch etwas, um bei der Aktualität zu bleiben: Es bildet sich jetzt eine ganz neue Armut, bei Menschen, besonders bei sogenannten bürgerlichen, die früher nicht davon betroffen waren: eine Armut, die scheu ist, weil sie immer gelernt hat, daß man »Armsein« nicht zeigen darf. Es handelt sich dabei also um Personen, die sich ihrer Armut schämen, weil sie belehrt wurden, daß *Armut persönliches Versagen* ist, was aber keinesfalls immer stimmt. Ich weise um so intensiver auf solche Menschen hin, weil sie über keine Gewerkschaft verfügen, die ihnen beisteht.

Ich komme jetzt zum fünften und letzten Punkt: die sehr oft festgestellte *fehlende Zukunftsbezogenheit* des alten Menschen.

Man lebt nur so lange, wie man zukunftsbezogen ist, wie man Pläne hat. Einige kennen vielleicht das Beispiel, das wir in der Suizidprophylaxe gelernt haben: Frage einen Patienten, was er übermorgen machen wird. Je mehr er in seiner Antwort ins Detail geht, desto mehr sind wir berechtigt, anzunehmen, daß er nicht dissimuliert, sondern noch zukunftsbezogen ist, und wer zukunftsbezogen ist, will leben! Diese *Zukunftsbezogenheit* ist also *ein lebenserhaltender Faktor.* Nun ist es aber leider so, daß für viele Menschen Alter identisch ist mit Abstieg, Leiden und Tod. Aus dieser Kombination entwickelt sich dann ein Aufgeben der Zukunftsbezogenheit. Die Zukunft ist nicht gewünscht; die Gegenwart ist traurig, oft trostlos, mit Leid und Kummer, mit Krankheit, Schmerzen und Einsamkeit verbunden. Dann bleibt nur eine *Vergangenheitsbezogenheit;* dann erstarrt man, wie Jung gesagt hat, zur *»Erinnerungssalzsäule«.* Aber diese hält nicht lange; wer immer nur in der Vergangenheit lebt, steht bereits im Vorzimmer des Todes. Wie sehr dies tragischerweise sogar im Wortsinn stimmt, geht daraus hervor, daß viele alte Menschen sterben, weil sie sich infolge Hoffnungslosigkeit *innerlich aufgegeben* haben. Für sie steht in ihrer Phantasie über dem Heim oder über dem Spital eine Tafel mit dem schrecklichen Satz aus Dantes »Göttlicher Komödie«: »Ihr, die ihr hier eintretet, laßt alle Hoffnung fahren.« Das Immunsystem eines Menschen, der von Hoffnungslosigkeit beherrscht wird, versagt (man nennt das *psychosomatische Dekompensation*), und bei einer Obduktion hat der Pathologe Mühe, eine richtige Todesursache zu finden, weil die *Hoffnungslosigkeit* als ein seelischer Zustand *bei der Leiche nicht mehr nachweisbar* erscheint.

Daß *Altersdepressionen* eine enorme *Chronifizierungstendenz* haben, wurde schon gezeigt. In gewissem Sinne erscheint diese Chronifizierung logisch, denn wenn es nicht gelingt, die Situation des alten Menschen zu verbessern, die Altersadaption zu ermöglichen, entsteht eben die chronische Depression. Ich werde später auf das präsuizidale Syndrom zu sprechen kommen, aber eines sollte schon jetzt klar sein: Der alte Mensch fühlt sich behindert, eingeengt, entwertet, er droht, mehr und mehr in der Hoffnungslosigkeit zu versinken. Dazu kommt eine *Entfremdung von der Welt,* von der er meint, sie verstehe ihn nicht, und die er daher auch nicht mehr verstehen kann. Die daraus resultierende Isolation führt dann in Zusammenfassung aller genannten Faktoren zu einer enormen *inneren Verbitterung.* Vielleicht ist die Altersdepression diejenige mit dem höchsten Potential *ohnmächtiger Wut.* Ich möchte an dieser Stelle zuerst das »Letzte Gedicht« zitieren, das Stefan Zweig als Sechzigjähriger geschrieben hat, welches dieser These scheinbar widerspricht:

»Linder schwebt der Stunden Reigen
Über schon ergrautem Haar,
Denn erst an des Bechers Neige
Wird der Grund, der gold'ne klar.

Vorgefühl des nahen Nachtens
Es verstört nicht – es entschwert!
Reine Lust des Weltbetrachtens
Kennt nur, wer nichts mehr begehrt.

Nicht mehr fragt, was er erreichte,
Nicht mehr klagt, was er gemißt,
Und dem Altern nur der leichte
Anfang seines Abschieds ist.

Niemals glänzt der Ausblick freier
Als im Glast des Scheidelichts,
Nie liebt man das Leben treuer
Als im Schatten des Verzichts.«

Das Gedicht scheint also auszudrücken, daß man im Alter das Wenigergewordene um so wichtiger nimmt und um so leidenschaftlicher verteidigt. Aber leider ist Stefan Zweig ein tragischer Gegenbeweis für diese seine These, denn schon zwei Jahre später hat er sich 1942 in Südamerika mit seiner Frau das Leben genommen.

Gelegentlich mag die Zweigsche These stimmen, doch leider muß auch mit dem Gegenteil stets gerechnet werden, dann nämlich, wenn aus dem *unfreiwilligen Verzicht* auf so viele Geschenke des Daseins im Alter schließlich der »freiwillige« Verzicht auf das gesamte Leben resultiert.

Wenige Tage bevor der bedeutende Lyriker Georg van der Vring seinem Leben ein Ende setzte, indem er in die Isar ging, verfaßte er das folgende Gedicht:

»Das Schweigen

Die letzten tauben Jahre,
die nimmt ihm niemand ab;
sie sind die sonderbare
Verneblung vor dem Grab.

Wenn je die Wand sich lichtet,
sein Zauberland erscheint,
so ist's von ihm erdichtet,
und nicht für ihn gemeint.

Man sagt, er sei jetzt weise;
doch wer so spricht, der irrt.
Es schweigt in jedem Greise,
was ihm begegnen wird.

Wo alle ringsum sprechen,
sinnt er dem Einen nach;
Gott wird *sie* unterbrechen,
wie er *ihn* unterbrach.«

Ich kenne keine Verse, die so haßerfüllt gegenüber den *»Überle-
benden«* sind, wie gerade die beiden letzten dieses Gedichts. Diese
maßlose Aggression, gegen die eigene Person gewendet, hat zur
Folge, daß fast alle Selbstmordhandlungen alter Menschen tödlich
enden.

KAPITEL 4

Die exogene Depression

Damit fassen wir alle *Verstimmungszustände* zusammen, die *durch äußere Faktoren*, Schicksalsschläge, Unglücksfälle, Schwierigkeiten usw. zustande kommen. Man könnte auch andere Namen dafür finden, zum Beispiel *reaktive Depression* oder aber auch *psychogene Depression*, weil ja jede Depression einen psychischen Zustand darstellt. Für den Laien sind das die »Wald-und-Wiesen«-Depressionen, die jeder Mensch im Verlaufe seines Daseins mehrmals durchzustehen hat, weil die Schwierigkeiten und Schicksalsschläge keinem erspart bleiben. So ist für diese exogenen Depressionen charakteristisch: eine *belastende Situation*, die eine *Verarbeitung* durch den Betroffenen verlangt. Sie wird in der Regel auch durch diese Arbeit verändert, was bedeutet, daß die Depression, die Verdrossenheit, die Labilität mit der Zeit abklingen. Mit Recht hat Sigmund Freud in diesem Zusammenhang von der *»Trauerarbeit«* gesprochen und Hofmannsthal diesen Prozeß in die Worte zusammengefaßt: »Was immer Böses widerfuhr, die Zeit geht hin und tilgt die Spur.«

Wir aber haben schon verstanden, daß man eben nicht nur auf das Vergehen der Zeit warten darf, sondern auch einen *persönlichen Beitrag zur Bewältigung* der Situation leisten muß. Wenn eine solche exogene Depression länger als ein paar Wochen oder Monate dauert, so liegt natürlich der Verdacht nahe, daß hier in Wirklichkeit unbewußte, chronisch fixierte Faktoren eine Rolle spielen und es sich also nicht um eine exogene, sondern um eine neurotische Depression handelt. Die Symptome einer solchen exogenen Depression können so vielfach sein, daß sie hier im einzelnen wohl kaum zu beschreiben sind. *Unpäßlichkeit, Gereiztheit, Gespanntheit, Affektlabilität, verringerte Konzentrationsfähigkeit, Müdigkeit, Erschöpfung* wären hier u. a. anzuführen, immer aber bleibt der Patient – im Gegensatz zur endogenen Depression – von seinen Symptomen ablenkbar. Es sollte aber daran erinnert werden, daß dabei häufig auch Irritationen des vegetativen Nervensystems auftreten können, die zu Herzklopfen, zu innerer Unruhe und Angst, zu Magen-Darm-Beschwerden, zu Schwitzen, zu Spannungskopfschmerzen und ähnlichen Symptomen führen mögen. Außer Zweifel ist die *exogene Depression* an und für sich *die mildeste und harmloseste von allen Depressionsformen*. Dennoch ist es aber notwendig, darauf hinzuweisen, daß auch sie in gefährliche Dimensionen führen kann, sei es, weil z. B. der Schicksalsschlag subjektiv als besonders schlimm erlebt wird, sei es, weil sich viele Schwierigkeiten zusammenballen, sei es, weil der Mensch in seiner Widerstandskraft und damit in seiner Fähigkeit, die Situation zu verarbeiten, geschwächt erscheint. Man kann somit sagen: Auch der exogen Depressive wird für jedwede *echte* Hilfeleistung in der Regel sehr dankbar sein.

Im Jahre 1983 habe ich unter Mitwirkung meines Freundes Georg Kreisler, der seine Lieder in unvergeßlicher Weise selber vortrug, einen Vortrag unter dem Titel »Der Arzt und seine Depressionen« gehalten. Da in diesem Vortrag depressive Bilder zusammengefaßt wurden, die alle dem Begriff der exogenen Depression entsprechen, habe ich mir vorgenommen, den Ablauf dieser Veranstaltung hier neuerlich schriftlich wiederzugeben.

Die »exogene« Depression, dargestellt an den ärztlichen Depressionen

Jüngste Untersuchungen deuten darauf hin, daß die Depression die häufigste psychiatrische Erkrankung der Ärzte darstellt. Die Selbstmordrate ist – sicherlich damit im Zusammenhang – bei Ärzten nachweislich 2,5mal höher als bei der Allgemeinbevölkerung und höher auch als in jeder anderen Sozialschicht. Es handelt sich also mit anderen Worten um ein Thema von höchster Aktualität, und es soll niemand sagen, daß er nicht eines Tages auch zu den Betroffenen gehören könnte. Ich will versuchen, sechs häufige Arztdepressionen zu differenzieren und damit zugleich zusätzliche Wege zu einer möglichen Prophylaxe zu finden (sicherlich ist diese Aufzählung nicht vollständig).

A. *Depression infolge Überforderung,*
man könnte hier auch von Erschöpfungsdepressionen sprechen

In der Tat ist es so, daß es wenige Berufe gibt, die so viel von einem Menschen verlangen wie der des Arztes. Für uns gilt der alte Satz: »Allezeit bereit.« Die Zeit steht für uns insoferne still, als es eigentlich keinen Moment gibt, da wir nicht zur Verfügung zu stehen haben, Tag und Nacht. Man weist alle Menschen darauf hin, wie wichtig für das Gesundbleiben das *Abschalten* ist: Nun, für uns ist dieser Begriff oft genug reine Theorie.

Erst jüngst las ich in einer Ärztezeitung: »Ein guter Arzt stellt die Bedürfnisse der Patienten höher als seine eigenen oder die seiner Familie.« Wir gehen nach Hause und werden noch immer verfolgt von Gedanken an unsere Patienten, wir können sie nicht abschütteln wie ein lästiges Kleidungsstück, sondern die Probleme beschäftigen uns weiter und machen uns nur begrenzt aufnahmefähig für andere Dinge, z. B. unser Privatleben. Die Zeit läuft uns andererseits auch davon. Im Leben aller Menschen besteht ja ein krasses Mißverhältnis zwischen dem, was man erlebt, und der Zeit, die uns bleibt, das Erlebte zu verarbeiten. »Hast du denn ausempfunden die Rosen vergangenen Sommers«, formuliert Rilke diese Problematik. Es gibt kaum – wenn man nur bereit ist, Augen und Ohren offenzuhalten und sich die Fähigkeit des Staunens zu bewahren – einen Beruf, der so ereignisreich ist wie der des Arztes: Sehr viel davon bleibt *unverarbeitet* und damit *belastend* auf dem Grunde unserer Seele liegen, es kann wesentlich dazu beitragen, daß wir uns selbst immer fremder werden.

Dann ist da das Zauberwort »*Verantwortung*«. Neulich ist in einer Gesellschaft eine Journalistin explodiert, nur weil ich sie an die große Verantwortung ihres Berufes erinnerte. Sie schrie, das wisse sie schon, darauf brauche man sie nicht zu stoßen, im übrigen sei niemand ein Übermensch, jeder mache Fehler, müsse Fehler machen dürfen ... Beim Arzt ist es aber so, daß die Fehler katastrophale Folgen haben, jede Entscheidung schicksalhaft sein kann. Man müßte sich Illusionen hingeben, wenn man die ungeheure Belastung, die damit verbunden bleibt, leugnen wollte. Da ist weiterhin die Erwartung des Patienten, der seine ganze Hoffnung, oft die letzte, in den Arzt setzt: der Medikus als Rettungsanker. Wir kennen aus der Psychologie den Begriff der *Erwartungsangst*, man fürchtet sich so lange vor der Angst und wartet so intensiv auf sie, daß sie dann tatsächlich auftritt. Für uns möchte ich diesen Begriff nun neu interpretieren als die Angst, die entsteht, wenn man weiß, daß der andere alles von einem erwartet. Ich möchte darauf hinweisen, daß die Erziehung des Medizinstudenten und später des Arztes diese Problematik noch verstärkt, weil darin das Versagen, der Mißerfolg, kaum vorkommt, ein Omnipotenzgefühl erzeugt wird, viel zuwenig auf die Grenzen unserer Möglichkeiten hingewiesen wird; so wird der auf uns lastende Druck ins Unerträgliche gesteigert, so werden wir in Schuldgefühle hineingetrieben – ohne wirklich schuldig zu sein –, die oft schon das erste Vorstadium zu einer Depression sind. Vor einiger Zeit hat ein Arzt für einen seiner Patienten am Grabe die Trauerrede gehalten und dabei eine klassische Fehlleistung geliefert: Statt »der Verstorbene« sagte er »der Verdorbene«, ein Beweis dafür, wie oft wir bewußt oder unbewußt fürchten, daß wir etwas verdorben haben. Es kommen dann auch noch oft ungerechtfertigte Pauschalverdächtigungen des Ärztestandes durch die Presse als zusätzliche Belastung dazu (selbstverständlich sind diese Bemerkungen nicht in dem Sinne zu verstehen, daß nicht in jedem Falle eine gründliche Gewissenserforschung nötig wäre, sie richten sich nur gegen verallgemeinernde Vorurteile in uns selbst und in der Gesellschaft).

Unter diesen Umständen ist es verständlich, daß man von einem »mörderischen Beruf« gesprochen hat – der Streß, so sagt man, bringt uns Ärzte psychisch und somatisch um. *Selye* aber war es, der zwischen Eustreß und Dystreß unterschieden und aufgezeigt hat, daß der letztere tausendmal mehr pathogenetisch wirksam ist. Es wird von uns, von unserer Verarbeitung dieser Problematik, von der Freude, die uns unser Beruf macht, abhängig sein, in welche Richtung die Verarbeitung unserer Überforderung führt.

Es muß jedenfalls davor gewarnt werden, daß diese Überforderung das Arzt-Patienten-Verhältnis beeinträchtigt. Wenn wir uns einer Aufgabe nicht gewachsen fühlen, so kann es geschehen, daß wir im Patienten den Schuldigen suchen, dann machen wir ihm zum Vorwurf, daß es ihm nicht allsobald besser geht, wieso denn nicht, er ist doch bei uns in den allerbesten Händen. Kurz und gut, der Patient wird zum Sündenbock, zum »Störenfried«, oft auch zum Blitzableiter. Jede Überlastung sucht sich ihre Kanalisierung, der

Patient mit seiner schwächeren Position ist dafür sehr geeignet, die Versuchung sehr groß, sich an ihm abzureagieren. Eine dieser Abreaktionsformen scheint mir auch die Tendenz zu sein, den Patienten mit dem Hinweis, man habe keine Zeit, kurz abzuweisen. Ich weiß um die Zeitnot der Ärzte, habe gerade darauf hingewiesen, und dennoch glaube ich, daß bei gutem Willen immer noch genug Zeit bleibt, um auf die Not des Mitmenschen einzugehen. So sehe ich in dem »Keine-Zeit-Haben« letztlich doch eine Abwehr, eine Feindseligkeit gegen den Patienten, die sich nur eines Scheinargumentes bedient. So glaube ich, daß, wer tatsächlich keine Zeit hat, seine Ordination schließen sollte, weil sie eigentlich eine Vorspiegelung falscher Tatsachen darstellt, im Patienten falsche Hoffnungen erweckt. Mit Recht hat *Manfred Hausmann* darauf hingewiesen, daß der Satz: »Ich habe keine Zeit« insofern apokalyptische Ausmaße erreicht, als er ja eigentlich bedeutet, nicht mehr am Leben zu sein – der Lebendige ist an Zeit gebunden.

Ich darf daran erinnern, daß wir, wenn wir unsere Überforderung, in welcher Form auch immer, am Patienten abreagieren, zu »*hilflosen Helfern*« im Sinne von *Schmidbauer* werden, wir zerstören damit die Partnerschaft zwischen Arzt und Patient, stehen uns also gleichsam selbst im Wege und beseitigen damit die wichtigste Basis einer erfolgreichen Behandlung. Georg Kreisler hat ein Lied geschrieben: »Was ein Mensch im Verlauf eines Lebens alles schlucken muß«, es gilt leider ganz besonders für uns Ärzte, aber natürlich auch für unsere Patienten, denen das Leben allein schon durch ihre Krankheiten besondere Belastungen auferlegt. Wir Ärzte sollten ihnen nicht noch mehr zu schlucken geben, indem wir sie als Blitzableiter mißbrauchen, aber auch im wörtlichen Sinne sollten sie nicht so viel schlucken müssen. Niemand weiß besser als der Psychiater, welcher Segen von Medikamenten ausgehen kann, gerade im Zusammenhang mit unserem Thema darf an den Fortschritt erinnert werden, der durch die Antidepressiva in der Depressionstherapie erreicht worden ist. Und doch gibt es nicht nur einen Medikamentenmißbrauch von seiten des Patienten, wenn er glaubt, jedes Symptom und jedes Problem mit Drogen wegbringen zu können, sondern auch einen von seiten des Arztes, wenn er Medikamente verschreibt, um sich dadurch vor jedem Gespräch mit dem Patienten, von jeder persönlichen Begegnung abzuschirmen.

Was ein Mensch alles schlucken kann

Bös sind wir alle miteinander!
Das steht schon lange fest.
Roh sind wir alle miteinander,
wenn uns nur jemand roh sein läßt.
Doch es ist ungeheuer,
ich werd total verruckt,
nicht, wenn ich seh, was einer anstellt,
nein, wenn ich seh, wieviel er schluckt.

Was ein Mensch im Verlauf eines Lebens alles
schlucken kann,
verdrucken kann,
machert einen riesengroßen Berg.
Was ein Mensch im Verlauf eines Lebens alles
zwingen kann,
verschlingen kann,
Schadenfreude, Lästerungen,
Lügen und Beleidigungen,
das nennt er dann stolz sein Lebenswerk.

Find't er nirgends Sympathie,
das schluckt er.
Zeigt die Gattin Hysterie,
das schluckt er.
Sagt der Chef: »Sie blödes Vieh«,
das schluckt er auch.
Und dadurch, daß ein Mensch, was er immer wieder
fressen muß,
vergessen muß,
steigert sich sein täglicher Verbrauch.
Drum kriegt er mit der Zeit den großen Bauch.

Mir tut schon der Magen weh von den Schlägen,
die ich schluck mit der Zeit.
Aber ich hör nicht auf mit dem Kauen,
und ich staun:
Wir bekommen alle noch größere Mägen.

Wir werden noch Fragezeichen und Wasserleichen
verdauen,
da werd'ts schauen!

Was ein Mensch im Verlauf eines Lebens alles
schlucken kann,
verdrucken kann,
das macht ihm kein anderer Vogel nach.
Was ein Mensch im Verlauf eines Lebens alles
pampfen muß,
verkrampfen muß,
Wendepunkt, Rattenfänger,
Pudelskerne, Doppelgänger,
niemals liegt die Speiseröhre brach.

Es ist wieder einmal Mai,
das schluckt er.
Braucht man ihn als Papagei,
das schluckt er.
Seine eigene Innerei
schluckt er im Nu.

Was ein Mensch im Verlauf eines Lebens alles
schlucken kann,
macht ein infernalisches Ragout.
Und lächeln muß er außerdem dazu.

Jeden Anzug, der nicht paßt,
den schluckt er,
jeden abgesägten Ast,
den schluckt er,
jedes Nein und jedes Ja,
das schluckt er,
sagt man: »Leider nur beinah«,
schluckt er,
alle Träume und Gesichte
schluckt er,
alle Maße und Gewichte
schluckt er,

Räuber schluckt er, Diebe schluckt er,
Lotterie und Liebe schluckt er.

Was ein Mensch im Verlauf eines Lebens alles
schlucken kann,
verdrucken kann!
Deshalb ist die Welt schon ziemlich leer.
Es schluckt sich schwarz und schluckt sich rot,
er schluckt sich g'sund und schluckt sich tot
und schluckt im Grab noch weiter. Nur spürt's
nicht mehr.

(Georg Kreisler)

B. Depression infolge Gewöhnung

Wenn der Patient eine Ordination betritt, so weiß er nach wenigen
Minuten, ob der Arzt persönlich engagiert ist oder ob er sachlich-
unpersönlich »neutral«, ich möchte sagen: mit einer stereotypen
Automatik, den »Fall« behandelt und den Menschen nicht wahr-
nimmt. Man hat uns gelehrt, unsere Gefühle zu unterdrücken, man
hat gemeint, Gefühle könnten den Arzt in die Irre führen, ihn par-
teiisch und ungerecht machen, und dementsprechend die *nüchter-
ne Sachlichkeit* als die höchste Form der ärztlichen Berufsausübung verherrlicht. Man hat gesagt, unser oberstes Prinzip müsse
die Pflichterfüllung sein. War nicht die verhängnisvolle Wirkung,
welche die Phrase von den »ehelichen Pflichten« auf die Entwicklung vieler Ehen gehabt hat, Warnung genug? Ich glaube, daß ein
Arzt, der *nur* seine Pflicht erfüllt, eigentlich kein erfolgreicher Arzt
sein kann. Unser Georg Kreisler hat einmal gesagt: »Je mehr
Pflichtgefühl ein Mensch hat, desto weniger andere Gefühle hat
er.« Diese anderen Gefühle sind es, die dann der Patient schmerzlich vermißt, weil er sie so sehr benötigen würde, Anteilnahme, Zuwendung, Wärme. Erich Fromm hat zwischen *lebens- und todeszentrierten Kräften* unterschieden, zu den ersteren zählen Gefühle,
Ideen, persönliches Sein, zu den letzteren Materielles, Organisato-
risches, Versachlichung. Wer könnte leugnen, daß in der Medizin,
die doch wie keine andere Erfindung des Menschen im Dienste des
Lebens stehen sollte, die todeszentrierten Kräfte derzeit im Vor-

marsch begriffen sind? Dabei spielt die Technisierung der Medizin eine entscheidende Rolle. Mit allem Nachdruck sei betont, daß wir ihr unglaubliche Fortschritte zu verdanken haben, auf die wir niemals mehr verzichten könnten; jede Form eines neuen »Maschinensturmes« wäre heller Wahnsinn. Aber die Technik hat doch die große Gefahr in sich, daß sie von einem Mittel zum Selbstzweck, von einem Diener des Menschen zu seinem Herrn werden kann. Dann wird einfach der Mensch nur mehr »durchuntersucht«, dann ist er nichts anderes als die Summe seiner Organe, dann verschwindet das, was seine Person ausmacht, dann gleicht ein »Fall« dem anderen, dann findet eine grauenhafte Uniformierung statt, die durch eine Ansammlung technisch erhobener Daten gekennzeichnet ist. Da, glaube ich, muß man doch wohl in neuem Sinn den Begriff des Datenschutzes einbringen, nämlich den Menschen vor einer solchen einseitigen Auswertung der Daten zu beschützen.
Wir sollten in diesem Zusammenhang sehr sorgfältig auf unsere Sprache hören, die uns mit ihren Ausdrücken so viel zu sagen hat. Unser höchstes Ziel ist es jetzt in der Medizin, alles zu »objektivieren«; aber besagt dieser Ausdruck nicht auch, daß wir damit einen Menschen zum Objekt machen – die angewandten Mittel degradieren den Menschen genau zu dem, was wir schon voraussetzen, wenn wir nur diese Mittel anwenden: zum seelenlosen Objekt. Sollte die Arzt-Patienten-Beziehung nicht eine Begegnung zwischen zwei Subjekten sein? Aber auch hier wieder die Sprache: Haben wir nicht das Wort Subjekt abgewertet, im Sinne von »so ein Subjekt«? Und dabei bleibt die kostbare subjektive Wirklichkeit des Patienten, bleiben seine Ängste und Befürchtungen, Verunsicherungen, Aggressionen, Depressionen und Verzweiflungen auf der Strecke, wir nehmen sie nicht mehr wahr. Folgende Szene aus einem Sanatorium für Nervenkranke von Peter Altenberg zeigt, wie sich der Arzt über die subjektive Wirklichkeit des Patienten hinwegsetzt, zeigt aber auch, wie sich der Patient wehrt.

Morgenvisite
Der Doktor sitzt, wie ein Staatsanwalt ernst blickend und forschend, an einem riesigen Schreibtisch.
    Der Delinquent (Patient) tritt ein.
    »Bitte, nehmen Sie Platz –.«

Pause, in der der Staatsanwalt (Arzt) den Verbrecher mustert, ob Paralyse oder Simulation vorhanden sei –.

»Also, mein lieber Peter Altenberg, ich kenne Sie nämlich aus Ihren interessanten Büchern und erlaube mir daher, den konventionellen Titel ›Herr‹ bei einem berühmten Manne wie Sie wegzulassen. Ihre Verehrerinnen, apropos, sollen Sie ja direkt mit ›P. A.‹ titulieren!? Diese Ehrenabkürzung wage ich bisher noch nicht –

Aber zur Sache! Also, mein lieber Peter Altenberg, was werden wir denn zum Frühstück nehmen?!«

»*Wir?!* Das weiß ich nicht, aber ich selbst nehme Kaffee, hellen Milchkaffee –.«

»Kaffee?! So?! Also Kaffee, hellen Milchkaffee –?!? Also schön, Kaffee –!«

»Ja, bitte, es ist mein gewöhnliches Getränk, an das ich seit dreißig Jahren gewöhnt bin –.«

»Ganz gut. Aber Sie sind eigentlich hier, um sich von Ihrer bisherigen Lebensweise, die Ihnen anscheinend bisher nicht besonders genützt hat, zu entwöhnen, vielmehr die nötige Energie zu akquirieren, solche Veränderungen Ihrer gewohnten, ja vielleicht allzu gewohnten Lebensweise allmählich wenigstens vorzunehmen!?! Nun, bleiben wir also vorläufig beim Milchkaffee. Aber weshalb diese dezidierte Aversion gegen Tee. Man kann auch Tee mit Milch verdünnt trinken –?!«

»Ja, aber ich pflege Milchkaffee zu trinken –.«

»Haben Sie, Herr Altenberg, einen bestimmten Grund, den Genuß von Tee des Morgens für Ihre Nerven für unzukömmlich zu halten?!«

»Ja, weil er mir nicht schmeckt –.«

»Aha, das wollte ich eben nur wissen. Also, mein lieber Herr, was nehmen Sie denn zu Ihrem so geliebten und anscheinend unentbehrlichen Milchkaffee dazu?!?«

»Dazu?! Nichts!«

»Nun, irgend etwas Konsistentes müssen Sie doch dazu nehmen! Ein leerer Kaffee schmeckt einem ja gar nicht –.«

»Nein, ich nehme nichts dazu, mir schmeckt nur ein leerer Milchkaffee –.«

»Nun, mein sehr geehrter Herr, bei uns geht das eben nicht. Sie werden mir freundlichst die Konzession machen müssen von zwei Buttersemmeln –.«

»Ich hasse Butter, ich hasse Semmeln, aber noch mehr hasse ich Buttersemmeln!«

»Nun, diesen Haß werden wir schon noch besiegen! Ich habe schon schwierigere Kunststücke fertiggebracht, mein Lieber –. So, und jetzt begeben Sie sich stillvergnügt zu Ihrem Frühstück in der Veranda. Noch eins: Pflegen Sie nach dem Frühstück auszuruhen?!?«

»Je nachdem –.«

»Je nachdem gibt es nicht. Entweder Sie ruhen, oder Sie machen Bewegung –.«

»Also dann werde ich ruhen –.«

»Nein, dann werden Sie eine halbe Stunde lang gehen –!«

Der Delinquent verläßt wankend das Amtszimmer und begibt sich zum Strafantritte auf die Veranda zum Frühstücke, verschärft durch zwei Buttersemmeln.

Einige Tage später. Der Staatsanwalt: »Nun, sehen Sie, mein lieber berühmter Dichter, Ihr Gesichtsausdruck ist schon ein viel freierer, ich möchte sagen ein menschlicherer, nicht so präokkupiert von fixen Ideen –. Haben Ihnen die zwei Buttersemmeln geschadet?!

Na also!«

Nein, sie hatten ihm nicht geschadet, denn er hatte sie täglich im Hühnerhofe verteilt.

Diese Demütigung, dieser Zwang, sich einem sinnlosen Ordnungsprinzip, nur weil es den »Vorschriften« entspricht, unterordnen zu müssen, wird bis zum heutigen Tage in ungezählten Spitälern und Ordinationen weiterhin ausgeübt. Krankenhäuser gleichen vielfach Kasernen, Patienten müssen um fünf Uhr früh aufstehen, um 17 Uhr schlafen gehen, die Mahlzeiten zu den perversesten Zeiten einnehmen, die Kleider gleichen Sträflingsgewändern, die Besuchszeit wird reglementiert, in den Wartezimmern kommt es zu stundenlangen Wartezeiten, sie verdienen also ihre Namen mehr als die Sprech*stunden,* die ja weitgehend Illusion bleiben. Wer den Patienten degradiert, wer nicht Rücksicht nimmt auf Gefühle, die Krankheit und ebenso ärztliches Verhalten in ihm erzeugen, vergeht sich nicht nur gegen das Prinzip der Humanität, sondern auch das der Heilkunde: Denn außer Zweifel hängt von den Gefühlen des Patienten jeder Krankheitsverlauf ganz wesentlich ab. Wer einen Beitrag leistet zur Verbesserung der subjektiven Wirklichkeit, hilft daher mit, die Prognose wesentlich zu verbessern, leider ist auch das Gegenteil wahr. Der Arzt, für den seine Berufsausübung bloße Gewohnheit und Routine geworden ist, schadet aber nicht nur dem Patienten, er schadet auch, und das ist in unserem Zusammenhang besonders wichtig, sich selbst. Bertolt Brecht hat gesagt, daß es eine Arbeit gebe, die man nur pedantisch-pflichtbewußt durchführen könne (oder gar nicht): die sinnlose. Dieser Satz gilt auch in der Umkehr: Die zwanghaft erfüllte »Pflicht« wird sinnlos! Und der Arzt wird dann zu einem Automaten, zu einer Maschine. Wenn heute unsere Patienten so tausendfach in tragischer Weise in die »Magie« flüchten – ich sehe das z. B. immer wieder bei den Krebskranken, wie sie sich von den Ärzten verlassen fühlen und wie sehr sie beginnen, ihre eigenen Wege zu gehen, mitunter natürlich falsche Wege, wir sollten da aber etwas vorsichtiger sein bei der Verurteilung, weil wir größtenteils selber an dieser Entwicklung schuld sind –, dann hat das auch für unser Arztsein Folgen, wir vermissen den Glanz der Dankbarkeit in den Augen der Patienten, die persönliche Beziehung geht verloren, das Glück der Berufsausübung ist dahin. Wir erstarren im gleichbleibenden, sich wiederholenden Ablauf, Langeweile ist zu wiederholten Malen ein entscheidender Baustein der Depression. Georg Kreisler hat zwei Lieder geschrieben, die diesem Problem, einerseits der Flucht vor dem Zuhause, der Flucht vor sich selbst, aber auch dem Problem der zerstörten Ehe gewidmet sind. Beim Lesen sollte man nicht vergessen, daß auch das Scheitern im Privatleben sich auf die Berufstätigkeit auswirken kann. Gleichgültig, ob noch eine größere Überkompensation durch Überforderung eintritt oder ob ein unglücklicher Mensch immer unkonzentrierter und passiver wird: in beiden Fällen kann kaum mehr gute Arbeit geleistet werden.

Zu Hause ist der Tod

Komm mit mir, schöne Dame, in die Anden nach Peru! Ich bin frei, und um die Ecke steht mein Boot.

Komm, ich zeige dir die Zulus
und die schönsten Honolulus –
aber nicht nach Hause! Denn zu Hause ist der Tod.
Komm mit mir, Schöne Dame, in den Dattelpalmenhain!
Auch in der Südsee gibt's ein Überangebot.
Komm, wir fliegen nach Kentucky,
nach Paris, nach Nagasaki –
aber nicht nach Hause! Denn zu Hause ist der Tod.

Der Tod ist jeden Tag bei mir zum Essen.
Er unterhält sich nämlich gern mit meiner Frau,
wäscht das Geschirr und macht ihr dampfende Kompressen.

Er hat die Küche frisch gestrichen, grau in grau.
Und wenn ich komm, spendiert er eine Runde.
Und gegen neun schläft er vorm Fernseher ein.
Er liebt Prinzessinnen, Schlagersänger, Hunde.
Ich möchte nicht zu Hause sein.

Komm mit mir, schöne Dame, komm, wir fliegen nach
Hawaii!
Gleich im Nebenzimmer wartet mein Pilot.
Oder fändest du es schicker
in New York, in Costa Rica?
Nur nicht nach Hause, denn zu Hause ist der Tod.

Die Ruhe dort ist wie im Grabe.
Mein Wohnzimmer ist wie ein Labyrinth.
Am Küchenofen sitzt bei uns ein Rabe
und in der Ecke schreit ein unbekanntes Kind.
Die Bilder fangen abends an zu brüllen.
Die Wasserleitung singt das alte Lied.
Der Tod sitzt da und kaut Pastillen.
Man freut sich fast, wenn man ihn sieht.
Ich hab so angst, ich schüttle seine Hände
und sag, wie geht's dir Kumpel, bist du auch gesund!
Er blickt mich an, und, glaube mir, sein Blick spricht Bände.
Und meine Frau kommt herein und küßt mich auf den
Mund.

Komm mit mir, schöne Dame, wünsch dir alles, was du
willst!
Ich bin zugänglich für jedes Angebot.
Komm, wir fliegen in den Süden
zu den fernen Latitüden!
Laß dich küssen unter Palmen
und auf salzburgischen Almen!
Ich bin überall zu Haus, nur nicht zu Hause.
Denn zu Hause ist der Tod.

Es wird alles wieder gut, Herr Professor

Es wird alles wieder gut, Herr Professor,
bißchen Mut, Herr Professor,
es wird gut, Herr Professor.
Und die Frau Professor kommt, Herr Professor,
aber ganz bestimmt zurück.

Als sie weg war, sagten Sie, Herr Professor,
es geht Ihnen irgendwie etwas besser,
doch das war vor einer Stund', Herr Professor,
Sie sind jetzt, Herr Professor,
nicht gesund, Herr Professor.

Und man muß ja auch verstehn, Herr Professor,
sie ist jung und schön, Herr Professor.
Da ist sicherlich kein Grund, Herr Professor,
daß sie plötzlich Sie verläßt.
Doch vielleicht nach einer Zeit, Herr Professor,
tut's der Frau Professor leid, Herr Professor,
und dann kommt sie hier herein, Herr Professor,
aber Sie, Herr Professor,
sagen nein, Herr Professor.

Ja, ich weiß, Sie lieben sie.
Ja, Sie sind allein.
Glücklich wird sie sicher nie
mit dem anderen sein.

Schauen Sie meine Ingrid an,
die gestorben ist.

Man begreift es irgendwann
und wird Realist.
Es wird alles wieder fein, Herr Professor,
auch allein, Herr Professor,
renkt sich's ein, Herr Professor.
Und Sie haben doch einen Kreis, Herr Professor,
von Bekannten überall.
Ja, ich weiß es ganz genau, Herr Professor,
auch ein Freund ist keine Frau, Herr Professor.
Doch die Frau war, Herr Professor,
auch kein Freund, Herr Professor,
das ist klar, Herr Professor.

Legen Sie sich etwas hin, Herr Professor!
Aspirin, Herr Professor?
Disziplin, Herr Professor!
Mit ein bißchen Disziplin, Herr Professor,
ist das alles ganz normal.
Es war immer so der Brauch, Herr Professor,
und das wissen Sie ja auch, Herr Professor,
daß man jemand' glauben muß, Herr Professor,
und am Schluß, Herr Professor,
gibt's Verdruß, Herr Professor.
Das hat's immer schon gegeben, Herr Professor,
und man muß es überleben, Herr Professor,
Ihre Arbeit ist jetzt wichtig, Herr Professor.
Was Ihre Frau tat, war nicht richtig, Herr Professor,
aber der Himmel wird sie strafen, Herr Professor.
Jetzt versuchen Sie zu schlafen, Herr Professor!

C. Depression infolge von Selbstherrlichkeit und
Autoritätsmißbrauch

Es wurde schon in der Einleitung daran erinnert, daß die Ärzte sich selbst die Latte sehr hoch legen, was einerseits den auf ihnen lastenden Druck erhöht, andererseits dann aber oft auch zum Gefühl führt, tatsächlich alles besser zu wissen und besser zu können. Bedenkt man noch zusätzlich, daß man die Ärzte lange Zeit gelehrt hat, sie dürften nicht das geringste Zeichen von Unsicherheit zeigen, weil sonst der Glaube des Patienten erschüttert wjrd, daß sich der Patient ihnen unterordnen müsse, um gesund werden zu können (die berühmte *Autoritäts-Subordinations-Relation* nach *Stransky*), kurz und gut, daß man ihnen einen falschen Autoritätsbegriff vermittelt hat, dann wird man verstehen, warum bei so vielen Ärzten ein Gefühl der eigenen »*Grandiosität*« besteht. An dieser Stelle erscheint ein allgemeiner Exkurs über den Autoritätsbegriff notwendig.

Ein Mann, den ich mit größter Ehrfurcht meinen Freund nenne, nämlich *Manès Sperber,* er hat soeben den Friedenspreis des deutschen Buchhandels bekommen, hat auf der einen Seite gewarnt vor einer autoritätslosen oder antiautoritären Erziehung, weil es ohne das Angebot von geeigneten Identifikationsobjekten keine gesunde menschliche Entwicklung geben könne; auf der anderen Seite hat er aber einen Mißbrauch des Autoritätsbegriffes verurteilt, der auf Anmaßung größerer Stärke, größerer Macht, höherem Alter beruht und, solchermaßen schlecht legitimiert, bedingungslose Unterordnung verlangt. Sicherlich, der Weg zwischen *Autoritätsanmaßung* und *Autoritätsverlust* zur echten Autorität, die durch Beispiel und Vorbild überzeugend, aber nicht vergewaltigend wirkt, ist nicht leicht zu gehen, er muß aber gesucht werden, und gerade auch vom Arzt. In diesem Zusammenhang ist an den Begriff »apostolische Funktion«, den *Balint* geprägt hat, zu erinnern. Ob nun das Wort »apostolisch«, aus welchen Gründen auch immer, positive oder negative Assoziationen hervorruft (dies sollte jeder bei sich prüfen und auch analysieren, warum), Balint hat es jedenfalls als negativ, als *nicht* vorbildlich gesehen. Er schreibt: »Wir meinen mit der apostolischen Sendung oder Funktion in erster Linie, daß jeder Arzt eine vage, aber fast unerschütterlich feste Vorstellung davon hat, wie ein Mensch sich verhalten soll, wenn er krank ist. Obwohl diese Vorstellung keineswegs klar und konkret ist, ist sie unglaublich zäh und durchdringt jede Einzelheit der Arbeit des Arztes. Es ist fast, als ob jeder Arzt eine Offenbarung darüber besäße, was das Rechte für seinen Patienten sei, was sie also hoffen sollten, dulden müßten, und als ob es seine, des Arztes, heilige Pflicht sei, die Unwissenden und Ungläubigen unter den Patienten zu diesem Glauben zu bekehren. Dies nannten wir die apostolische Funktion.«

Außer Zweifel, von dieser »apostolischen Funktion« müssen wir Abschied nehmen, sie ist mit Partnerschaft unvereinbar. Bei den Humanismusgesprächen in Salzburg im Herbst 1982 habe ich vor Ärzten über die »apostolische Funktion« in diesem negativen Sinn gesprochen und habe dabei lebhaften Beifall geerntet. Das war am Vormittag, und am Nachmittag fand die Schlußdiskussion statt. Da standen etwa fünfzehn Ärzte auf und sagten alle der Reihe nach sinngemäß, also es gibt ein einziges Heilmittel, der eine sagte Ernährung, der andere Bäder, jeder etwas anderes, und meine Patienten müssen das machen, und wenn sie es nicht wollen, sind sie selbst daran schuld, daß es ihnen niemals bessergehen wird. Mit anderen Worten, dieselben Leute, die am Vormittag lebhaft zur Verurteilung der apostolischen Funktion applaudiert hatten, die waren am Nachmittag die reinsten Vertreter eben dieser apostolischen Funktion. Hier ist man auf dem »besten Weg« zum Übermenschen, und ich möchte Ihnen in diesem Zusammenhang aus dem Jahre 72 aus der deutschen Ärztezeitung folgende ärztliche »Selbstdarstellung« zitieren: »Ungenannt gehen zahllose Ärzte und Ärztinnen zuverlässig und bescheiden der Berufung und dem Beruf des Arztes nach. Sie wirken in der Stille des warmen Herzens, mit geduldiger Hand und kritischem Verstand, oft im menschlichen Grenzbereich zwischen Geburt und Tod, immer nach dem besten Vermögen, nie um einer Sache, stets der *Humanitas* willen. Sie tun ihr Werk jahraus – jahrein, tags wie nachts, an Wochen- und Feiertagen, zu Hause und auch auswärts, frisch oder erschöpft, heiter oder vergrämt, Stunde um Stunde von neuem. Im Inneren nichts als den kategorischen Imperativ, nach dem Ärzte in aller Welt antreten: ›Das Heil des Kranken geht über alles.‹« In mir erwecken solche Sätze das Gefühl einer ungeheuren Selbstbeweihräucherung und Selbstzufriedenheit. Es gehört zum Zustand der Grandiosität, daß Kritik nicht erwünscht ist. Ärzte sind keineswegs die einzigen, die so eingestellt sind: Das ist auch der Fall bei den politischen Parteien, die müssen dann eben erst bei den Wahlen eine Niederlage erleiden, und selbst daraus lernen sie wenig, bei der römisch-katholischen Kirche, wahrscheinlich auch bei den anderen Religionsgemeinschaften. Überall ist alles in Ordnung; die Welt ist heil, nichts bedarf der Verbesserung, denn wir machen alles großartig. So ist es auch bei uns Ärzten, wir sind alle gute Menschen, denn es kann ja – nach dem bekannten Ausspruch – nur ein guter Mensch ein guter Arzt sein, und wir sind doch gute Ärzte!? Was aber dann, wenn wir nur gute Menschen wären in dem Sinne, wie es *Peter Turrini* in folgendem Gedicht beschreibt?

Peter Turrini:

Ich möchte
meine Feinde
so lange lieben
bis sie unter meiner Liebe
zusammenbrechen.

Ich möchte
meiner Freundin
so lange verzeihen
bis sie an ihrer Schlechtigkeit
verzweifelt.

Ich möchte
meinen Freunden
so lange helfen
bis sie ihre Unfähigkeit
einsehen.

Ich möchte
mit allen Mitteln
ein guter Mensch sein.

(aus *Peter Turrini*, **»Ein paar Schritte zurück«**)

»Ein guter Mensch«, der in Wirklichkeit Mißbrauch betreibt? Das kann nicht sein, weil es nicht sein darf.

Nun ist eine solche Verdrängung vielleicht bei uns, weil ja schließlich die ganze Gesundheitspolitik davon abhängig bleibt, besonders folgenschwer. Was soll man davon halten, wenn z. B. ein Kollege, der vor kurzem die Zustände an einigen Salzburger Krankenhäusern als mehr als verbesserungsbedürftig aufgedeckt hat, deswegen eine Disziplinarstrafe bekommen hat, wegen »standeswidrigen Verhaltens«? Wie können unter solchen Umständen Verbesserungen erreicht werden? Sind die Dinge, wie sie sind, wirklich alle gottgewollt und somit nicht veränderungsbedürftig?

Wie dem auch immer sei: Die Selbstherrlichkeit des Arztes hat vielfach schlimme Folgen, zuerst einmal gegenüber dem Patienten. In ihm müssen Auflehnungswünsche entstehen, und in der Tat findet man sie immer mehr im Zunehmen: ich erwähne nur Nichteinnehmen verordneter Medikamente, Dosisveränderung bis hin zum Suizid, stetes Wechseln des Arztes, Bildung arztfeindlicher Selbsthilfegruppen sowie kritiklose Verallgemeinerung des Versagens einzelner Ärzte. Zerstört wird aber auch durch die Grandiosität das Verhältnis der Ärzte untereinander. Längst ist die Anrede »sehr geehrter Herr Kollege« eine reine Floskel, die oft für das gerade Gegenteil steht, findet ein Kampf »Mann gegen Mann« statt, werden Patienten, die zu einem anderen Arzt »überlaufen«, als »Verräter« gewertet, erhobene Befunde in einem solchen Fall nicht weitergeleitet.

Es entsteht eine *Stufenleiter der »Wertigkeiten«* der einzelnen Fächer und Titel, und ein besonders tragisches Symptom ist, daß der praktische Arzt, also wahrscheinlich der wichtigste, weil er ja mit dem Patienten gewöhnlich als erster in Kontakt kommt, dabei an die unterste Stelle rangiert wird. Wer wollte es ihm da verübeln, daß er aus dieser Position durch Kreierung eines »Facharztes für Allgemeinmedizin« zu entkommen versucht? Nur einer steht in der Rangordnung noch eine Stufe tiefer als der praktische Arzt, besser gesagt, eine: die Ärztin. Auch in der Medizin hat die Frau noch keineswegs die Gleichberechtigung erfahren, man sieht das am besten an der geringen Anzahl von Damen, die eine leitende Stellung erlangen. Nur die, die »*männlichen Protest*« im Sinne *Alfred Adlers* betreiben und typische männliche Verhaltensweisen annehmen, können sich durchsetzen, auf normalem Wege geht das kaum.

Die Selbstherrlichkeit findet aber jedenfalls ihren Gipfel in der Errichtung und *Einzementierung der hierarchischen Struktur* an Kliniken und Spitälern. Diese beruht auf der irrigen Annahme, daß der Oberste immer recht hat, unfehlbar ist und sich nicht irren kann. Es darf dementsprechend ein Irrtum auch nicht eingestanden werden, sonst würde das ganze System in sich zusammenbrechen. Die Folge ist, daß *ein* Fehler weitere nach sich ziehen muß. Diese falschen Autoritätsstrukturen, die der Student und später der junge Arzt erlebt und erleidet, leisten einen wesentlichen Beitrag dazu, daß er sich selbst nicht zur echten Autorität entwickeln kann. Ich bin sicher kein Revolutionär, der alles abschaffen möchte, aber unser System in Kliniken und auch im medizinischen Unterricht muß wirklich evolutionär verändert werden. Wie sollen wir hoffen können, daß unsere Studenten dereinst den Patienten als Subjekt annehmen werden, wenn sie selbst während des Unterrichtes nicht als Subjekt behandelt worden sind? Das Kind bleibt Objekt, der Schüler auch, der Student ist zwar älter, aber noch immer in derselben Position. Das sind Strukturen, in denen keine Persönlichkeit mehr da ist, sondern in denen man sich einfach anpaßt, in denen man nicht mehr lernt, kritisch zu denken, Kritik zu äußern, sondern kritiklos zu gehorchen oder zu entfliehen. So ein Mensch, der niemals als Subjekt behandelt worden ist, wird schleunigst trachten, aus der »verfluchten« Position des Unterdrückten herauszukommen, und wird triumphieren: Jetzt sitze *ich* auf dem Sessel, und jetzt werde ich anderen zeigen, wer ich bin. Da haben wir eine der Ursachen, die dann die Arzt-Patienten-Beziehung in entscheidenden Punkten zerstören. Und während der Ausbildung des Arztes wiederholt sich oft genug das gleiche; der Ober sticht so lange den Unter, bis der zu seinem Ebenbild wird oder bis er zerbricht.

Schwer geschädigt wird durch die angemaßte Autorität auch das Verhältnis der Ärzte zu ihren Kindern. Zu wiederholten Malen habe ich schon darauf hingewiesen, daß es oft ein schweres Los ist, Kind eines Arztes zu sein. Ich habe mich seit Jahrzehnten mit Prüfungsneurotikern beschäftigt – das sind also Menschen, die unbewußt verhindern wollen, die Prüfung zu bestehen, bewußt studieren sie, und unbewußt wollen sie das Studium torpedieren. Es sind unwahrscheinlich viele Kinder von Ärzten unter ihnen, mitunter auch solche, denen das Medizinstudium von den Eltern aufgezwungen oder »nahegelegt« wurde. Einer dieser Patienten hat gesagt: »Hingehen tue ich für meinen Vater, und durchfallen tue ich für mich selber.« In eine Zeit der »*vaterlosen Gesellschaft*« ragen diese Ärzteväter mit ihrem falschen Autoritätsbegriff hinein wie Relikte aus einer vergangenen Epoche, in der Freud die Vaterneurosen beschrieben hat. Alle autoritären Verhaltensweisen, die sie ihren Patienten gegenüber, ihrer Ansicht nach erfolgreich, zur Anwendung bringen, übertragen sie auch auf ihre Beziehung zu den Kindern. Sie haben immer recht, wissen immer die beste Lösung, glauben an die grenzenlose Macht des Willens, sind immer dabei, andere aufzufordern, sich zusammenzunehmen, dann müsse doch alles gelingen. Sie zögern auch nicht, sich bei jeder Gelegenheit als leuchtende Vorbilder in Erinnerung zu bringen, das Kind müsse sie nur nachahmen, dann regle sich alles fast von selbst. – Aus ganzem Herzen möchte man wünschen, daß solche Eltern endlich einmal erkennen könnten, welches Unheil sie mit ihrem angeblich unfehlbaren System anrichten!

Wir haben eine Reihe von tragischen Opfern der ärztlichen Grandiosität aufgezählt, aber am Ende darf die Feststellung nicht fehlen, daß die Ärzte dabei zum schlechten Schluß auch ihre eigenen Opfer werden. Das Leben in den höheren Regionen erzeugt ein eiskaltes Klima, wo die Angst regiert, da bleibt die Liebe aus. »Vorstand« in diesem Sinne zu sein koppelt sich mit innerer Einsamkeit und Isolation. Mit den daraus resultierenden Depressionen, mit dem Alkohol- und Drogenmißbrauch, der damit im Zusammenhang steht, haben nur allzu viele Ärzte in den verschiedensten »Positionen« einen nur allzu hohen Preis für ihre »Grandiosität« zu bezahlen. Wäre es da nicht besser, vom Throne der schrankenlosen Machtausübung herabzusteigen, Kritik zuzulassen, Fehler einzugestehen, das Gespräch zu fördern, welches, wie der unvergeßliche Friedrich Heer gezeigt hat, aus Feinden Freunde machen kann. Ich bestreite nicht, daß die *letzte* Entscheidung und Verantwortung immer bei einer Person liegen muß, aber ich möchte die tägliche offene Diskussion mit meinen Mitarbeitern im Institut für medizinische Psychologie nicht mehr missen, sie erst hat aus Betroffenen Beteiligte gemacht, sie erst hat uns zu einer Gemeinschaft geführt, hat aus dem Nebeneinander, oft sogar aus dem Gegeneinander, ein *Miteinander* erreicht, weil jeder an der Entscheidungsfindung teilhat. Man muß mühsam lernen, in diesem Sinne miteinander zu reden.

Die beiden folgenden Kreisler-Lieder fassen diese Gedanken noch einmal zusammen, sie werden sicher zu weitergehenden Überlegungen anregen.

Professor Dr. med.

Professor Dr. med.
Das klingt doch ziemlich blöd.
Wenn einer schon ein Doktor ist,
wozu die lange Red'?

Professor Dr. phil?
Ich weiß nicht, was er will.
Vielleicht hat er zuviel gelernt
und hält jetzt nicht mehr still.
Ich nehme an, die Leute brauchen irgendeinen Halt.
Dann sind sie, wie im Auto, auf den Titel angeschnallt.
Sie wissen nicht wohin und wissen nicht woher
und heißen statt Herr Kutschera Herr Tiefbauingenieur.

Hat einer viel Talent
und heißt Herr Präsident,
dann muß man möglichst stolz sein,
daß man diesen Menschen kennt.
Ein Arzt ist nur ein Mann,
der Herr Chefarzt werden kann.
Dann hat er die Frau Oberschwester
immer hinten dran.

Man merkt auch an den Orden, wer die Leute wirklich sind.
Wenn einer ein Verdienstkreuz hat, dann hat er viel verdient.
Und weiß er nicht wofür und weiß er nicht worauf,
dann steckt er das Verdienstkreuz an und hört zu denken auf.

Heißt einer Herr Major,
und das kommt manchmal vor,
dann kann man darauf schwören,
was ihm fehlt, das ist Humor.

Heißt einer Inspekteur,
dann braucht er sonst nichts mehr.
Und wer ihn nicht so nennt,
hat kein Benimm und ist vulgär.

Doch manchmal ist ein Titel auch ein wirklicher Genuß,
weil man sich dann den Namen dieses Herrn nicht merken muß.

Man nennt ihn Herr Dozent, Herr Bundeskonsulent,
und er hält das sogar für ein besonderes Kompliment,
so daß man fast schon traurig wird, trotz diesem Happy-End.

Von Beruf

Mit ein bißchen Angst von Beruf wuchs ich auf.
Meine Kindheit nahm von Beruf ihren Lauf.
Ich hatte fürn Beruf von Beruf kein Talent,
wurde dann im Amt von Beruf Referent.
Füge mich im Amt von Beruf recht gut ein,
krieche meinem Chef von Beruf hinten rein,
fühl mich abends müd von Beruf, müd und leer,
denn ich mache nichts von Beruf, das ist schwer.

Aber Mensch bin ich auch,
drum will ich auch lustig sein,
will mich meines Lebens freun,
mit den Weibern dreckig sein.
Ob es Schnaps oder Bier,
Wein oder Sekt, ich bin so frei,
sonst ist das Leben vorbei.
Ich verachte jede Frau von Beruf, wenn ich kann,
wurde trotzdem eines Tags von Beruf Ehemann.
Vater bin ich auch von Beruf, unverhofft.
Schlage dieses Kind von Beruf gern und oft.
Werde mit der Zeit von Beruf etwas grau.
Schlag nicht nur das Kind von Beruf, auch die Frau.
Sommers sind wir drei von Beruf an der See.
Fahr jetzt einen Ford von Beruf, statt VW.

Aber Mensch bin ich auch,
drum will ich auch lustig sein,
will mich meines Lebens freun,
mit den Weibern dreckig sein.
Ob Schnaps oder Bier,
Wein oder Sekt, ich bin so frei,
sonst ist das Leben vorbei.

Doch die Zeit vergeht von Beruf, wie's halt ist,
drum bin ich jetzt von Beruf Pensionist,
grab den Garten um von Beruf, nur aus Trotz,
seh auch sehr viel fern von Beruf, leider Gotts.
Sitz auch viel im Park von Beruf, wie verdammt.
Sitze dort genau von Beruf wie im Amt.
Hole manchmal Bier von Beruf oder Brot.
Warte jeden Tag von Beruf auf den Tod.

Aber jetzt will ich erst recht,
will ich jetzt lustig sein,
will mich meines Lebens freun,
mit den Weibern dreckig sein.
Ob es Schnaps oder Bier,
Wein oder Sekt, ich bin so frei,
sonst ist das Leben vorbei.
Denn das Leben vergeht,
alles vergeht irgendwie,
alle anderen Leute vergehen,
mir tut's gar nicht leid um sie.
So wie's früher war, wird's nicht mehr,
da nützt kein Geschrei.
Das war ein Leben!
Doch heut' ist das Leben
vergangen, vergessen, vorbei.

D. Depression infolge Materialisierung des Lebens

In der Bundesrepublik Deutschland sagen die Eltern seit längerer
Zeit zu ihren Kindern: »Wenn du den Beruf haben willst, wo die
Hennen die goldenen Eier legen, dann mußt du Arzt werden.«
Daraus entsteht die Motivation: ich will Arzt werden, um gut ver-
dienen zu können. Auch bei uns gibt eher die Hälfte aller Medi-
zinstudenten als Grund für ihre Berufswahl »sie wollten es gut im
Leben haben« an: man muß sie sogar für ihren Mut, die Wahrheit
einzugestehen, beloben, jede Aufrichtigkeit ist besser als eine Lü-
ge, mag die letztere auch noch so schön klingen (etwa: Ich will
Menschen helfen). In Deutschland wirkt sich meiner Überzeugung

nach der Numerus clausus, der nur den besten Abiturienten den Zugang zum Medizinstudium eröffnet, ungünstig aus: Dadurch werden die Streber, die Erfolgsmenschen um jeden Preis, die eher Gefühlskalten, die einseitig Intellektuellen eindeutig bevorzugt, man könnte fast von einer negativen Auslese sprechen. Es ist erfreulich, daß gerade jetzt dieses System in Deutschland gelockert wird und es in Österreich niemals zur Anwendung gekommen ist. Vor zwei Jahren war am Gesundheitstag eine große Diskussion, an der auch ich teilgenommen habe, der Frage gewidmet: Die Beziehung des Arztes zur Zeit. Ein Redner hat pointiert gesagt: »Zu diesem Thema fällt mir nur ein Satz ein: Time is money.« Das fand ich schlimm, aber man verstehe mich nicht falsch: Ich bin nicht für den »selbstlosen« Arzt. Erstens würde das bedeuten, daß er gar nicht existiert (sein Selbst los ist), und zweitens soll es ihn auch sonst nicht geben. Einer meiner Lehrer, Albert Niedermeyer, hat einmal gesagt, niemandem müsse man so sehr ausweichen wie dem, der behauptet, für sich selbst gar nichts zu wollen, denn er wolle in Wirklichkeit am meisten, er sei entweder ein Heuchler, oder er kenne sich selbst nicht. Jede Leistung verdient einfach ihren Lohn, und es ist z. B. haarsträubend, daß in Österreich ein Arzt, der sich hinsetzt und jenes psychosomatische Gespräch führt, welches zum Verstehen des Patienten unbedingt nötig ist, dafür bestraft wird. Er bekommt nämlich für dieses Gespräch nichts, es stellt sozusagen eine Fleißaufgabe dar, und daß er dann durch die »verlorene Zeit« weniger Patienten »zur Verrechnung« bringen kann, ist sein eigenes Problem. Hier handelt es sich zwar um ein materielles Thema (das gesehen werden muß), aber noch nicht um eine Materialisierung des Arztberufes und seines Lebensstiles. Denn es kommt entscheidend darauf an, was der erste Gedanke des Arztes ist, wenn der Patient zu ihm kommt: »Fein, da verdiene ich wieder viel Geld« oder »Ich möchte versuchen, die Situation dieses Menschen ernst zu nehmen und, so gut ich kann, sie zu verbessern«. Ganz hart könnte man auch folgende Frage formulieren: Wenn einer am Kranken verdienen will, ist er dann wirklich daran interessiert, daß der Kranke gesund wird? Ich habe mir sagen lassen, daß im alten China die Ärzte so lange honoriert wurden, solange der Patient gesund war. Sobald er erkankte, wurde die Geldzuwendung eingestellt. Es kann leider nicht geleugnet werden, daß das Geld innerhalb des

Ärztestandes eine immer größere Rolle spielt, vielfach eine zu große Bedeutung gewonnen hat. Die Ärzte sind da sicher nicht die einzigen, es ist ein schlimmer Trend bei fast allen Berufen, aber bei uns wirkt er sich halt besonders verhängnisvoll aus. Neulich hat mir ein prominenter Kollege gesagt: »Jetzt bin ich schon zwanzig Jahre im Geschäft« – der Ausdruck hat mir weh getan, wenn er auch vielleicht bewußt nicht so gemeint war, aber ist das Unbewußte nicht noch wichtiger und maßgebender? *Fromm*, der bereits zitierte, hat ein Buch geschrieben: »Sein oder Haben«, er wollte damit sagen, es gibt hier kein Sowohl-Als-auch, sondern nur ein Entweder-Oder, und wer sich für das Haben entscheidet, der entscheidet sich gegen das Sein, für den mag es wohl einen Zuwachs geben, aber kein Wachstum. Ganz so hart möchte ich nicht urteilen, denn es mag noch immer auch darauf ankommen, was man mit dem eigenen Geld macht, immerhin kann man es auch in den Dienst der Vermenschlichung des Lebens und der zwischenmenschlichen Beziehungen stellen. Ganz schlimm ist aber auf alle Fälle der Neid auf andere Kollegen, die mehr verdienen oder von denen man glaubt, daß sie mehr verdienen, jener Tanz um das goldene Kalb, der sich immer häufiger auch bei Ärzten zu drehen beginnt. Gerade deshalb scheint es angezeigt, an das Schicksal des Königs Midas zu erinnern, dem sich alles in Gold verwandelte, auch das Essen, so daß er elend zugrunde gehen mußte. Es gibt nicht wenige Ärzte, die auf der Jagd nach Geld und Besitz plötzlich tot zusammenbrechen und niemals in den »Genuß« des ersehnten Zieles kommen. »Das Totenhemd hat keine Taschen«, sagen die Engländer.

Nicht weniger schlimm ist aber die Tatsache, daß die *Materialisierung* zur *Banalisierung* des Lebens führt, zur Verflachung der Werte. Was hat man dann davon? Der nächste Schritt ist der Überdruß, der dann direkt zur Depression und zum Lebensüberdruß hinüberleitet. *Kielholz* drückt es so aus: »Unsere Zeit ist unter anderem charakterisiert durch Hetze, Konkurrenzkampf, allzu rasche Technisierung, Automation, Entpersönlichung der Arbeit, einen mit zunehmender *Mißachtung von Gemütskräften* und dem *Verlust von Bindungen* an höhere Werte einhergehenden *Materialismus*, alles Faktoren, die besonders depressionsgefährdet machen.« Das folgende Lied Georg Kreislers zeigt in wirklich genialer Weise die Banalisierung des Lebens, welche durch Materialisierung eintritt. Hier ganz besonders bedauere ich, daß ich die Melodie nicht auch »mitliefern« kann. Sie ist betörend, an der Oberfläche sagt sie, scheint alles in Ordnung, aber im Inneren herrscht Leere und Anfälligkeit. Das Opus erklärt auch wie von selbst die enge Beziehung, welche zwischen »*Langeweile*« und *Selbstmord* besteht: Nicht nur die Tonfolge wiederholt sich stets von neuem, auch das schreckliche Wort »was« kommt immer wieder, und das Ende, das mit dem Anfang ident ist, zeigt, daß solche *Entwertungen der Existenz* gleich einem *Perpetuum mobile* nicht zum Stillstand kommen, bis sie alles nach unten nivelliert haben.

»Entweder i friß was oder i sauf was / oder i hab was oder i kauf was / oder i trag was oder i rauch was / oder i stühl was oder i brauch was / oder i suach was oder i find was / oder i nimm was oder i schind was / oder i hör was oder i siach was / oder i scheiß was oder i riach was / oder i lies was oder i schreib was / oder i schluck was oder i speib was / oder i pick was oder i bau was / oder i spiel was oder i hau was / oder i schlaf was oder i tram was / oder i lach was oder versam was / oder i zahl was oder kassier was / oder i kriag was oder verlier was / oder i wähl was oder i fahr was / oder i hoff was oder i war was / oder i schmier was oder i wasch was / oder i lern was oder vernasch was / oder i friß was oder i sauf was / oder i hab was oder i kauf was ...«

E. Depression infolge der Angst vor eigener Krankheit, eigenem
Sterben und Tod

Der körperlich Kranke ist in unserer Bevölkerung ein Herabgesetzter, noch viel mehr aber der psychisch Kranke. Schon in der Schule müßte eine Erziehung einsetzen, die *Ehrfurcht* vor dem Kranken und Behinderten vermittelt, sie findet im allgemeinen nicht statt. Auch wir Ärzte müssen mitarbeiten, daß der Kranke wieder in der Gesellschaft als gleichberechtigter Mensch geachtet wird, das gehört mit zur *Wiederherstellung der Würde des Patienten.* Frage in diesem Zusammenhang: Sind wir in der gegenwärtigen Situation nicht mitunter an der Herabsetzung des Kranken insofern beteiligt, als wir ihn im Innersten nicht ganz ernst nehmen?

Das *Menschenbild der Härte* geistert noch da und dort herum, welches zwangsläufig zur Verachtung des Schwachen führen muß. Entscheidender Prüfstein dafür wird sein: Wie stehen wir zu unserer eigenen Krankheit? Wir schämen uns doch ihrer, oder nicht? Wir haben gelernt: Arzt, heile dich selbst! Und wenn du das nicht kannst, bist du nichts wert. Und dann schleicht man, wenn man selbst krank ist, herum und schämt sich seines Leidens, weil man eben die Herabsetzung des Kranken auf sich selbst ausdehnt. Aus eigener Erfahrung weiß ich, wie falsch dies ist. Als ich meine Gehbehinderung bekam, schämte ich mich ihrer, suchte sie zu verbergen, wo ich konnte, bis ich mühsam lernte, sie zu akzeptieren und mich unabhängig zu machen von der Reaktion der Umwelt. Schließlich durfte ich erleben, daß ich dadurch nicht verloren, sondern ganz im Gegenteil gewonnen hatte: Ich war in den Augen meiner Patienten glaubwürdiger geworden, weil ich selbst Schwierigkeiten hatte und beweisen konnte, daß ich sie meistere. Und zusätzlich bemerkt: Ich habe sicherlich durch meine eigene Krankheit auch wesentlich mehr Einfühlungsvermögen für meine Patienten bekommen.

Wie verhält sich der Arzt als Kranker? Seine Depression z. B. nimmt er selbst oft nicht wahr *(Freyhan):* Meine eigene Erfahrung hat mich davon überzeugt, daß Ärzte, sogar Psychiater, schlecht abschneiden, wenn sie ihre eigene Depression diagnostizieren sollen. Wenn der Arzt der Erkenntnis nicht mehr ausweichen kann, versucht er so gut es geht gegenüber anderen zu dissimulieren (Depression gilt auch in Ärztekreisen vielfach noch als Schwäche, Schande, als Beweis für mangelhafte Realitätsbewältigung und reduziertes Gemeinschafts- und Verantwortungsgefühl). Als Patient ist er auf dem psychischen Sektor, ebenso wie auf anderen Gebieten, eher schwierig. Sterben und Tod werden auch vom Arzt, obwohl das in seinem Beruf wahrlich nicht leicht ist, verdrängt, ganz genau so, wie von der übrigen Bevölkerung. Der berühmte Bogen, der von der Visite um den Sterbenden gemacht wird, hat einerseits das *Schuldgefühl* zur Ursache, hier versagt zu haben, und das Bestreben dem Mißerfolg möglichst auszuweichen, wohl aber auch den Wunsch, wenn irgend möglich, nicht an den eigenen Tod erinnert zu werden. Da gibt es Ärzte, die einfach nicht hören können, daß ein Patient gestorben ist, wieder andere wollen es nicht sehen,

112

und schließlich besteht auch die Möglichkeit, durch endloses Benützen von komplizierten technischen Apparaten dort noch Leben vorzutäuschen, wo in Wirklichkeit keines mehr vorhanden ist und keine Hoffnung mehr besteht.

Für die *Verdrängung von Krankheit, Sterben und Tod* wird auch von den Ärzten ein teurer Preis bezahlt. Angstzustände, phobische, hypochondrische Symptome, Schlafstörungen münden schließlich in oftmals sehr schwere und (besonders bei älteren Kollegen) zur Chronifizierung neigende Depressionen.

Das letzte Lied Georg Kreislers beleuchtet die Todesproblematik aus dem Blickwinkel des Patienten. Ich fürchte, der Arzt sieht sie noch immer nicht ernst genug, weil ja der Tod des anderen nicht sein eigener ist. Es gilt also, eine diesbezügliche Kluft in den beiderseitigen Auffassungen des Todes zu reduzieren. Der von mir sehr geschätzte Dekan der Wiener medizinischen Fakultät *Holzcabek* hat vor einiger Zeit die Ärze ermahnt, die Frage, wäre es mir recht, so behandelt zu werden, zur Maxime ihres therapeutischen Verhaltens zu machen. Lassen Sie es mich in diesem Sinne angesichts der Art, in der viele Patienten noch immer im Spital in *Verlassenheit* und *Verzweiflung* sterben müssen, laut herausschreien: *Ich möchte so nicht sterben!*

Georg Kreisler

Am Totenbett

Wann ich auf d'Nacht zum Wein geh,
dann fühl i mi' komplett.
Und wann i einmal eingeh,
dann komm i hin im Bett.
Da gibt's zwar nix zum Erben –
i bin ja pensioniert –
da sing i nur vorm Sterben
mein letztes Heurigenliad.
Hollodero – hollodero –

Ich brauch kan Wein, i brauch ka Weib, i lieg am Totenbett.
Ich brauch ka Gulasch und ka Schnitzel und kan Strudel net.
I brauch aus Grinzing kane Schrammeln, nur a Medizin,
sonst bin i heut auf d'Nacht no' hin.

I brauch ka Donau und kan Prater und kan Tegetthoff,
I brauch an Einlauf und a Spritzen und an Sauerstoff.
I brauch kan Walzer, i brauch net amal an English Waltz.
Bringts me' ins Krankenhaus! Die Krankenkassa zahlt's.

Ich brauch ka Beuscherl. I brauch mein eig'nes wieder g'sund.
Ich brauch kan Steffl, i brauch an ärztlichen Befund.
Holts net mei' Alte, weil sonstn stirb i no' aus Trotz.
Auch kane Katzen, weil in an Sarg is eh ka Platz.
Ich brauch ka Klampfen, kan Radetzky und kan Zapfenstreich,
i brauch kan Kreisky und auch kein modernes Österreich,
i brauch kan Karajan – der war ja nie mein Hauptproblem.
I brauch eahm net amal fürs Requiem.

Ich brauch ka Wohnung, weil a Wohnung hab i eh nie g'habt,
brauch kane Freunderln, weil die hat die Polizei schon
g'schnappt.
Ich brauch ka Fernsehn, in an ORF sieht man ja eh nix G'scheit's.
Ich brauch nur's Bluat vom Roten Kreuz.

Leckts mi' in' Orsch mit'n Parlament und Fahne Rot-Weiß-Rot!
Ich brauch ka Freiheit, weil bis's die gibt, bin i eh schon tot.
Ich brauch kan Fremdenführer in der Kapuzinergruft.
I waß nur eins: I kriag ka Luft!

Man sagt, der Wiener is immer voll Gemütlichkeit.
I bin a Wiener, i hab für's G'müatlichsein ka Zeit.
Man sagt, der Wiener kennt seine Oper, seine Burg.
I kenn's von außen. I kenn nur leider kan Chirurg.

I kenn kan Strauß, kan Lipizzaner und kan Knabenchor,
weil i mein' Lebtag mit der Arbeit zu beschäftigt war.
Ich find kan Mozart und kan Haydn und kan Schubert schön.
Ich hab a einzig's Mal den Hitler g'sehn.
Ka Wiener Lied – ka Wiener Mode – nur a Leichenhemd –
ja, wenn man stirbt, wird einem Wien ganz fremd.

Vielleicht werden einige Kollegen mit Kästner fragen: »Herr
Ringel, wo bleibt das Positive?« Aus meinen Feststellungen jene Schlüsse zu ziehen, die den Lebensstil ins Positive lenken,

diese Arbeit kann ich dem Leser beim besten Willen nicht abnehmen.

Ich finde nun nach der Wiedergabe der Veranstaltung mit Georg Kreisler den Weg zum Leser zurück und meine, daß jeder, er mag welchen Beruf auch immer haben, vieles von dem hier Geschilderten bei sich selbst verwerten kann. Jeder hat ja seine *persönlichen Probleme* im Beruf und im Privatleben, und hier sind ja immer wieder Gefahren für *exogene Depressionen* gegeben. In diesem Zusammenhang möchte ich mich hier ganz besonders an die Leserinnen wenden und mich dafür entschuldigen, daß ich bisher immer nur von den Lesern gesprochen habe: Selbstverständlich habe ich dabei stets auch an die Damen gedacht. An sie muß ich aber besonders denken, wenn von exogenen Depressionen die Rede ist, denn gerade die Frauen stehen heute unter einem mehrfachen Druck als Frau, als Mutter, als Berufstätige, und immer haben sie es dabei in vielfacher Hinsicht schwerer als die Männer. Von einer *Gleichberechtigung* mit dem Mann im wirklichen Sinn des Wortes kann ja leider Gottes noch keine Rede sein. Daher muß man gerade beim Begriff der exogenen Depression ganz besonders daran denken, daß unendlich viele Frauen die Opfer solcher Störungen werden und wir Männer daran ein gerüttelt Maß von Schuld tragen.

KAPITEL 5

Das präsuizidale Syndrom

Es wurde schon in den bisherigen Kapiteln klargestellt, daß in jeder Depression eine *Selbstmordgefahr* enthalten ist. Ich habe im Jahre 1953 erstmals jene Befindlichkeit beschrieben, die auf bestehende Selbstmordgefahr hinweist, also eine Art *»Alarmsymptomatik«*, und habe sie daher als *»präsuizidales Syndrom«* bezeichnet. Ich möchte es im folgenden näher darstellen; der Leser möge es in der Symptomatik der vier Depressionsformen wieder entdecken.

Das präsuizidale Syndrom besteht aus drei Bausteinen:
- aus der *Einengung*
- aus der gehemmten und gegen die eigene Person gerichteten *Aggression* und
- aus den zunehmenden *Selbstmordphantasien.*

Der erste Baustein, die Einengung, tritt in vierfacher Form in Erscheinung, und zwar
1. als *situative Einengung,*
2. als *Einengung der Wertwelt,*
3. als *dynamische Einengung* und schließlich
4. als *Einengung der zwischenmenschlichen Beziehungen.*

Ich beginne mit der *situativen Einengung,* die bedeutet, daß man sich in einer Situation befindet, die man als überwältigend, erdrückend erlebt, der gegenüber man sich klein, *ohnmächtig und hilflos* ausgesetzt und ausgeliefert empfindet (ein Gefühl, die Dinge nicht mehr gestalten zu können, gefolgt von *Nicht-ein-und-aus-Wissen*).

Die situative Einengung kann erstens auftreten als Folge eines Schicksalsschlages, wobei das Vorstadium der situativen Einengung die situative Not ist. Erst durch eine bestimmte Reaktion des Menschen auf situative Not, nämlich daß er versagt, sozusagen den Kopf verliert, in Panik gerät, nicht Zeit vergehen lassen kann (dies ist ein sehr wichtiger Faktor), wird daraus die situative Einengung. *Situative Not ist noch nicht präsuizidal, situative Einengung ist es bereits.* So gesehen ist die situative Not ein wichtiges Vorstadium der situativen Einengung, und es wird eine wesentliche Aufgabe jeder Krisenintervention sein (situative Not und Krise sind ja weitgehend identisch), eine gesunde Verarbeitung der situativen Not zu erreichen und damit das Auftreten einer situativen Einengung zu verhindern. Fragen wir uns daher nun, wovon die *positive Verarbeitung* einer situativen Not abhängig ist, so werden wir folgende Punkte herausarbeiten können:

Zuerst wird es ganz wesentlich auf die betroffene Persönlichkeit ankommen. Je größer ihr *Selbstvertrauen* ist, desto leichter wird sie mit dem Problem fertig werden können. Sodann wird es wichtig sein, daß der in der Krise Befindliche sich nicht einsam und verlassen fühlt, sondern die Unterstützung durch andere Menschen erleben kann. Dies wird ihn ermutigen, Pläne zur Bewältigung der kritischen Lage zu schmieden, nicht in Passivität zu verfallen, sondern erste Anstalten zu treffen, durch Aktivität die Gestaltung seines Lebens in die eigenen Hände zu nehmen. Vorteilhaft dafür wird es auch sein, daß der Betreffende bereits frühzeitig gelernt hat, mit Krisen fertig zu werden. Außerdem ist es wesentlich, zu erkennen, daß man vielleicht im Moment die Situation viel schlechter einschätzt, als sie tatsächlich ist. »Daß man im Moment keinen Ausweg weiß, bedeutet nicht, daß es keinen Ausweg gibt« (Wittgenstein). Wer darüber schlafen kann, Zeit vergehen lassen kann, wer den Augenblick nicht fixiert (gerade in schlimmen Zeiten muß *die Zeit der »Engel des Menschen«* sein), der wird schon wesentliche Ansätze dazu geschaffen haben, situative Not nicht in situative Einengung übergehen zu lassen. Diese Darstellung zeigt gleichzeitig, daß gerade hier die menschliche Bereitschaft, Hilfe zu leisten, von einer entscheidenden Bedeutung ist.

Günstige Entwicklung	Ungünstige Entwicklung
Situative Not	

Bewältigung	situative Einengung
Selbstvertrauen, Mut	Gefühl des Ohnmächtig-ausge-
Erfahrung, Pläne, Aktivität	liefert-Seins
Unterstützung durch andere	Passivität, Hoffnungslosigkeit
Zeit vergehen lassen können	Resignation, Isolation,
	Fixierung des Augenblicks
	(die Zeit steht still)

Aus dem bisher Gesagten wird sich ergeben, daß die *situative Einengung auch bei geringfügigen psychischen Traumen auftreten kann*, wenn der Betreffende aufgrund seiner Vorgeschichte für dieses Trauma anfällig ist. Ein Trauma darf niemals aus *unserer* Sicht (Wenn mir das passierte, wäre es ein schweres oder ein leichtes Trauma, daher muß es für den anderen genauso sein), sondern aus der Sicht *dessen*, dem es geschieht, betrachtet werden (dazu muß man ihn und seine Entwicklung freilich zuerst kennen).

Die dritte Möglichkeit ist, daß die situative Einengung durch eigenes Verhalten systematisch herbeigeführt wird, wie wir es bei der neurotischen Lebensverunstaltung gesehen haben, wo ein Unglück nach dem anderen unbewußt *»inszeniert«* wird, bis schließlich eine scheinbar ausweglose Situation resultiert. Viertens kann situative Einengung auch dadurch zustande kommen, daß ein Mensch alles durch eine *»schwarze Brille«* sieht und damit dort eine situative Hoffnungslosigkeit zu entdecken vermeint, wo sie in Wirklichkeit gar nicht besteht. – Klassisches Beispiel dafür wäre etwa die Krebsangst des endogen Depressiven, der überzeugt ist, daß es für ihn keine Rettung gibt (siehe vorne).

Bei den Möglichkeiten zwei bis vier, besonders aber drei und vier, spricht alles für eine schwere Persönlichkeitsstörung; um so leichter wird natürlich die situative Einengung zu suizidalen Reaktionen führen.

Die zweite Form betrifft die *Einengung der Wertwelt*. Zuerst wäre hier die Reduktion des Selbstwertgefühls zu erwähnen. Es handelt sich also um Menschen, die nicht an sich, nicht an die Wichtigkeit ihrer Existenz glauben, die meinen, sie würden *niemandem abgehen*, die das Gefühl entwickeln, ob sie auf der Welt seien oder nicht, bedeute dasselbe. Zweitens wäre an die Reduktion der persönlichen Wertbezogenheit zu erinnern: Der selbstmordgefährdete Mensch verliert seine Beziehung zu Wert- und Interessengebieten, immer mehr Dinge werden ihm *»gleichgültig«*. Diese beiden Faktoren spielen eine besondere Rolle bei den Selbstmorden von Jugendlichen, die in beunruhigendem Zunehmen begriffen sind.

Ich habe bereits auf die Faktoren, die kindliche Situation betreffend, hingewiesen, die zu einer enormen Reduktion des Selbstwertgefühls und zu einer *Wertverdünnung*, vor allem zu einem *Ersatz seelischer Werte durch materielle*, die aber nicht als vollwertiger Ersatz erlebt werden, führen.

Was die Einengung der Wertwelt betrifft, ist noch ein weiterer wichtiger Punkt hinzuzufügen, der gesellschaftspolitisch von Bedeutung erscheint (und der Suizid ist ja unter anderem ein gesellschaftspolitisches Problem): Jeder Mensch, der anders denkt als die Mehrheit einer Gesamtheit, der also von der Allgemeinheit abweichende Wertvorstellungen hat, jeder Mensch dieser Art, der gewöhnlich automatisch zu den Aussätzigen, den Minderwertigen, den Verachteten gerechnet wird, ist schon durch diese wertmäßige Isolation in einer erhöhten Selbstmordgefahr.

Die dritte Form der Einengung, nämlich die *dynamische Einengung*, stellt in gewissem Sinne – so glaube ich – das Herzstück des präsuizidalen Syndroms dar. Dynamische Einengung ist aber nicht zu verwechseln mit mangelnder Dynamik.

Menschen im adynamischen Zustand (wie er beispielsweise oft bei Krebskranken im terminalen Stadium besteht) begehen keinen Suizid, denn zu dieser Aktion gehört eine enorme zusammengeballte Kraft. (Eine endogene Depression täuscht mit ihrer Hemmung oft einen Zustand der nicht vorhandenen Dynamik vor, aber »unterirdische« Dynamik ist reichlich vorhanden, kann sich aber jederzeit frei machen und zum Selbstmord führen.)

Der Begriff der dynamischen Einengung meint vielmehr, daß sich die Gefühle des Menschen in eine einzige Richtung bewegen, etwa in die Richtung der Depression, ganz besonders in die Richtung der *Verzweiflung* und der *Hoffnungslosigkeit*, und daß die Gegenregulationsmechanismen, die einen Ausgleich der Gefühle herbeizuführen vermögen, versagen.

Im Augenblick des Selbstmordes erreicht die dynamische Einengung ihren absoluten Höhepunkt. Schon Luther hat gemeint, daß der Selbstmörder mit einem Wanderer verglichen werden könne, der von Räubern überfallen und gegen seinen Willen aus dem Leben gedrängt wird. In dem Stück »Der Konsul« von Menotti gibt eine Frau diesen Zustand mit den Worten wieder: »Das Gewebe meines Lebens ist zu einem einzigen Faden zusammengeschrumpft.« Hertha Kräftner, die hochbegabte Dichterin, schreibt unmittelbar vor ihrem nur allzu frühen Selbstmord:

»Die Zeit zieht sich zusammen wie die Schnur am Rande eines Beutels, schwarz hängt der Beutel nach unten in den leeren Raum. Das ist der Tod, in den wir fallen. Wir fallen in den schwarzen Beutel und bleiben dort liegen. Wir fallen nicht in den freien Raum. Gesetz und Unterwerfung herrschen auch dort noch. Daß ich mich töten kann, ist ja nicht Freiheit, ist ja nur das Gesetz meiner Natur.«

Selbstverständlich können wir für jedes Selbstmordgeschehen, weil wir eben Verstand besitzen, eine Rationalisierung vornehmen. In Wirklichkeit aber ballen sich in der *Gefühlswelt* jene Kräfte zusammen, die den Menschen dann mit einer unglaublichen Gewalt (wie die einer Rakete) aus der Anziehungskraft der Selbsterhaltung schleudern, hinein in die Selbstvernichtung. Mit Recht sagt Gottfried Benn:

> »Der Entschluß zum Selbstmord entsteht in jenen Bereichen der menschlichen Persönlichkeit, die irrational und entwicklungsgeschichtlich vor den Überschichtungen des Gehirns durch die menschliche Bewußtwerdung liegen.«

Wir aber werden immer »intellektueller« und übersehen immer mehr die Emotionen. Schon im Elternhaus entsteht durch fehlende Zuwendung, zu geringe Zeit, die die Eltern dafür haben, ein *emotionales Defizit*. Die Schüler wiederum verlassen die Schule als »*Analphabeten des Gefühls*«, angestopft mit Wissen, aber ahnungslos, wie wir mit unseren Gefühlen (Haß, Erbitterung, Neid, Verzweiflung usw.) zurechtkommen sollen. Diese rotten sich dann in uns zusammen, nehmen destruktive Formen an, vermögen nicht nur die Welt, sondern auch uns selbst (Suizid!) zu zerstören.

Einmal habe ich einen Patienten gefragt, ich werde das nie vergessen: »Warum wollten Sie sich umbringen?« Da sagte er: »Wenn Sie keine bessere Formulierung haben, dann sehe ich, daß Sie vom Selbstmord überhaupt nichts verstehen. So etwas will man doch nicht, dazu wird man gegen seinen Willen *getrieben* und *gezwungen*. Das ist eine *Überwältigung*, die sich in einem abspielt.« Peter Maiwald, ein sehr gescheiter Journalist, der auch Aphorismen schreibt, formulierte es so: »Der Freitod ist die Verharmlosung von Zwängen.«

Aus all den hier angeführten Gründen bin ich davon überzeugt, daß das im Deutschen oft als Synonym für Selbstmord gebrauchte Wort »*Freitod*« größtenteils unhaltbar ist. Man begeht nur selten Selbstmord in »freiem« Zustand, noch ist man »willig«, die Welt zu verlassen – aber durch dieses Zusammenkommen vieler endogener und exogener Fakten fühlt man sich unfähig, *so* weiterzuleben.

Der vierte und letzte Punkt der Einengung wäre die *Einengung der zwischenmenschlichen Beziehungen.* Es ist eine Tatsache, daß in der überwiegenden Mehrzahl aller Fälle der Selbstmordgefährdete ein vereinsamter Mensch ist. Unter vereinsamten Menschen darf man sich freilich nicht nur, wie in den tragischen Fällen des *Altersselbstmordes,* Menschen vorstellen, die ganz allein sind, niemanden haben, der sich um sie kümmert, dem sie abgehen, weswegen auch ihr Tod oft tagelang nicht bemerkt wird, sondern solche, die zwar äußerlich über Beziehungen verfügen, aber innerlich isoliert sind, weil sie sich unverstanden fühlen, weil sie nebeneinander einherleben ohne Kommunikation, belastet durch ein *totales Entfremdungserlebnis,* weil sie – entgegen leeren verbalen Versicherungen – in der Stunde der Not auf niemanden zählen können, der Hilfe leistet.

Nun zum zweiten Baustein des präsuizidalen Syndroms, den man mit Fug und Recht den *Freudschen Baustein* nennen kann, denn Sigmund Freud war der erste, der die bedeutende Rolle, welche die Aggression für den Selbstmord spielt, entdeckte.

Drei Stadien lassen sich abgrenzen: Zuerst ballt sich in einem Menschen, gewöhnlich durch *Frustration* schon in der Kindheit, aber auch durch andere und spätere Enttäuschungserlebnisse, eine ungeheure aggressive Kraft zusammen. Diese Aggression kann aus vielen Gründen, wie etwa *Gewissensverbot, Zivilisation* (die zu immer größerer Triebunterdrückung führt) und *Entfremdung* (denn die zwischenmenschlichen Beziehungen dienen zweifellos, wenn sie gut sind, auch der Aggressionsabreaktion aneinander), nach außen nicht entladen werden. Aus nicht abreagierter Aggression entsteht das Gefühl »ohnmächtiger Wut«, was schließlich zur *Umkehr der Aggression gegen die eigene Person* führt, zu dem, was die Amerikaner als »*Implosion*« bezeichnen, also als eine Explosion, die nach innen erfolgt. Diese Implosion trifft aber natürlich auch die Umwelt mit, sie ist ein Vorwurf, eine Anklage gegen die nächste Umgebung, vielleicht auch gegen die Gesellschaft und Gott: Zwar wird erst die eigene Person getroffen, aber es findet damit zugleich eine Tendenz zur Rache an anderen ihre Befriedigung, wie es Adler ausgedrückt hat.

Vor einiger Zeit behandelte ich ein Mädchen nach einem Selbstmordversuch, wobei sich herausstellte, daß bereits eine ihrer vier Schwestern Selbstmord begangen hatte. In einer der ersten Unterredungen fragte ich das Mädchen, wie die Eltern weiter hätten existieren sollen, wenn sie jetzt hätten erleben müssen, ein zweites Kind durch Selbstmord sterben zu sehen? Die Antwort kam blitzschnell: »So viele Kinder, wie meine Eltern verdienen würden durch Selbstmord zu verlieren, soviel können sie im ganzen Leben nicht zeugen.«

Deutlicher und tragischer kann die Rolle der Aggression im Selbstmord nicht dargestellt werden: Weil der *direkte Weg der Rache* nicht möglich ist, wird über den eigenen Tod der indirekte gewählt, die Aggression auszudrücken. Natürlich spielt diese Aggressionsproblematik auch eine ganz entscheidende Rolle für das Zustandekommen der dynamischen Einengung; denn Depression ist ja, psychodynamisch gesehen, nichts anderes als *gehemmte Aggression.*

Der dritte Baustein des präsuizidalen Syndroms besteht in der *Flucht in eine Phantasiewelt,* besonders dann in den Tod. Je unerträglicher das Leben wird, desto mehr versucht man, in eine Scheinwelt auszuweichen, vielleicht in das, was Hermann Hesse im »Steppenwolf« das *»Magische Theater«* nennt. Diese Flucht hat aber drei katastrophale Folgen:

1. Wer flieht, der gibt die Gestaltung dieser Welt auf.

2. Je mehr man in eine Scheinwelt flieht, desto unerträglicher wird die Diskrepanz zur Wirklichkeit.

3. Die Phantasien machen sich schließlich selbständig. Was man sich zuerst als *Lösung,* als *Erlösung,* als *Befreiung* selbst vorgestellt hat, das stürzt sich nun auf den Menschen – gegen seinen Willen, wie der Besen des Zauberlehrlings, der zuerst ein Diener war und dann entfesselter Herr wird. Harry Haller im »Steppenwolf« tröstet sich. »Mit fünfzig kann ich immer noch Selbstmord begehen.« Das, was zuerst ein Rettungsanker scheint, schwere Zeiten zu überdauern, kann aber später auf diese Weise in den Selbstmord treiben.

Inhaltlich verlaufen diese Selbstmordphantasien in drei Stadien. Zuerst: Ich möchte tot sein, dann: Ich könnte ja Selbstmord begehen; dann schließlich die dritte Stufe: Wie werde ich es durchführen? (Dieses Stadium ist das gefährlichste.)

Dennoch haben die zunehmenden Selbstmordphantasien auch einen positiven Aspekt, denn wie das Sprichwort sagt: »Wes das Herz voll ist, des geht der Mund über«; und so beginnen die Menschen in der *Labilitätsphase,* die Pöldinger so ausgezeichnet beschrieben hat, in der also Leben- und Sterbenwollen noch miteinander im Kampf liegen, über ihre Selbstmordabsichten zu sprechen. In all diesen *Ankündigungen der Suizidabsicht* ist die *Hoffnung enthalten,* verstanden und »von dem letzten schweren Schritt«, um es mit Goethe zu sagen, zurückgehalten zu werden. Freilich erfolgen die »*Hilferufe*« oft in *indirekter Form,* so daß gleichsam sowohl dem Leben als auch dem Tode eine Chance gegeben wird. So »gütig« sind die Leute im allgemeinen nicht, daß sie sagen, morgen werde ich mich auf diese oder jene Weise umbringen (auch das kommt vor, auch das wird sogar oft ignoriert). Man muß eben lernen, die chiffrierten Nachrichten zu »enträtseln«. Es kommt oft wirklich auf jedes Wort an, man muß äußerst wach und wachsam sein, wenn man Selbstmord verhindern will. Nachher, wenn es zu spät ist, erkennt man den »tieferen Sinn« mühelos, warum nicht früher?

Es ist nur schwer zu verstehen, warum die Ankündigungen einer Selbstmordabsicht in der überwiegenden Mehrzahl überhört werden: Neunzig von hundert Selbstmorden ließen sich so verhindern! Es bleibt aber in unserer Realität nichts anderes übrig, als zu analysieren, warum Warnungen (oft auch von Ärzten) einfach nicht wahrgenommen (für wahr genommen) werden: Man wird dies mit Unwissenheit, viel mehr aber noch mit gestörten zwischenmenschlichen Beziehungen in Zusammenhang bringen müssen. *Da wir aneinander vorbeileben, hat der Tod eine größere Chance als das Leben.*

Die Darstellung des präsuizidalen Syndroms möchte ich noch mit der Bemerkung abschließen, daß es oft zu einem verhängnisvollen Zusammenspiel der drei Bausteine des präsuizidalen Syndroms kommen kann, wodurch nach Art eines Circulus vitiosus eine ständige Verstärkung erfolgt.

So wird, um nur einige Beispiele zu erwähnen, die *Isolierung* sowohl die Möglichkeiten der *Aggressionsentladung* vermindern als auch die Angst erhöhen, die Einengung von Apperzeption und Assoziation Selbstmordphantasien fördern, das Überhandnehmen von Selbstmordphantasien wiederum *Angstaffekte* freisetzen und bei einer bestehenden dynamischen Einengung besonders leicht das Gefühl vermitteln können, es sei auch eine situative Einengung gegeben.

Abschließend möchte ich noch die ungefähre *diagnostische Verteilung von Selbstmord und Selbstmordversuch* auf die hier beschriebenen Depressionsformen aufzeigen.

	Selbstmord	Selbstmordversuch
Melancholie (= endogene Depression)	32 %	15 %
Organische Demenz (= geistiger Abbau)	2 %	3 %
Neurotische Depression	26 %	30 %
Exogene Depression	2 %	35 %
Altersdepression	26 %	5 %

KAPITEL 6

Einige Bemerkungen zu den Behandlungsmöglichkeiten der Depression

A. Endogene Depression

Wir haben verstanden, daß es sich hier um eine organisch bedingte Depressionsform handelt. Dementsprechend wird die *Primärbehandlung eine medikamentöse* sein, und zwar mit sogenannten Antidepressiva. Ich wage die Behauptung, daß eben durch die Entdeckung dieser Antidepressiva wohl der größte Fortschritt in der Therapie von psychiatrischen Erkrankungen Wirklichkeit wurde. Als ich 1946 in die Psychiatrische Klinik Wien eintrat, hatte man praktisch keine Therapie zur Verfügung, sondern es mußte abgewartet werden, bis die Depression von selbst abklang. Später (1948) bedeutete die *Elektroschockbehandlung* einen großen Fortschritt (dies muß gesagt werden, obwohl sie heute vielfach als unmenschliche Therapie bezeichnet wird). Durch vier bis sechs solcher Behandlungen kam eine depressive Phase im allgemeinen rasch zum Abklingen. Wenn auch in der Form der Behandlung Fortschritte erzielt wurden (Schockbehandlung im Schlaf und unter Abschwächung der Muskelkrämpfe), so blieb doch diese Therapie für den Patienten mit einer beträchtlichen Belastung verbunden, denn wiederholt hatten die Patienten große »Angst vor dem Strom«. Seit etwa dreißig Jahren stehen nun sehr viele *Antidepressiva* zu unserer Verfügung, die im Ablauf weniger Wochen ein Abklingen der Depressionsphase bewirken. Gerade die Vielzahl dieser Medikamente macht uns aber klar, daß es einer großen Erfahrung bedarf, um möglichst rasch das in diesem Fall am ehesten wirksame Medikament zu finden. Jedem Antidepressivum muß zumindest eine Anwendungszeit von vierzehn Tagen gewährt werden; erst nach diesem Zeitpunkt kann über die Wirkung oder Nichtwirkung eine erste Aussage erfolgen. Es versteht sich daher von selbst, besonders wenn man den qualvollen Zustand der Depression in Rechnung stellt, daß es sehr wichtig erscheint, möglichst rasch das in diesem Falle wirksame Antidepressivum zu finden. Dazu gehört viel Erfahrung und viel Einfühlungsgabe. Man muß sich auch immer auf dem neuesten Stand der verfügbaren Antidepressiva befinden, denn die diesbezügliche Forschung geht immer weiter. Es gibt Antidepressiva, die eher bei jenen endogenen Depressionen wirken, bei denen die *Hemmung* im Vordergrund steht, wieder andere, die besonders für *agitierte ängstliche Depressionen* wirksam sind. Außerdem muß darauf hingewiesen werden, daß man sich auch bei der Behandlung eines endogen depressiven Patienten nicht »mechanistisch« mit der Verschreibung von Antidepressiva begnügen darf (sonst könnte die Therapie ja auch durch einen Roboter durchgeführt werden), sondern daß es auch hier sehr auf eine gute *Arzt-Patienten-Beziehung* ankommt. Der Arzt muß dem Patienten den Beweis dafür liefern, daß er seine Krankheit kennt, er muß ihm die Wirkungsweise der Antidepressiva erklären, ganz besonders auch auf gewisse Nebenwirkungen, die selbstverständlich von Medikament zu Medikament verschieden sind, aufmerksam machen. Er muß darauf hinweisen, daß die Wirkung der Antidepressiva Schritt für Schritt eintritt, das heißt, daß sie zu einer stufenweisen Besserung führt, bis schließlich die Heilung eingetreten ist. Dies heißt, am Beginn der Behandlung fühlt sich ein Patient oft schon einige Tage wohler, dann aber wieder etwas schlechter – dennoch geht es weiterhin in Stufen aufwärts. Der Patient muß dies wissen, um nicht wieder an einem schlechteren Tag seine Hoffnung zu verlieren und zu einer *Verzweiflungsreaktion* getrieben zu werden. Bei den Antidepressiva ist es außerdem sehr wichtig, darauf zu achten, daß die *depressionslösende* und die *antriebssteigernde Wirkung* parallel laufen. Denn wenn zum Beispiel die antriebssteigernde Wirkung der Antidepressiva früher eintritt, die Depression aber weiterhin intensiv vorhanden ist, kann dies praktisch wegen des Wegfalls der Hemmung tragischerweise sogar zu einer Erhöhung der Selbstmordgefahr führen.

Ich kann hier nicht in nähere Details gehen, hoffe aber doch, damit klar bewiesen zu haben, wie wichtig gerade auch bei der endogenen Depression das Vertrauensverhältnis zwischen Arzt und Patient erscheint. Die Behandlung mit Andidepressiva wird so lange fortgesetzt, bis die Symptome der Depression völlig verschwunden sind. Dann erfolgt eine langsame Reduktion und schließlich eine Beendigung der Antidepressivatherapie. Es gibt Fälle, wo man auch eine sogenannte *Erhaltungsdosis* belassen kann, um Rückfällen vorzubeugen.

Schließlich darf noch – gleichsam als Krönung der Therapieerfolge bei den endogen Depressiven – angeführt werden, daß es in letzter Zeit durch die Entdeckung des Lithiums gelungen ist, das Auftreten einer neuen Depressionsphase in der Zukunft zu verhindern, wenn ein Mensch schon mehrere depressive Phasen gehabt hat. Freilich muß nach meiner Erfahrung das Lithium dann als Dauermedikation verordnet werden, weil sonst ein schwerer Rückfall droht: Aus diesem Grunde wird man sich zur Lithiumtherapie erst dann entschließen, wenn ein Mensch schon durch mehrere Depressionsphasen gezeigt hat, daß bei ihm eine Wiederholungsgefahr besonders groß ist.

Ich darf abschließend zusammenfassen. Nach wie vor ist an einer endogenen Depression zu erkranken ein beträchtliches Problem. Aber gleichzeitig hat der Kranke berechtigte hervorragende Aussichten, daß seine Depression relativ rasch zu Ende gebracht wird und sich nicht mehr wiederholt.

B. Neurotische Depression

Da diese Depression, wie wir gezeigt haben, auf einen seelischen Konflikt zwischen bewußten und unbewußten Tendenzen zurückgeht, ist *Psychotherapie* die richtige Behandlungsmethode. Im folgenden möchte ich vier Punkte anführen, die bei einer psychotherapeutischen Behandlung der neurotischen Depression eine besondere Rolle spielen:

Erstens: die Bedeutung der Bindung an den Therapeuten

Es kommt hier, mehr noch als in jeder anderen Psychotherapie, auf eine intensive und wirklich tragfähige Arzt-Patienten-Beziehung an. Die Erfahrung lehrt, daß man einen selbstmordgefährdeten neurotisch erkrankten Patienten in jenem Moment nicht mehr verliert, in dem eine solche Beziehung aufgebaut ist. Stellt sie doch den ersten Schritt zur *Beseitigung der entscheidenden Einengung* der zwischenmenschlichen Beziehungen dar und schlägt damit eine primäre Bresche in den Ring der präsuizidalen Einengung, der um den Patienten liegt. Natürlich wird eine solche Bindung letztlich den Gesetzen der *Übertragung* (siehe auch »Grundsymptome der Neurose«) folgen, und es muß daher angenommen werden, daß sie von seiten des Patienten mit *Ambivalenz* besetzt ist. Die Chance des Therapeuten liegt aber darin, diese Übertragungssituation zu verstehen und mit dem Patienten zu analysieren, eine Vorgangsweise, die ihm auch die Möglichkeit gibt, der äußerst schwierigen Ausgangssituation hinsichtlich der Arzt-Patienten-Beziehung nicht hilflos ausgeliefert zu sein.(Das offen ausgesprochene Interesse des Arztes, den Patienten am Leben zu halten, bedeutet einerseits ein Plus, weil es den Patienten aus der Isolierung herausführt, andererseits aber vielleicht auch ein Minus, weil es den Patienten verführen kann, dieses Interesse auszunützen und dementsprechend die Bindung zum Arzt abnorm zu belasten.)

Zweitens: Abreaktion der Aggression

Wir haben bei der Besprechung der Phänomenologie des präsuizidalen Syndroms auf die verhängnisvolle Rolle der Aggressionshemmung und der Wende der gehemmten Aggression gegen die eigene Person hingewiesen. Daraus folgert, daß die Selbstmordgefahr im selben Maße abnimmt, wie es gelingt, den Patienten in den psychotherapeutischen Sitzungen zu einer *Verbalisierung* und damit zu einer *Entladung* seiner angestauten Aggressionen zu bringen. Die Erfahrung lehrt, daß jede dieser Abreaktionen zumindest für den Moment zu einer ausschlaggebenden *Verminderung der Suizidtendenz* führt. Natürlich geht es auf längere Sicht dann darum, die Ursachen des Aggressionsdruckes aufzudecken und langsam abzubauen. Zunehmende Aktivität (siehe auch später) bringt außerdem gewöhnlich eine indirekte Entladung der Aggression nach außen mit sich. – Sofern bei der Aggressionsumkehr auch unbewußte *Selbstbestrafungswünsche* von Bedeutung sind, ist die Bewußtmachung der neurotischen unbewußten Schuldgefühle sehr wichtig zur Ermöglichung der so notwendigen realen Auseinandersetzung mit denselben.

Drittens: Ermutigung zu Erfolgserlebnissen

Es geht hier um die Initiierung einer positiven Entwicklungskette; nicht nur die Entmutigung, auch die Ermutigung kann eine Eigendynamik in dem Sinne auslösen, daß ein Erlebnis zur Grundlage und Voraussetzung des nächsten, bereits einen Schritt weiter vorwärts führenden wird. Aller Anfang ist natürlich schwer, daher muß die Devise lauten: Beginn mit der Politik der kleinen Schritte. Ziel der Therapie ist es, den *Patienten vor lösbare Aufgaben zu stel-*

len und durch kluges Arrangement deren Bewältigung zu fördern. Eine Überforderung soll unter allen Umständen vermieden werden, wobei es das verhängnisvolle *»Alles-oder-nichts-Prinzip«* zu überwinden gilt, welches oft die neurotischen Patienten a priori beherrscht; dieses bedeutet, daß sie übertrieben hochfliegende Wünsche haben, deren Realisierung dementsprechend unmöglich ist, und daß sie deswegen einfach überhaupt nichts mehr anstreben und alle Bemühungen aufgeben: Eine gewisse Bescheidenheit muß also gelernt werden, um die Stufenleiter der Erfolgserlebnisse langsam aufzubauen!

Man könnte dahingehend zusammenfassen: Gestützt auf das *Vertrauen zum Therapeuten* muß ein aktiv handelndes Prinzip in die Therapie eingeführt werden, welches der Überwindung der Passivität (als Ausdruck der Regression) dient. Folgende Resultate können sich dabei nach und nach einstellen: Erweiterung des Lebensraumes, Verbesserung bestehender und Erschließung neuer zwischenmenschlicher Beziehungen sowie neuer Wertbereiche, zunehmende Aufgeschlossenheit, Beseitigung der »eingeengten Stimmung«, *Atmosphäre der Zuversicht.* Selbstverständlich sind Rückschläge unvermeidlich, es ist aber schon viel erreicht, wenn das quälende Wiederholungsgefühl – »Es geschieht immer wieder dasselbe« – überwunden wird durch das Aufkommen neuer Tendenzen und Verhaltensweisen. Das Wort *»neu«* muß daher zum *Leitstern der Therapie,* die frühere Einförmigkeit der Erlebnisse und das daraus resultierende Gefühl des In-eine-negative-Richtung-gedrängt-Seins müssen überwunden werden.

Alle diese Erfolge sind natürlich nur möglich bei eingehender Analyse der Ursachen des bisherigen Fehlverhaltens (hier muß der Therapeut auf die einsehende Erkenntnis, das *»Aha-Erlebnis«* des Patienten warten) und gleichzeitigem aktivem Training neuer Verhaltensmuster unter Aufsicht des Therapeuten.

Viertens: die Anregung der Phantasie in positive Richtung

Selbstmordgedanken als Ausdruck einer psychischen Störung können direkt, willensmäßig-rational, nur schwer überwunden werden (darum bleiben weltanschaulich orientierte Überredungsversuche von problematischem Wert – sie haben jedenfalls mit ärztlicher Psychotherapie kaum etwas zu tun), sondern eigentlich nur indirekt, durch im Rahmen der psychischen Besserung entstehende

Phantasien, welche sich mit *positiven zukünftigen Möglichkeiten* beschäftigen. Es ist ja gewöhnlich das Vakuum hinsichtlich attraktiver Zukunftspläne, welches erst Selbstmordphantasien gestattet, sich auszubreiten und schließlich übermächtig zu werden.

Die Erfahrung lehrt, daß es immer sehr beruhigend ist, wenn ein selbstmordgefährdeter Patient von sich aus zu erzählen beginnt, was er in nächster oder naher Zukunft zu unternehmen gedenkt. In diesem Sinne scheint es therapeutisch entscheidend, die Phantasie anzuregen, sich mit möglichst vielen *Details der weiteren Lebensgestaltung* intensiv zu beschäftigen.

Ziel der Behandlung wird, nach Analyse und nach Training neuer Verhaltensweisen in die Richtung von Erfolgserlebnissen, eine positive Lebensgestaltung sein, etwa im Sinne des Ausspruches eines Patienten zu seinem Therapeuten: »Helfen Sie mir, der Mensch zu werden, der in vielseitigen, jetzt brachliegenden Möglichkeiten seine *persönliche Entfaltung* voll verwirklichen kann.« Daher wird es ratsam sein, den Kontakt mit dem Patienten möglichst lange zu erhalten und ihm besonders die Möglichkeit zu geben, sich jederzeit bei neu auftretenden Schwierigkeiten wieder an den Therapeuten wenden zu können.

Ein einziges Mal darf ich an dieser Stelle eine Lanze für die psychotherapeutische Schule, der ich angehöre, brechen, nämlich die *Adlersche Individualpsychologie*. Alle die Punkte, die für den Patienten mit einer neurotischen Depression charakteristisch sind, standen immer im Mittelpunkt der Aufmerksamkeit Adlers, und er war nicht nur ein *Meister der Ermutigung zum Leben*, sondern hat dies auch allen seinen Schülern mitgegeben. In der Tat hat sich dementsprechend auch die Individualpsychologie als besonders geeignet erwiesen für die Behandlung von neurotischer Depression und Lebensverunstaltung.

Ich muß es der Phantasie des Lesers überlassen, sich vorzustellen, was geschieht, wenn zum Beispiel eine endogene Depression mit Psychotherapie und eine neurotische Depression mit Antidepressiva behandelt wird; in beiden Fällen wird sich jedenfalls kein Erfolg einstellen. Eine endogene Depression als neurotische zu verkennen, kann katastrophale Folgen (Selbstmord) haben. Aber auch eine neurotische Depression als endogene zu behandeln, ist schlimm. Der letztere Fehler passiert leider relativ häufig, weil jeder Arzt zwar Medikamente verschreiben kann, aber nur wenige über Psychotherapie Bescheid wissen. So wählen sie »unwillkürlich« eine Diagnose, bei deren Behandlung sie sich kompetenter fühlen.

C. *Altersdepression*

Wir haben schon darauf hingewiesen, daß vielfach bei ihr die Symptome der endogenen Depression gegeben sind, weswegen eine antidepressive medikamentöse Therapie hier absolut indiziert erscheint. Aber es gibt kein Medikament, welches dem alten Menschen sein Alter erträglicher macht, und dann darf man sich nicht wundern, wenn auch das beste Antidepressivum *allein* die Altersdepression nicht beseitigt. Es sollte daher unbedingt ergänzt werden durch die ärztliche Bemühung, eine *bessere Anpassung des Patienten an das Alter* zu erreichen. Hier darf man nicht eindimensional vorgehen, sondern muß bemüht sein, alle Faktoren, die der gelungenen Altersadaption im Wege stehen, zu berücksichtigen. Vor allem drei Aspekte sind hier anzuführen:
Ich möchte mit dem medizinischen Aspekt beginnen.
Jedes Bemühen, bei einem alten oder alternden Menschen irgendein *somatisches Symptom* zu heilen oder zu bessern, kann ganz entscheidend zur Beseitigung seiner Depression beitragen. Seine körperlichen Probleme können gar nicht ernst genug genommen werden. Gerade der alte Mensch hat sehr oft das fürchterliche Gefühl: Das wirst du jetzt nie mehr los! Wenn es ihm dann ermöglicht wird, zu sehen, daß doch noch manches überwunden werden kann, und wenn es auch nur ein kleiner Fortschritt ist, so gibt ihm das Mut und Hoffnung, und das kann seine ganze Haltung verändern. Ein anderer Ausdruck für Selbstmord ist »*sich entleiben*«. Niemals ist dieses Synonym so berechtigt wie beim Suizid des alten Menschen, denn es ist eben der Leib mit all seinen Beschwerden, den er oft »*loswerden*« will. Daraus ergibt sich von selbst der enorme Stellenwert von Maßnahmen, die die somatischen Beschwerden verringern.
Der zweite Aspekt, den ich hier, nach dem medizinischen, erörtern möchte, ist der *soziologische* oder soziale.
Der Arzt muß sich bemühen, auch die soziale Situation eines alten Menschen zu erfassen, und in Zusammenarbeit mit anderen (be-

sonders Sozialarbeitern), trachten, sie so gut wie möglich zu verbessern. Dazu muß er über den personalen Hintergrund eines Patienten informiert sein. Wie viele Menschen kommen zu uns, wenn sie eben ihren Lebensgefährten verloren haben, wenn sie plötzlich vor einer (auch finanziell) ganz neuen existentiellen Situation stehen (z. B. Wohnungsproblem) und *nicht weiter wissen.* Unsere Reaktion zeigt dann, ob wir den Patienten als bloße Nummer oder als echten Partner bewerten.

Der dritte Aspekt, und auch den halte ich für äußerst wichtig, ist in der *Tröstung des Kranken* zu sehen, in der Bereitschaft, ihm zuzuhören, beizustehen, ihn zu verstehen, ihm das Gefühl zu geben, nicht allein zu sein. Gerade der alte Mensch braucht Trost in der Vielzahl seiner Leiden und natürlich ganz besonders beim Sterben. Um hier wirksam helfen zu können, müssen wir versuchen, zuerst unser eigenes Todesproblem zu lösen, indem wir uns damit auseinandersetzen (siehe »Der Arzt und seine Depressionen«). Denn wenn wir vor dem eigenen Tod fliehen, werden wir niemals bereit sein, das Todesproblem mit dem Patienten zu besprechen; dann werden wir ausweichen und damit seine Zukunftsangst nur verstärken. Wie hat Freud so treffend gesagt: »Jeder Mensch schuldet der Natur einen Tod.« Die *Verdrängung* dieser Tatsache, so verständlich sie sein mag, ist keine gute Lösung. Viele Menschen bezahlen sie mit Symptomen (Angst, Schlaflosigkeit, Hypochondrie), die dann insgesamt viel belastender sind, als wenn sie dem Problem ins Auge sehen würden.

Manche alte Menschen wiederum sprechen vom Tod wie von einer *Erlösung* und glauben fast, daß der Tod das Schönste ist, das man bekommen kann; es ist mitunter geradezu eine Todesverherrlichung und Todesverliebtheit in ihnen. Und doch wollen sie »im Grunde« leben und fürchten den Tod, besser gesagt, das Sterben.

Wir müssen lernen, diese seltsame Zwiespältigkeit zu verstehen, und bemüht sein, solchen Menschen einerseits, wenn irgend denkbar, ein besseres Leben zu ermöglichen, andererseits aber, wenn es denn schon sein muß, auch ein *menschenwürdiges Sterben.* Denn vielfach stirbt man heute in Schmerzen und in Einsamkeit, und wenn wir Ärzte bereit wären, das zu ändern, würde das sicher die Situation erträglicher machen, in die viele Menschen kommen, wenn sie an ihren eigenen Tod denken.

Paradoxerweise gibt es nämlich bei gar nicht so wenig alten Menschen als *Selbstmordmotiv die Angst vor einem schlechten Sterben,* den Selbstmord also als einen Versuch, in würdiger Form »ins Jenseits« zu gelangen (ganze Institutionen, wie etwa »Exit«, machen mit dieser Angst vor einem unwürdigen Sterben ein gutes Geschäft). Dem Arzt müßte es klar sein, daß Leben und Sterben zusammengehören, daß also auch das Sterben ein Teil des Lebens ist und somit auch die Betreuung des Sterbenden eine ärztliche Verpflichtung darstellt. Nicht zuletzt deswegen widmete vor mehr als zweihundert Jahren Kaiser Joseph II. das Allgemeine Krankenhaus in Wien der Heilung und Tröstung (saluti et solatio) der Kranken, wobei er auch nicht übersah, daß diese Tröstung (Was kommt nach dem Tod?) auch eine *metaphysische Dimension* enthält.

Alles, was möglich ist, muß unternommen werden, um die zukunftsbezogene Position des Patienten zu erhalten oder wiederherzustellen. Es geht um die Neugier nach der Zukunft. In diesem Zusammenhang möchte ich das Gedicht von Theodor Fontane zitiere, welches beweist, daß solche Bemühungen Erfolg haben können:

»Ja, das möchte ich noch erleben

Eigentlich ist mir alles gleich,
Der eine wird arm, der andre reich,
Aber mit Bismarck – was wird das noch geben?
Das mit Bismarck, das möcht' ich noch erleben.
Eigentlich ist alles so-so,
heute traurig, morgen froh,
Frühling, Sommer, Herbst und Winter,
Ach es ist nicht viel dahinter.
Aber mein Enkel, so viel ist richtig
Wird mit Nächstem vorschulpflichtig.
Und in etwa vierzehn Tagen
Wird er eine Mappe tragen.
Löschblätter will ich in's Heft ihm kleben –
Ja, das möcht' ich noch erleben.

Eigentlich ist alles nichts,
Heute hält's und morgen bricht's,
Hin stirbt alles, ganz geringe
Wird der Wert des irdschen Dinge;
Doch wie tief herabgestimmt
Auch das Wünschen Abschied nimmt,
Immer klingt es noch daneben:
Ja, das möcht' ich noch erleben.«

Gerade bei der *Erhaltung der Zukunftsbezogenheit* wird (wie auch das Gedicht zeigt) die Beziehung zu den nächsten Generationen (Kinder, Enkel) eine ganz entscheidende Rolle spielen können. Daher sollte eine richtige Betreuung von Altersdepressiven immer auch den *Kontakt zur familiären Umgebung* einschließen. Das Gedicht von Hermann Hesse bildet in diesem Sinne den Abschluß:

»Stufen

Wie jede Blüte welkt und jede Jugend
Dem Alter weicht, blüht jede Lebensstufe,
Blüht jede Weisheit auch und jede Tugend
Zu ihrer Zeit und darf nicht ewig dauern.
Es muß das Herz bei jedem Lebensrufe
Bereit zum Abschied sein und Neubeginne.
Um sich in Tapferkeit und ohne Trauern
In andre neue Bindungen zu geben.
Und jedem Anfang wohnt ein Zauber inne,
Der uns beschützt und der uns hilft zu leben.
Wir sollen heiter Raum um Raum durchschreiten,
An keinem wie an einer Heimat hängen.
Der Weltgeist will nicht fesseln uns und engen,
Er will uns Stuf' um Stufe heben, weiten.
Kaum sind wir heimisch einem Lebenskreise
Und traulich eingewohnt, so droht Erschlaffen.
Nur wer bereit zu Aufbruch ist und Reise,
Mag lähmender Gewöhnung sich entraffen.
Es wird vielleicht auch noch die Todesstunde
Uns neuen Räumen jung entgegensenden.

Des Lebens Ruf an uns wird niemals enden ...
Wohlan denn, Herz, nimm Abschied und gesunde!«

D. Exogene Depression

Wir haben gesehen, daß sie eigentlich keiner Therapie bedarf,
sofern der Betroffene seine *Trauer- oder Problemarbeit* leistet
und dabei auch von anderen Menschen unterstützt wird. Man
kann diese psychogene Depression ja auch mit einer *Krise*
gleichsetzen, die von Häfner so beschrieben wird: »Eine Krise
ist ein nicht durch psychische Krankheit erklärbarer zeitweili-
ger Verlust des seelischen Gleichgewichts, der durch einen äußeren oder inneren Anlaß oder das Zusammenwirken beider hervorgerufen wird. Eine Krise kann spontan abklingen, chronifi-
zieren oder bestimmte Krankheiten auslösen.« Das Wichtigste
wird also sein, die beiden schlimmen Ausgänge einer Krise zu
vermeiden, aus der situativen Not keine situative Einengung
werden zu lassen.
Die wichtigste Devise dabei lautet: »*Zeit gewonnen, alles gewonnen.*« Die Medizin hat jedenfalls verbesserte Möglichkeiten, die
Meisterung der Krise zu fördern; die *Psychopharmaka* leisten einen
Beitrag zur *Entspannung* und *Entängstigung* und damit zur Beseitigung der so gefährlichen affektiven Einengung (als Teilgebiet der
dynamischen Einengung); in schwereren Fällen wird eine Schlaf-
kur notwendig sein. Sobald durch diese Maßnahme eine gewisse
seelische Beruhigung eingetreten ist, kann die *Verarbeitung* der bestehenden Problematik psychotherapeutisch unterstützt werden.
In der überwiegenden Mehrzahl der Fälle wird man dabei mit einer
ambulanten Krisenintervention auskommen. Somit wird die exogene Depression in bestimmten Fällen einer ärztlichen und psychotherapeutischen Behandlung bedürfen. Dieser Tatsache wird
auch dadurch Rechnung getragen, daß nun in der ganzen Welt immer mehr Kriseninterventionszentren gegründet werden. Daß
dort, wo eine exogene Depression sich immer mehr in die Länge
zieht, in Wirklichkeit eine *neurotische Depression* vorliegt, die einer
eingehenden Psychotherapie bedarf (unbewußte Problematik!),
wurde schon gesagt. Andererseits darf aber vielleicht vermerkt
werden: So, wie bei der exogenen Depression *Lebensfragen* eine
entscheidende Rolle spielen, das, »was der Tag mir zuträgt«, so

kommt auch hier der *Umwelt*, den *Mitmenschen* in engerem und weiterem Sinn eine wesentliche, hilfreiche Bedeutung zu. Hier ist weit über den ärztlichen und psychischen Bereich der einzelne aufgerufen, dem Nächsten wie dem Fernsten Beistand zu leisten. Ich weiß kein besseres Beispiel zur Nachahmung zu empfehlen als das, welches dem »Franz« zuteil wird:

»Schau, Franz, i bin bei dir; bist da du denn net zu schad? Laß die net anfach so falln, nur weil's di anglant lassen hat, de blede, blonde Schnalln, drahst du jetzt durch, du Depp. Schau, Franz, i bin bei dir; du machst uns a scheene Schand. Da bleib'n de Leut scho(n) steh(n) und sag'n: Na, der is scheen beinand! Der so a Schnalln verliert, dem ist do nix passiert!

Schau, Franz, i bin bei dir; bleib da net lieg'n, steh auf! Was soll denn da draus werd'n? Auf da Gassn kannst do net plärn! Tua weida, Franz, kumm, kumm.

Franz, i hab do(ch) no a Geld, des bring ma unter d'Leut; da drübn in Nachtcafé, kumm, Franz, kumm, kumm. I hab wirkli(ch) no a Geld, und wann uns des net reicht – wurscht, dann mach ma halt an Schmäh. Was essen wa(r) net schlecht, a Schnitzl mit pommfrits, vielleicht sogar a zweit's, dazua an scheenen Wein. Wannst dan no traurig bist, dann reiß ma uns was auf, wei(l) Katzn gibt's da gnua, mir bratn uns a ei(n). Dann sing ma mitanand und laut, was uns grad gfallt, heut bau ma uns no auf: Mir san no net am Sand! Kumm, gib ma de Hand.

Schau, Franz, i bin bei dir; jetzt mach ka große Schau, da stehn scho(n) d'Leut und sagn: Na, der ist scheen beinand! Wachs da net an und geh, es ist scho(n) höchste Zeit! Schau Franz, i bin bei dir; vergiß de Traurigkeit und mach da jetzt kan Lärm und sei a bissl gscheit. Wer hängt si dann scho(n) auf? Vergiß do jetzt auf's Sterbn! Schau Franz. I bin bei dir; mir können da net bleibn, wei(l) uns da de vertreibn. Also wan net mehr – steht do net dafür, also kumm, Franz, kumm!

Franz, da drübn im Café, da spielt a Pianist, gar net so schlecht; oder gemma halt spazier'n, wannst net so bsoffen bist – geht's da besser? Hab i recht, Franz?

Ha! Dann werd'n de Vögerln wach, und du machst wia vor Jahrn die Vogelstimmen nach! Die Vögerln werd'n schaun. Franz, geh, mach des kumm!

Wannst dann no traurig bist, dann red ma von dem Geld, das du demnächst verdienst und wia ma's aussehaun. Dann sing ma mitanand und laut, was uns grad gefällt, so hab'n ma's immer gmacht, wia mia in bessern Jahrn no net nur bsoffen warn. Also jetzt steh auf, Franz, tua weida, Franz kumm ...«
(Michael Heltau, Statt zu reden. Text: Werner Schneyder.
Musik: Jacques Brel)
Der Leser wird hier unschwer alle Kriterien dieses *richtigen anti-suizidalen Verhaltens* wiedererkennen, das »Nicht-im-Stich-Lassen«; bei dem Gefährdeten bleiben; den Versuch, mit ihm *ins Gespräch* zu kommen, seine feindseligen Gefühle irgendwie zur Abreaktion zu bringen, die Phantasie in positivem Sinn auf Zukunftsziele zu fixieren; besonders eindrucksvoll ist der Versuch, den Gefährdeten zu bewegen, die Vogelstimmen nachzumachen: Hier sehen wir deutlich die Bemühung, die präsuizidale Werteeinengung und -verarmung zu durchbrechen.

Ich habe versucht zu zeigen, daß bei jeder Depression exogene und endogene Faktoren zusammenwirken können, und die folgende Tabelle soll versuchen, die *Verschiebung von der Vorherrschaft der Endogenität zur Vorherrschaft der exogenen Faktoren* zu veranschaulichen (was aber nicht bedeutet, daß bei der endogenen Depression nicht auch exogene und bei der exogenen Depression nicht auch endogene Probleme eine Rolle spielen können).

Nosologische Einordnung der Depressionszustände

endogen	somatogen		exogen	psychogen
		° Organische Depression		
		° Endogene Depression		
		° Altersdepression		
		° Neurotische Depression		
		° Erschöpfungsdepression		
		° Exogene Depression		

(nach KIELHOLZ und PÖLDINGER)

Unser Buch hat zum Thema den Einfluß der Medien auf Depressionen. Es wird jedem Leser klar sein, daß dieser Einfluß um so größer ist, je mehr eine Depression in die Richtung der Exogenität geht. Dennoch kann ich viele Beispiele anführen, wo auch bei endogenen Depressionen Presseberichte usw. einen *auslösenden*, vielleicht sogar *verursachenden Einfluß* ausgeübt haben.

Darf ich meinen Part damit zum Abschluß bringen, daß ich auf die *doppelte Beziehung zwischen Depression und Gesellschaft* aufmerksam mache. Auf der einen Seite muß man verlangen, daß die Gesellschaft den Depressiven annimmt und nicht ausschließt und verbannt. Nur dort, wo ein Recht besteht, sein eigenes Unglück zeigen zu dürfen, wo Unglücklichsein weder eine Schande noch eine Stigmatisierung oder eine unerwünschte Störung bedeutet, werden es Menschen wagen, dieses Unglück auch zu bekennen, und damit anderen die Möglichkeit geben, alles zu tun, um ihr Scheitern zu verhindern. Auf der anderen Seite aber hat die Gesellschaft sowie auch jeder einzelne Mensch die Aufgabe, wenn irgend möglich, bei anderen keine Depression zu erzeugen. Da wir einander nicht alle Wünsche erfüllen können, wird eine vollständige Einhaltung dieses Gebotes unmöglich sein. Dennoch wäre es unsere Verpflichtung, wenn wir schon einen anderen kränken müssen, ihm diese Kränkung möglichst schonend zu vermitteln und, soweit es möglich ist, ihm bei der Meisterung des Schmerzes Beistand zu leisten. Wir haben eine Verantwortung für Mitmenschen, die uns niemand abnehmen kann. Der »Glückliche« ist verpflichtet, sich in die »*Welt der Unglücklichen*« einzufühlen (Wittgenstein).

Der Journalismus ist ein Beruf, den ich als einen der ethisch verantwortungsvollsten ansehe, denn »*Leben und Tod stehen in der Zunge Gewalt*« (Psalm), und wer immer etwas schreibt oder spricht, muß sich Gedanken darüber machen, wie es auf den wirkt, der es liest oder hört. Deshalb scheint es für mich ein Glück zu sein, daß hier eben mein Teil zu Ende ist und ich die Stafette an meinen Freund und Schüler Reginald Földy übergeben darf.

Wenn ich jetzt weiterschriebe, fürchte ich, daß ich mir viele zum Feind machen, ja wahrscheinlich mir auch einige Klagen einhandeln würde, weil ich immer unter dem Gebot stehe, das zu sagen, was ich für die *Wahrheit* halte. Diese tragische Wahrheit aber lautet für mich: *Ungezählte Menschen werden durch verantwortungs-*

losen Umgang mit Wort und Bild in Depressionen hineingetrieben oder in solchen fixiert.

Es gibt eine Art der Berichterstattung, die einem alle Seiten des Lebens und am Ende das Leben selbst zu vergällen droht. Diese Art der Berichterstattung steht meiner Meinung nach unter der Devise *»Bad news are good news«* und ist in enormem Zunehmen begriffen.

Man kann durch eine bestimmte Art der Berichterstattung eine allgemeine Stimmung erzeugen, die sich wie ein Leichentuch auf viele Menschen legt. Daher ist der von Földy geprägte Begriff der »kollektiven Depression« durchaus berechtigt.

Ich möchte meinen Teil wirklich nicht abschließen, ohne in diesem Sinne noch ein Beispiel zu erwähnen, welches in sehr eindrucksvoller Weise den Einfluß der Medien auf die seelische Verfassung von Menschen beweist. Ein methodisch unangreifbarer Nachweis gelang 1986 Schmidtke und Häfner durch die Auswertung der *»Eisenbahnsuizide«*. In den Monaten Januar und Februar 1981 wurde über sechs Sonntage um 20.15 Uhr im Zweiten Deutschen Fernsehen die Serie »Tod eines Schülers« ausgestrahlt und vom 24. Oktober bis zum 21. November 1982 ebenfalls an Sonntagen, zur Nachmittagszeit, um 16 Uhr, wiederholt. In der Serie wurde der Suizid eines 19jährigen Schülers dargestellt und die Entwicklung, die zum suizidalen Verhalten führte, von verschiedenen Sichtweisen, von dem Schüler selbst, von den Eltern, den Mitschülern, den Lehrern, verständlich gemacht.

Jede Sendung innerhalb der Serie begann mit der gleichen Szene am Bahndamm, von wo sich der Schüler vor einen herankommenden Zug geworfen hat. Um Vergleichsdaten über die Häufigkeit von Bahnsuiziden zu erhalten, erhoben Schmidtke und Häfner für den Zeitraum von 1976 bis 1984 bei der Bundesbahnverwaltung alle Bahnsuizide, nach Alter und Geschlecht getrennt. Im Vergleich zum Beobachtungszeitraum betrug der Anstieg von Suiziden von männlichen Jugendlichen zwischen 15 und 19 Jahren im Zeitabstand von 70 Tagen während und nach der ersten Ausstrahlung von »Tod eines Schülers« 175 %, bei Frauen der gleichen Altersgruppe betrug der Anstieg 167 %!

Auch während der zweiten Ausstrahlung im Herbst 1982 konnten die gleichen, wohl insgesamt etwas schwächeren Effekte nachgewiesen werden. Das Verhältnis der Steigerungsraten der Suizide bei den 15- bis 19jährigen Männern nach der ersten und der zweiten Ausstrahlung der Fernsehserie »*Tod eines Schülers*« entsprach dem Verhältnis der unterschiedlichen Sehbeteiligungen der vergleichbaren Altersgruppe in den beiden Ausstrahlungszeiträumen.

Auch in Österreich war es in den Jahren zwischen 1984 und 1987 zu einem beunruhigenden Anstieg von Selbstmorden in der Wiener U-Bahn gekommen. Auf Veranlassung meines Schülers Gernot Sonneck, Vorstand des Kriseninterventionszentrums in Wien, setzte sich im zweiten Halbjahr 1987 ein Fachleuteteam mit verantwortungsbewußten Journalisten zusammen, um Vorschläge für die Verbesserung der bestehenden Situation auszuarbeiten.

Die Experten sind dabei bei den Medienleuten auf offene Ohren und Verantwortungsbewußtsein gestoßen, so daß aller Grund dazu bestand, das negative Bild von den Medien, die »über Leichen gehen«, zumindest punktuell zurechtzurücken. Folgende Gesichtspunkte wurden ausgearbeitet, um einen Rückgang der U-Bahn-Selbstmorde zu erreichen: kein Bericht über Selbstmord auf der Titelseite, die Vermeidung des Ausdrucks »Selbstmord« in der Artikelüberschrift, kein Foto über den Selbstmord, keine Verherrlichung des Suizidanten (bewundernswert, heroisch usw.), aber auch keine wie immer geartete Verdammung, keine sensationelle Aufmachung, keine Simplifizierungen, möglichst gute Hintergrundinformation über das Geschehen, möglichste Bemühung, Alternativen aufzuzeigen (wo hätte der Betroffene Hilfe finden können usw.).

Es kann gesagt werden, daß diese Richtlinien eine originär österreichische Erfindung sind (die Richtlinien wurden im übrigen in der Zwischenzeit auch von anderen Ländern übernommen). Mit größter Bewegung darf festgestellt werden, daß die Medien ihr gegebenes Wort auch tatsächlich in ihrer Berichterstattung über Suizide eingehalten haben. Hier ist das eindrucksvolle Resultat:

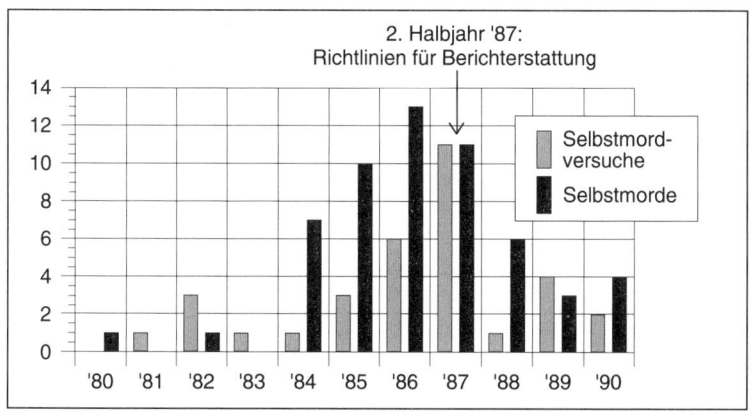

Tabelle aus: Ärzte Woche, Forum Regional, 7. Okt. 1992

Weniger Medienberichte über Selbstmord: Rückgang der Suizide in der Wiener U-Bahn

Die Tabelle spricht wohl eine deutliche Sprache. Damit scheint mir ein doppelter Beweis erbracht:

1) Daß Medien die depressive Stimmung von Menschen (natürlich von solchen, die für Selbstmord anfällig sind) wesentlich negativ beeinflussen können.

2) Aber auch: Daß Medien zu einer *psychohygienischen Zusammenarbeit* bereit sind und durch Berücksichtigung bestimmter Regeln, die zu einer anderen Art der Berichterstattung führen, bedeutende Erfolge in der Verhinderung von Suiziden erzielen können.

Wir wollen, in diesem Sinne, nicht eine anklagende Haltung gegenüber Medien aller Art einnehmen, sondern, ganz im Gegenteil, ihnen die Hand entgegenstrecken, damit in gemeinsamer Arbeit die Entstehung von »kollektiven Depressionen« verhindert werden kann. Diesem Bestreben dient unser Buch um so mehr, je klarer es ist, daß die Zahl derjenigen, die für die Erzeugung einer Depression anfällig sind, gerade in unserer heutigen Welt sehr hoch ist.

Vor vielen Jahren (1970) hat mein Freund Jerome Motto über die plötzliche Abnahme der Selbstmordzahl in seiner Heimatstadt zu einem bestimmten Zeitpunkt eine interessante Entdeckung gemacht: Es war genau die Zeitperiode, in der infolge eines Streiks keine Zeitung erscheinen konnte ... Wir möchten unmißverständlich feststellen, daß Berichterstattungsstopp unserer Meinung nach natürlich nicht die Lösung des Problems sein kann. Vielmehr set-

143

zen wir unsere Hoffnung auf fruchtbare Gespräche, zu denen wir mit diesem Buch hoffentlich anregen werden, denn eines ist sicher: Eine *Änderung der Berichterstattung* tut auf vielen Gebieten not. Natürlich bin ich strikte gegen die *Tabuisierung des Negativen.* Die Wahrheit ist, wie Ingeborg Bachmann gesagt hat, den Menschen zumutbar und muß ihnen daher auch vermittelt werden. Aber in dem »*Wie*«, da liegt der ganze Unterschied, um die Marschallin im »Rosenkavalier« zu zitieren. Ich wiederhole sehr bewußt das Wort von Frederick Mayer: »Unsere Erziehung ist eine einzige Aufforderung zur Depression.« Wehe, wenn man dies auch über den Journalismus sagen müßte!

TEIL II

Reginald Földy

BAD NEWS WORLD
Die mediale Minus-Impfung

KAPITEL 1

Der Verlust der Wirklichkeit

De-Realisation – der Beginn des Syndroms

Wir alle wissen, daß radioaktive Strahlung, die ein bestimmtes Grenzmaß überschreitet, schwere bis schwerste gesundheitliche Schädigungen zur Folge hat. Ebenso wissen wir aus eigener positiver oder negativer Erfahrung, daß unser seelischer Bereich in seinem Harmoniebedürfnis auf eine ausgewogene Verteilung von Freud und Leid angewiesen ist. Verschieben sich aber in unserer täglichen Umwelt die Eindrücke übergewichtig auf Leid, wird unsere Verarbeitungsfähigkeit auf eine harte Probe gestellt. Der Tod eines nahen Menschen oder eine persönliche oder berufliche Lebenskrise stellen solche – ganze normale – Anforderungsspitzen für Trauerarbeit dar. Stabile, integrierte Menschen bewältigen das auch zumeist ohne größere Problemfolgen. Ganz natürlich kann das zu einer temporären depressiven Verstimmung führen, aber ausgleichende Freuden und Aufgaben sollten bald wieder aus diesem Krisentief herausführen.

Nicht ganz so klar laufen diese Mechanismen auf kollektiver Ebene, also auf der Ebene der für uns alle gültigen, gleichzeitigen Umwelt, wie sie sich uns durch die zahlreichen, miteinander vernetzten Informationsmittel der Mediengesellschaft darstellt. Die Überschaubarkeit unseres »persönlichen Erlebnisraumes«, der wohl durch die fortschreitenden Mittel der technischen Entdeckungen erweitert wurde im Laufe der uns bekannten Geschichte, ging uns längst verloren. In der Jäger- und Ackerbaukultur war der Mensch im körperlichen Bereich auf den ihm im wahrsten Sinne des Wortes »zugänglichen« Lebensraum beschränkt. Im sozialen Bereich auf die Bezüge innerhalb der Familie, der Sippe, des Stammes.

Mit immer höher entwickelter Technik und damit auch Nachrichtentechnik wurde der Bezugsraum dramatisch größer. Die Erfindung der Druckkunst brachte die erste Revolutionsstufe, die im

Sinne biologischer Anpassungsfähigkeit viel zu rasch von Telegrafie, Radio und schließlich audiovisuellen Medien gefolgt war. Völlig klar, daß diese sprunghafte Erweiterung des Bezugsraumes, über den Lebensraum weit hinausgehend, eine Art *Bewußtseinsschock* in unser psychophysisches Integrationssystem hineintrug. Mit dieser abrupten »*Welträumigkeit*« begannen sich auch für uns Tag für Tag die Grenzen zwischen persönlich erlebter Realität und zugespielter Weltrealität zu verschieben. Unter der Hand ging uns die »Wirklichkeit« verloren.

Mit der zunehmenden Macht der Technologien ginge, so meint Neil Postman, eine Art Entmündigung der Gesellschaft vor sich. Diesen von uns heute erreichten »Kulturzustand« nennt er das *Technopol.* Es ist charakterisiert durch eine Vergöttlichung technologischen Fortschrittes, gleichzeitig durch eine explosive Vergrößerung der durch Technologie verfügbaren Informationen bis zur Grenze der Unüberschaubarkeit.

Ist nun die angewachsene und angebotene Informationsmenge so groß, daß sie nicht mehr kontrollierbar ist, dann kommt es zu einer psychischen und sozialen Desorientierung. *De-Realisation,* so könnte man auch den Beginn dieses folgenschweren Syndroms nennen. Durch den Zusammenbruch der Orientierung in einem kommunikativen Weltgefüge verlieren Menschen nicht nur die Vorstellungskraft für eine sinnvoll zu gestaltende Zukunft, sondern sie verlieren auch interessanterweise retrospektiv ein Gefühl der inneren Ordnung ihrer Erfahrungen.

Jedes Einzelwesen, aber auch jede soziale Gesamtordnung verfügt normalerweise über Abwehrmechanismen gegen eine Informationsschwemme. Erreicht jedoch die Quantität des Überangebotes den Schwellenwert, kommt es zum Zusammenbruch personaler Abwehrmechanismen. Es gibt offenbar auch eine Art *psychologisches Immunsystem,* das ähnlich wie das biologische Immunsystem funktioniert, indem es bemüht ist, Gleichgewicht zwischen Altem und Neuem, zwischen Erfahrung und Neuerkenntnis, zwischen Löschung und Neuspeicherung herzustellen.

Die Dynamik dieser Prozesse ist klarerweise nicht nur von quantitativen Merkmalen, sondern auch sehr entscheidend von qualitativen Inhalten bestimmt. Sinn entsteht also, wenn wir es so wollen, durch eine Summierung positiver Einspeicherungen und

Destabilisierung des Sinnzusammenhanges durch Dominanz negativer Einspeicherung bzw. Löschung alter, positiver Erfahrenswerte.

Unser traditionelles Bildungs- und Ausbildungswesen hat mit der stürmischen Entwicklung nicht Schritt halten können. Es vermittelt uns ein historisches Weltbild in der Geschichtsdimension, das Tag für Tag durch die zeitgeschichtliche Entwicklung Lügen gestraft wird, und es tradiert uns ein längst vom Stand der Entwicklung überrolltes naturwissenschaftliches Weltbild eines beschaulichen Szientismus, der alles nach Dimensionen einer zeitlich-räumlich gegliederten Ordnung zu katalogisieren versucht.

Wir stehen also im elektronischen Informationsrausch des Heute nackt und schutzlos wie Eingeborene, die im 19. Jahrhundert von uns mit der *alphabetischen Bildungswelt* und der beginnenden Technisierung konfrontiert wurden. Verschärft wird diese Schutzlosigkeit noch durch die weitgehende Zerstörung familiärer Geborgenheit und, dadurch bedingt, durch das Wegfallen ausreichender Ansprech- und Aussprachemöglichkeiten.

Marshall McLuhan hat in seinen lange Zeit bestimmenden Thesen aus der soziologischen Perspektive für die Beurteilung von Medienwirkung sehr dezidiert vom »Irrtum der elektrischen Geschwindigkeit« und von der *Zerstörung des Stammes* gesprochen. Der kanadische Medienwissenschaftler hat in seinen Thesen die Kommunikationsmedien als eine Art Ausweitung von Funktionen der Sinnesorgane gesehen. Die extreme *Visualisierung* der Gesellschaft in den letzten beiden Jahrzehnten durch die zunehmende Dominanz von Bildermedien blieb natürlich nicht ohne Rückwirkung auf das Balancegefüge der übrigen Sinne. Unter dem Begriff der *Synästhesie* versteht man die gegenseitige Ergänzung der einzelnen Sinnesbereiche Sehen, Hören, Riechen, Fühlen und Schmecken. Es erscheint daher durchaus logisch, daß immer stärkere Konzentration auf den Gebrauch eines dieser Sinne – nämlich das Schauen – Folgen hat. Das »globale Dorf«, in das wir, unvorbereitet, durch die weltweite Vernetzung audiovisueller Medien mit ihrer Möglichkeit der »Gleichzeitigkeit« von Geschehen und Wahrnehmung hineingestoßen wurden, bringt natürlich auch unsere Raum-Zeit-Modelle gehörig in Unordnung.

In einer großen Zahl von makroanalytischen, also gesellschaftsbezogenen, und mikroanalytischen, individualbezogenen Untersuchungen wurden Einstellungsänderungen, die vor allem durch das Fernsehen bewirkt werden könnten, einer Bewertung zugeführt. G. Gerbners Beitrag ergab, daß das Fernsehen weniger spezifische und direkt in der Sendung dargelegte Informationsfakten und Meinungen vermittelt, sondern viel eher grundlegende Einstellungen über die soziale Welt formiert. G. Salomon hingegen war vorrangig daran interessiert, ob die symbolische Sprache des Fernsehens, gegeben durch die Dramaturgie seiner Bildgestaltung, zur Ausbildung entsprechender kognitiver Fertigkeiten beim Betrachter beiträgt. Untersucht wurde hier vor allem die Wirkung des *Zooming* – also das Herausheben von Ausschnittdetails aus einem größeren Ganzen –, das zu einem Trainieren der Detailwahrnehmung führt.

Diese Studien sollten dazu beitragen, festzustellen, wie sehr gewohnheitsmäßige Fernseher zwischen der »realen Welt« und der »TV-Welt« unterscheiden können. Einen sehr interessanten Beitrag über die psychologischen Aspekte der Raumwahrnehmung leistete P. Winterhoff-Spurk, der die *Global Village*-Idee McLuhans hinsichtlich des Fernraum-Bewußtseins von Medienkonsumenten testete. Er stellte fest, daß in der *kognitiven Landkarte* des Fernsehzuschauers, abhängig von dessen Mediennutzung, eine starke Distanzverminderung deutlich wird. Dem gewohnheitsmäßigen Fernsehzuschauer ist schließlich der Rote Platz in Moskau genauso vertraut wie der Rasen vor dem Weißen Haus in Washington. Die psychologische Hypothese der Untersuchung lautet daher: »Je höher der TV-Konsum von Zuschauern ist, um so geringer sind deren kognitive Distanzen zu häufig im Fernsehen erwähnten Orten.«

Besonders viele Studien über die Wirkung von Bildermedien untersuchen das reaktive Verhalten von Kindern auf dargebotene Kommunikationsinhalte. Da gibt es Studien über die Wirkung von Gewalt im Fernsehen, von sexuellen Inhalten, aber auch über die bewirkten Veränderungen des Raum- und Zeitgefühls. Kinder sind darauf ausgerichtet, in ihrem stufenweisen Lernprozeß zunächst die *Grammatik* ihrer Um- und Nahwelt zu erfassen. So wie die Sprache schrittweise »begriffen« wird, geht das auch mit Handlungsabläufen. Raummuster entstehen in einem gewissen Spannungsbezug zwischen der Vertrautheit des »Zuhause«-Seins und der Eroberung neuer »Spiel«-Räume. Auch das Zeitverständnis entwickelt sich in konstruktiven Stufen. Der gewohnte Tagesablauf in der Familie setzt einen Parameter, die Programmschemata der konsumierten Medien sehr bald schon den zweiten. Die Störung des Vertrautheitsgefüges eines ritualisierten Zeitrhythmus bewirkt bei kleinsten Kindern schon sehr früh stressorische Überforderung.

Schließlich wollen die Bezüge zwischen der kindlichen *Kenntnis- und Erkenntniswelt,* der kindlichen Phantasiewelt, der elterlichen *Gebotswelt* und der in die Kinderstube zugespielten Medienwelt hergestellt werden. Allein schon die Verknüpfung der personalen kindlichen Phantasiewelt mit der bewegten Kunstwelt des Bildschirms, die in sich selbst schon aufgespaltet ist in »kindgerechte« *Programmwelt,* zumeist sehr kindungerechte Nachrichtenwelt und Informationswelt und in die konsumstimulierende Warenwelt der Fernsehwerbung, schafft viel innere Dissonanz. Ein Kunterbunt also zwischen geweckten Wünschen und ungewünschten Weckungen.

Was hier vor allem auf der Strecke bleibt, sind die Vertrautheitsdimensionen einer Ordnung, die erst Zuordnung der Vielschichtigkeit von verwendeten Symbolen erlaubt. Eine der verheerendsten Konsequenzen der Macht des »Technopols« ist, daß es – und davon ist schon die früheste Kindheit betroffen – mit der Erosion der Symbole zum Verlust von echter Glückssubstanz, von »Erzählstoff« – wie Neil Postman dies darlegte – kommt. Damit wird dem Aufbau von Scheinwelten Vorschub geleistet. Von Welten, in denen etwa der Warenbezug nicht vom Produkt bestimmt wird, sondern vom Wesen dessen, der dieses Produkt konsumiert. Bilder von Filmstars, von prominenten Sportlern, von friedlichen Seen, von eleganten Abendessen und romantischen Rendezvous und glücklichen Familien täuschen über Barrieren von Qualität und Erwerb hinweg.

Projiziert in die Irrealität vorgegebener Konsumstandards wird damit das Geschäftemachen zur Pseudotherapie, der Konsument zum Patienten, dem durch »Psychodramen« ein falsches Gefühl von Bedarf und Erfüllung gegeben wird. Postman nennt das die *kulturelle*

Vergewaltigung, die, sanktioniert durch eine Ideologie, dem technischen Fortschritt unbeschränkten Vorrang einräumt und gegen das Zerfasern von Überlieferungen völlig gleichgültig ist.

Bilder um jeden Preis: das Pseudo-Ereignis

Gerechterweise muß man feststellen, daß das Fernsehen als gegenwartszentriertes Bildmedium, das mit Lichtgeschwindigkeit operiert, einen ungeheuren Handlungsbedarf hat, um Programmzeiten zu füllen, und daher einen gewaltigen Sog auf vermarktbare Informationen und auf unterhaltsame Trivialitäten ausübt. Seiner Aufgabe, Bilder zu bewegen, kommt es gewissermaßen manisch nach. Daher ist es auch nur allzu logisch, daß das Fernsehen neben der aktuellen, durch Ereignisse begründeten Nachricht auch noch das produzieren muß, was Daniel Boorstin als *Pseudo-Ereignis* bezeichnet. Darunter sind Ereignisse zu verstehen, die für den Publikumskonsum inszeniert werden. Ein Paradebeispiel dafür sind die Oscar-Verleihungen. Fernsehen erzeugt auf diese Weise beim Publikum ein starkes, ja unersättliches Bedürfnis nach Neuigkeit und öffentlicher Enthüllung und programmiert somit geradezu das, was man *habituellen Voyeurismus* nennen könnte: eine krankhafte Gier nach Spektakel um jeden Preis. Vom »Verschnitt« dieses geweckten Bedürfnisses lebt eine in Millionenauflage erscheinende Regenbogenpresse.

War in der *literalen Welt,* in der das gedruckte Wort den Zugang zu Wissen, Bildung und Unterhaltung brachte, in der Leseerziehung noch eine Qualitäts- und Qualifikationsschwelle eingebaut, ist heute in der visualisierten Welt gewissermaßen das »Hereinspaziert für alle« vorprogrammiert. Das Fernsehen ist eine Technologie des freien Eintritts. Ob sechs oder 60 Jahre alt, jeder kann miterleben, was angeboten wird. Es ist damit zu einem *egalitären Kommunikationsmedium* erster Klasse geworden und übertrifft sogar noch die gesprochene Sprache. Und es bewirkt – wie Kulturkritiker festzustellen pflegen – die Massenverbreitung des *Bildanalphabetismus.* Was vorwiegend unter der Gürtellinie läuft, bedarf der Fortsetzung nicht durch jenen Körperteil, der über der Kragenlinie liegt.

Wie schon der französische Denker Henry Bergson feststellte, ist der Mensch durch die Ausweitung der Sprache mit Hilfe des dadurch erweiterten Intellekts imstande, sich aus der Gefangenschaft *kollektiven Unbewußtseins* zu befreien und sich damit im Sinne einer umfassenderen Wirklichkeit zu individualisieren. Die Sprache, so Bergson, leiste damit für die Intelligenz, was das Rad für die Füße und den Körper leistet. Daher erscheint es nur allzu logisch, daß auch das Gegenteil erreichbar ist: daß mit der Reduktion sprachlicher Fähigkeiten eine Verringerung intellektueller Fähigkeiten einhergeht. Was wir nicht mehr ausdrücken können, drückt sich also gewissermaßen uns ein, und wir werden zurückgestoßen in die Gefangenschaft *kollektiver Affekte*.

G. H. Mead hat in seinem wichtigen Buch über den Konflikt der Generationen festgestellt, daß wir uns einer Epoche nähern, die durch immer rascher abwechselnde und frei zugängliche Information den Erwachsenen die Rolle als Ratgeber und Lehrer streitig mache und gewissermaßen zu einer *Vertrauenskrise* zwischen Jugend- und Erwachsenenwelt führe. Der Storch hat seine Flügel verloren – so wäre man geneigt festzustellen, wenn man sieht, wie die elektronischen Medien schonungslos alle Geheimnisse »aufdecken« und damit gleichzeitig der explorativen Neugier von Kindern ebenso Vorschub leisten wie dem Verfall der Erwachsenenautoriät.

Das ist deshalb besonders bedauerlich, weil, wie Bruno Bettelheim sagte, es für Kinder notwendig sei, die Überzeugung zu haben, daß die Erwachsenen eine klare Vorstellung von richtig und falsch besitzen. Nur dies könne eine positive Einstellung zu sich selbst bewirken, die Kraft schaffen, den eigenen Verstand auszubilden und damit die Möglichkeit zu erlangen, Notlagen zu meistern. C. H. Waddington verstärkt diese Feststellung mit seiner Hypothese, daß Kinder die Kriterien für richtig und falsch unangezweifelt als von autorisierter Seite gegeben übernehmen müßten, da ohne eine solche Absicherung es dem Kind schwerfallen könne, Hoffnung, Mut und Disziplin zu entwickeln. Bettelheims Buch »Kinder brauchen Märchen« weist darauf hin, daß die große Bedeutung von Märchen gerade darin liegt, daß sie die Existenz des Bösen in einer ohne Trauma verarbeitbaren Form offenbaren. Dazu kommt noch, daß Eltern oder Erwachsene geschilderte Gewalt oder negativen Ausgang eines Märchens auf den jeweiligen Seelenzustand des Kindes hin bezogen abschwächen können. Das kann natürlich das Fernsehen nicht. Ungefiltert stürmen in Unterhaltungssendungen oder Nachrichtensendungen gezeigte Gewaltdarstellungen auf das Kind ein.

Sehr viele wissenschaftliche Arbeiten befassen sich, wie schon gesagt, mit der Wirkung von Gewaltdarstellungen auf Kinder. Die nachgewiesenen Schäden sind evident. Offen bleibt jedoch die Frage, ob die ohne beruhigenden und ohne distanzierenden persönlichen Kommentar gezeigte Welt »so wie sie ist« neben den anderen schädigenden Einflüssen auf das Kind auch noch eine Art *generellen Vertrauensentzug* bewirkt – den Verlust des Glaubens an die Rationalität der Erwachsenen, an eine vernünftige Weltordnung, an eine hoffnungsvolle Zukunft.

Die vom Prioritätswettbewerb diktierte Jagd der Medien nach Themen mit *human interest* führt dazu, daß vorwiegend die bedrohliche, verwirrende Seite des Lebens von hinten nach vorne gekehrt wird. Das läßt Kinder den Eindruck gewinnen, das Erwachsenenleben sei voller Probleme: Gewalt, Streit, Liebesdramen, Korruption und Bedrohung durch Krankheiten. Zu diesem düsteren Weltbild kommen noch von außen Berichte über Naturkatastrophen, Verkehrsunfälle, Kriege und Umweltgefahren. Die einzigen programmatischen Lichtblicke scheinen sich auf die in der Fernsehwerbung gezeigten Freuden des *Konsumismus* zu beschränken. So findet geradezu eine Konditionierung in Richtung auf den *Einkauf von Freuden* statt.

Dadurch daß die elektronischen Medien die Schriftbeherrschung an die Peripherie der Kultur drängten, ist nicht nur, wie Neil Postman feststellte, ein »Verschwinden der Kindheit« zu registrieren, sondern auch eine sehr starke Verarmung der Erwachsenenwelt. Die Fernsehwelt projiziert eine Reduktion der Lebensstufen auf Säuglingsalter am Anfang, Senilität am Ende und dazwischen auf die Mischform des Kind-Erwachsenen. Der *Kind-Erwachsene* stellt sich als ein Menschentypus dar, der durch das permanente visuelle Lernen aus der Bilderwelt zwar eine große reaktive Erfassensbreite aufweist, aber eine, im wahrsten Sinne des Wortes, »beschränkte« intellektuelle Tiefe.

Ein solcher Reduktionismus des Geistes und seiner Entfaltung räumt der emotionalen Entscheidung breiteren Raum ein. Auch ein Zehnjähriger vermag daher heute vor einer politischen Wahl die »Ausstrahlung«, die Imagination eines Kandidaten voll zu erfassen. Er befindet sich damit auf der gleichen Ebene mit den meisten Erwachsenen, denen auch die Fähigkeit verlorenging, ein vernünftiges politisches Urteil aus dem Denkhintergrund abzuleiten. Kein Wunder daher, daß moderne Wahlkampfmanager jüngst erst zur Ansicht kamen, daß man sich bis auf Fernsehkonfrontationen so gut wie alles an Wahlwerbung ersparen könne.

Das unterstreicht eigentlich die seit der berühmten Fernsehschlacht zwischen Kennedy und Nixon bekannte Tatsache, daß letztlich der Sieg Kennedys davon abhing, daß er – von seinen Managern vorher in eine Unterkühlkammer gesteckt – nicht schwitzte. Der Schwitzende – in diesem Falle Nixon – qualifiziert sich in der emotionalen Bildersprache als eindeutig Unterlegener ab. Auch die Fernsehwerbung hat längst schon ihre *Dramaturgie des Optischen* auf diese Ebene abgestimmt.

Werbetheologie: Das diesseitige Versprechen der Konsumseligkeit

Die Überlegung der klassischen und neoklassischen Ökonomie, daß der Kauf eines Produktes durch eine rationale Entscheidung herbeigeführt wird, ist längst überholt. Fernsehspots überreden daher nicht, sondern verwenden hochexplosive emotionale Bilder und suggestive Sprachunterlegung. Es gibt daher keinen grundsätzlichen Entscheidungsappell mehr in der Fernsehbotschaft der Werbung, sondern die emotionale Botschaft einer positiveren *Lebenslösung*. Die *Werbetheologie* – wie das ein sarkastischer psychologischer Kritiker anmerkte – erinnert daher die Betrachter stets an ihre Verletzlichkeit und Unvollkommenheit, die ausschließlich über Wohltaten der Technik und des Warenangebotes »geheilt« wird und die *Konsumseligkeit* zugänglich macht.

Postman untermauert seine These vom »Verschwinden der Kindheit« damit, daß er feststellt, es sei auffällig, wie wenig Kinder in den Medien noch verwendet werden, und wenn, dann nach Art der

Gemälde des 13. und 14. Jahrhunderts als kleine Erwachsene dargestellt und agierend. Ihm erscheint dies als eines der vielen Symptome, die auf die Verschmelzungswandlung zum Kind-Erwachsenen hinweisen. Er sieht, wie mit ihm viele andere Psychologen, und Soziologen und Mediziner, auch in der Verschiebung des Menstruationsalters bei kleinen Mädchen von 14 Jahren im Schnitt vom Anfang dieses Jahrhunderts bis zu zwölf oder gar elf Jahren im Schnitt heute eine *kulturadaptive Evolutionsstufe* zur rascheren Reife.

Auch McLuhan interpretiert diesen Wandel als ein Ergebnis des medialen Informationsbombardements und des dadurch bewirkten *Nestraubs* der Geborgenheit. Zweifellos erscheint dies alles als logische Konsequenz des Schrittes der Entwicklung vom Leben im Biotop zu einem Leben im Soziotop. Wohlgemerkt, zu einem Leben in einem hochtechnisierten Soziotop. Wir müssen daher Aldous Huxley und George Orwell recht geben, wenn sie auf die Frage, ob eine Kultur humane Wertvorstellungen bewahren und neue hervorbringen kann, wenn sie zuläßt, daß die Technik den größten Einfluß auf ihr Schicksal gewinnt, mit einem klaren Nein antworteten. Ergänzend müßte man noch hinzufügen, daß durch *Entsprachlichung* und *Optisierung* der Welt diese Entwicklung verschärft wird. Freud und Jung bauten ihre analytische Interpretation der Seelenwelt noch auf der Entschlüsselung sprachlicher Botschaften auf. Persönlichkeit und unverwechselbare Individualität des einzelnen sind durch sprachliche Zuordnung erhellbar. Im Zeitalter des Bildes, das mit der Entwicklung der Fotografie noch schüchtern gestaltend begann, haben sich die Grenzen des Erklärbaren in Richtung auf die Unbegrenztheit des Erfüllbaren verschoben. Das Bild ist multi-interpretativ und neigt daher zur Verbreitung und Verfestigung *kollektiver Gesten* und Haltungen.

KAPITEL 2

Das »Bordell ohne Wände«

Totale Enthüllung – die neue Medienmanie

Die Bilderwelt hat demgemäß einen anbietenden, prostitutiven Charakter durch ihre jederzeitig käufliche Verfügbarkeit. Jean Genet hat die offene, durch simple Bildklischees verbundene und verbindbare Gesellschaft ein *Bordell ohne Wände* genannt. Auch James Joyce beurteilt die »automatische Schrift« des Bildes als *Abnihilisierung des Etymons*. Unter Etymon versteht er, bezogen auf den Begriff der Etymologie, den Sinnkern des Wortes, der durch die einfache Bilddarstellung zum fotografischen Negativ heruntergeschwächt werden könnte.

In der Literatur findet sich der Wort-Bilder-Streit schon lange. Schon Cervantes wollte in seiner Gestalt des »Don Quichote« eine Symbolfigur für den Menschen schaffen, der durch die neue Welt des Druckes in dieser lebte, einer Welt der Idealgestalten, die die »wirkliche Welt« der Dirnen und Wegelagerer entthront hatte. Auch Chaplins Lebensclown in »Modern Times«, der durch die auf die Straße und in die Gesellschaft getragene Pantomime der Fließbandarbeit deren Leere nachweisen wollte, stellt zweifellos eine warnende Metapher dar.

Der aufsteigende Weg des Bildes von der Fotografie über Stummfilm und Tonfilm zum audiovisuell perfekten Fernsehbild hatte im Akustischen keine Entsprechung. Die Entwicklung des akustischen Massenmediums Radio – meist »Musikkonserve« – blieb in der Verfeinerung klanglicher Qualitäten stecken. Erst jetzt, nach Suche einer neuen Identität des Bestehens neben dem allmächtigen Fernsehen, scheint sich eine Profilierung als *literales Gegenmedium,* als eine Art *Rückführungsmedium* des Sprachlichen anzubahnen.

Das akustische Medium hat natürlich viel weniger »Sog« als das elektronische Bildermedium, denn häufig wird es als Begleitmedium zu anderen Tätigkeiten verwendet. Die zwingende Einbeziehung des Betrachters in das Fernsehgeschehen wird von James

Joyce nicht zu Unrecht als die *Attacke der leichten (oder der lichten) Kavallerie* bezeichnet. Als direkter Angriff, der die *Seelenhaut* mit »unterwehwußten Ahnungen« erfülle.

Kritische Medienexperten gingen gar noch einen Schritt weiter und stellten fest, daß, zum Unterschied von der kommunikationswissenschaftlichen Lehrmeinung, beim Fernsehen keine klare Trennung mehr zwischen dem Medium, sprich dem »programmerfüllten Apparat«, und dem Rezipienten, dem Betrachter, feststellbar sei. Durch den Beschuß mit Lichtimpulsen werde der Betrachter selbst zum Bildschirm. Dieser Denkansatz unterstreicht die »Fixierung«, die durch die gewissermaßen *biomative Überspiegelung* der Bilderwelten in die Empfindungswelt des Betrachters stattfindet, und damit den unentrinnbaren Prägeeffekt.

Auch Alois Huter, Professor für Medienkunde an der Universität Salzburg, schließt in seiner Arbeit »Zukunft des Fernsehens – Ende der Kultur?« nicht aus, »daß dort, wo durch weltweite Übernahme industrieller Lebensformen universelle Lebensbedingungen geschaffen werden, allmählich auch eine geistige Nivellierung einsetzt und daß gleiche Lebensbedingungen auch gleiche Bedürfnisse, gleiche Erwartungen und gleiche Forderungen hervorbringen«. Die heute gängige Medien- und Kulturkritik, die Ausbreitung und Entwicklung des Fernsehens in Europa mit dem Untergang der Nationalkultur gleichsetzt, sieht Huter als Überzeichnung der Realität. Seiner Meinung nach ist der prinzipielle, kulturzerstörende Konflikt zwischen Kultur und Medien überzeichnet. Durch die omnipräsente »Augenscheinlichkeit« des Fernsehens gerate man leicht in die Versuchung, Symptome und Ursachen zu verwechseln.

Kritik der Massenkultur
Zur Strukturierung des schlechten Geschmacks

Umberto Eco, der in seinem Buch »Apokalyptiker und Integrierte« zur Kritik der Massenkultur kritisch Stellung bezieht, wendet sich zwar vehement gegen den leichtfertigen Gebrauch des Begriffsfetischs »Kulturindustrie« und »Massenkultur«, aber wendet sich dann doch »einigen Anklagepunkten« zu, die es zu bedenken

158

gilt. Zunächst einmal wenden sich die Massenmedien an ein sehr heterogenes Publikum und müssen sich daher in ihrer Programmatik auf *nivellierende Geschmacksdurchschnitte* einstellen. Im Endergebnis ihres »Outputs« verbreiten sie dem Namen nach eine *homogene Kultur* und tragen damit zur Zerstörung kultureller Eigentümlichkeiten jeder ethnischen Gruppe bei.

Da es also keine klare Selbstdefinition bei Empfängergruppen gibt und das Publikum kein Bewußtsein von sich selbst als Angehöriger einer charakteristischen Gesellschaftsgruppe besitzt, erscheint auch das Stellen gestalterischer Forderungen fraglich. Der größte Vorwurf, den Eco den Massenmedien generell macht, ist jener, daß sie dazu neigen, den herrschenden Geschmack zu stützen, daher also *konservierende Funktionen* ausüben. Gleichzeitig provozieren sie lebhafte unvermittelte Emotionen. »Statt eine Gefühlsregung zu symbolisieren und darzustellen, wecken sie sie, statt sie anzudeuten, liefern sie sie vorfabriziert aus.«

Das Herstellen von unkritisch vom Publikum übernommenen *»Prefabs«* , also vorfabrizierten Meinungs- und Urteilskomponenten, stellt eine durchaus gefährliche Ausgangslage her. Nur allzu gerne wird in der heutigen Informationsgesellschaft nicht reflektierte Fremdmeinung adoptiert und als Eigenmeinung weitertransportiert. Es kommt aber noch schlimmer: Massenmedien unterliegen als kommerzielle Medien dem Gesetz von Angebot und Nachfrage. Auf diese Weise erhält das Publikum das, was es verlangt. Noch einen Schritt weiter aber geht es dort, wo Lobbys auf die Medien einwirken, um dem Publikum klarzumachen, was es verlangen soll.

Werke und Konzepte der Hochkultur werden nur stellen- und auszugsweise abgetastet, in dokumentierten Auszügen zusammengefaßt und durch bunten Mix mit Unterhaltungsprodukten »verdaulicher« für den Informationskonsumenten gemacht. Berichterstattung über einen aufsehenerregenden Kulturfund wird durch den nebenstehenden Schlüssellochbericht über das Eheleben eines Filmstars verdünnt.

Die Massenmedien fördern damit eine oberflächliche, passive und unkritische Wahrnehmung der Welt. Der Bedarf an individueller *Informationstiefe* wird nur von elitären Medien abgedeckt, während sich die Massenmedien darauf spezialisieren, die Neugier zu schablonisieren. Infolge der Häufung von Information über die Gegenwart wird das kulturelle Geschichtsbewußtsein reduziert, während die oben erwähnte *Schablonisierung* in den buntgemischten Unterhaltungssendungen und Nachrichtensendungen Standardtypen klischiert, die sofort wiedererkennbar sind und damit unsere persönliche Welterfahrung blockieren.

Das Phantom der öffentlichen Meinung

Durch die Schaffung eines *Phantoms der öffentlichen Meinung* wird dann unter Berufung auf Befragungen bestätigt, was wir ohnehin schon denken. Massenmedien seien, so meinen deren Kritiker, dem äußeren Anschein nach individualistisch und demokratisch, in der Binnenstruktur jedoch auf Steuerung und Beeinflussung zugeschnitten, auf Gleichförmigkeit und *Zwangsplanung des Bewußtseins* aller. So gesehen seien sie die legitimen Nachfolger der mittlerweile ausgehöhlten religiösen Ideologien. »Diese Rolle spielen sie in dem täuschend freundlichen Gewand der Wohlstandsgesellschaft, in der alle Menschen unter Bedingungen vollständiger Gleichheit die gleichen kulturellen Chancen besitzen.« Soweit die »Anklageschrift« gegen die mediale Massenkultur.
Aber auch die Verteidiger der Massenkultur formieren sich zu einem leidenschaftlichen Plädoyer für den erbrachten Fortschritt. Dazu gehören solche, die wie Ernest Dichter in seiner »Strategie der Wünsche« den *Erfahrungszuwachs* als Positivum sehen und sehr engagiert die gesellschaftliche Durchdringung mit den Fortschritten der Konsumwelt legitimieren. Aber auch viele Vertreter der »neuen Aufklärung«, die in der Massenkultur im Sinne einer Interpretation des postindustriellen Zeitalters einen notwendigen Schritt und keine typische Form einer kapitalistischen Herrschaftslegitimierung sehen. Sie sei einfach die Konsequenz der Entwicklung in einer Gesellschaft, in der alle Bürger mit gleichen Rechten am öffentlichen Leben, am Konsum und damit auch am *Informationskonsum* durch Kommunikationsmittel teilzunehmen in der Lage sind. Massenkultur sei also unvermeidbar in allen Gesellschaften mit industrieller Struktur.
Wollen sich politische Gruppen, Verbände oder Körperschaften

der Gesamtheit der Bürger eines Landes mitteilen, so müssen sie auf Werkzeuge der Massenkommunikation zurückgreifen und unterliegen dabei unvermeidlich den Regeln der *Anpassung an den Durchschnitt*. Massenkultur, die übrigens in der totalitären Ideologie des Weltkommunismus eine entscheidende Rolle als linientreuer Homogenisierungsfaktor spielte, hat trotz des deutlichen Mangels an »Werten« durch einen penetranten und penetrierenden *ästhetischen Konservativismus* dazu beigetragen, paternalistische Werte als Vertrautheitsfaktor aufrechtzuerhalten. Nicht zu Unrecht wird durch den plötzlichen Verlust einer zentralistisch ausgerichteten *Ersatzgeborgenheit* beim Staat den plötzlich frei gewordenen Bürgern der neuen Demokratien, die sich nach dem Zusammenbruch des sowjetischen Imperiums bildeten, eine gegenwartskulturelle Desorientierung nachgesagt, die ihnen das Integrieren in die freie Gesellschaft gewiß nicht erleichtert.

Das gewichtigste Argument aber, das die Verteidiger der Massenkultur ins Treffen führen, sollte die Klarstellung dessen sein, daß die gescholtene Massenkultur nicht den Platz der Hochkultur okkupierte, denn sie breitete sich unter jenen Bevölkerungsschichten aus, die früher keinen Zugang zu kulturellen Ausdrucksweisen hatten. Ihnen bescherte die Partizipation an der Massenkultur das Niederreißen früherer Privilegienschranken.

Walther Killy, der sich in einem Essay mit deutschem Kitsch auseinandersetzte, weist darauf hin, daß *Trivialisierung* durch Massenverbreitung der Ausbreitung von Kitsch Vorschub leiste, Kitsch, der sich als eine künstlerische Mitteilung ausgibt. In der Literatur hatten selbst große Dichter, um ihr Werk zugänglicher zu machen und die Texte flüssiger zu gestalten, zur *Lyrizität* gegriffen. Dies geschah beispielsweise durch das Einfügen von Versen in eine Erzählung, einen Registerwechsel, den Goethe liebte. Schlimm ist es allerdings dort, wo »Kitsch« nicht als bewußt eingesetztes Stilmittel verwendet wird, sondern als kleinbürgerlicher Tatbestand *scheinhaften Kulturerwerbs*. Er macht das Publikum glauben, an einer sinnreichen, einzigartigen Darstellung der Welt teilzunehmen, während es in Wirklichkeit eine »sekundäre Imitation der primären Bildkraft der Künste« verzehrt ... Ohne einen »Tropfen Kitsch« könne es keine Kunst geben, schrieb Hermann Broch, der als das Böse im Wertesystem der Kunst die Bösartigkeit einer allgemeinen *Lebensheuchelei* sieht. Die besondere Gefahr liege in der prompten Genießbarkeit dieses Kunstersatzes, der solchermaßen die ideale Nahrung für ein träges Publikum bildet, das sich den Werten der Schönheit verschreiben und an ihr teilhaben möchte, ohne sich in Verständnisanstrengungen »beteiligen« zu müssen.

Der Mythos der Irrealität: Weltfluchtwege

Zur Abdeckung des mythischen Bedarfs der Allgemeinheit, der infolge der *Pseudo-Realisierung* des sogenannten wirklichen Lebens noch stark anwuchs, hat die kommerzialisierte Medienindustrie eine ganze Menge von Symbolfiguren anzubieten. Eine Art prototypische »Weltfluchtfigur« ist Supermann.
Er ist mit übernatürlichen Kräften ausgestattet, seinem Heroismus sind nicht einmal interstellare Grenzen gesetzt, er konzentriert geradezu exzessiv eine übertriebene *Maschinenkultur* auf sich, indem er alle Hochtechnologie, selbst die vorweggenommene, durch seine übermenschgebunden virtuellen Kräfte selbst regulieren kann. Er kann in wenigen Sekunden einen Wald abholzen, Bretter herstellen und daraus ein Dorf oder ein Schiff bauen. Er kann durch Körper hindurchsehen und in ferne Welten hineinhören. Sein Leben ist dem Kampf gegen das Böse geweiht. Er hat damit Rächer- und gleichzeitig *Erlösercharakter,* und, vor allem, er lädt seine Verehrer zur Identifikation ein. So vermittelt er dem durchschnittlichen Medienkonsumenten die Illusion, eines Tages die Fesseln der Mittelmäßigkeit abstreifen zu können und selbst eine Art *Weltenbeweger* zu werden. Denn diese *mythologische Sehnsucht* wohnt in vielen. Und wenn es nur das Ausbrechen in Phantasiewelten ist, die diese Sehnsucht kompensiert. Die anderen »Notausgänge« aus der gesellschaftlichen Uniformität verlangen kürzere Entschlüsse und höheres Risiko: Drogenflucht und Suizid.
Eigentlich erscheint es paradox, daß der Fluchtweg über die Gefahr führt, denn die *Beschaulichkeitsgesellschaften* vergangener Jahrhunderte wollten geradezu das Gegenteil. Sie suchten in dem überaus bescheidenen Fluchtweg des Fortsetzungsromans nichts anderes als die Bestätigung einer möglichen neuen Beschaulichkeit. In ihrem »Hunger nach Redundanz« war es das Ensemble vorausseh-

barer Mitteilungen, das innere Freude und inneren Halt gewährleistete. Auf diesem Nährboden gedieh die Überlieferung. In der modernen Industriegesellschaft hingegen lösen die Vertrautheitsparameter einander rasch ab; durch neue gesellschaftliche Mobilität und Verschleiß alter kultureller Muster entsteht die Getriebenheit des permanenten Anpassungszwanges.

Er führt unter extremer Belastung informativen Überflusses in die *innere Abmeldung,* in den Fruststau mangelnder Verwirklichungsmöglichkeiten, in die Politik- und Bildungsverdrossenheit, in eine zentralistische Diktatur mit hedonistischer Ideologie – mit dem Zwang zum permanenten Konsumieren auch immaterieller Werte. Pierre Paolo Pasolini weist in seinen »Freibeuterschriften« sehr konkret auf die Zerstörung der Kultur des einzelnen durch die Konsumgesellschaft hin. Er spricht von einem neuen *laizistischen Hedonismus,* »der ahnungslos sämtliche humanistischen Werte vergessen hat und ahnungslos jeder humanen Wissenschaft gegenüber blind ist«. Für Pasolini entsteht damit eine *negative Religiosität.* Der Staat trägt das Seine zur Festigung dieser Verhaltensmuster bei. Denn, so Pasolini, durch die Berufung auf die »Realpolitik« finde in vielen Grundsatzfragen eine zynische Überrumpelung durch die *Macht des Faktischen* statt. Der aufgezwungene *legistische Konformismus* sei seiner inneren Natur nach brutal repressiv.

Die neuen konsumistischen und permissiven Mächte bedienen sich unter Vorspiegelung einer progressiven »Aufklärung« einer falschen Rationalität. Die neuen Kräfte haben den *Ritus Konsum* und den *Fetisch Ware* zum absoluten Heiligtum erklärt. Daher brauche die Welt des hedonistischen Totalkonsums keine Religionen und keine Ideale mehr, um die Ziele zu maskieren. Die in allen westlichen Demokratien öder werdende Parteienlandschaft ist gekennzeichnet von Charismaverlust, Führungsschwäche, innerem Zerwürfnis und Verstrickung in »Affären«. Pasolini nennt diesen Zustand die *Phase der Glühwürmchen* und meint, daß eigentlich, ohne daß die Beteiligten es gemerkt haben, schon die »Phase nach dem Verschwinden der Glühwürmchen« eingetreten sei.

Gibt es keine Zukunft mehr?
Alles ist »post« – nichts ist »prä«

Durch die Gesellschaftswissenschaft wird eine etwas moderatere Terminologie formuliert: Sie spricht von postmodern, postindustriell und postmarxistisch. F. Hacker fügte noch den überaus treffenden Begriff des *Postindividualismus* hinzu. Wir befinden uns also ununterbrochen immer *nach* etwas und nie *vor* einer Zukunft, die mehr ist als ein Szenario, ein Modell, ein Entwurf oder ein Konzept. Gibt es kein »Prä« mehr, das für eine erstrebenswerte Zukunft steht? Der einzige Prä-Begriff, der im Umlauf ist, ist der Begriff prähistorisch, für die vorgeschichtliche Epoche der Menschheit. Ist diese so sehr bereit, im Sinne einer vorweggenommenen, weiteren Unwirklichkeit mit ihrer Geschichte ein Ende zu machen? Wie weit ist es mit unserem *Endzeitbewußtsein* gekommen? Haben wir tatsächlich »kollektiv« das Gefühl, daß es für uns alle keine Zukunft mehr gibt?

Auf unserem mühevollen Weg zwischen Repression und Emanzipation werden wir immer stärker in eine Art Zweideutigkeit unseres Rollenverständnisses gedrängt. *Rollenambiguität*, wie die Wissenschaft diesen Zustand nennt, schafft *vermehrte Konflikte zwischen Ich und Ich*. Dieses große Fragezeichen zum Anführungszeichen »Prinzip Zukunft« wird immer dann größer geschrieben, wenn das Anführungszeichen »Prinzip Hoffnung« kleiner geschrieben wird.

Vertrauen in die Zukunft beruht also, so könnte man generalisierend feststellen, sehr entscheidend auf der Hoffnung, die man in diese setzt. Unsere Vorstellung von der Welt stellt ein permanentes Resümee dar. Jährlich, monatlich, täglich, ja sogar stündlich ändert sich unser Gesamtbild. So wie manche Nachrichtensendungen in den elektronischen Medien bezeichnenderweise »Tagesschau« heißen und damit ausdrücken, daß sie die Sicht des Tages zu den verschiedensten aktuellen Änderungen des Nachrichtengefüges dieser Welt vermitteln. Wir sind, ob wir es wollen oder nicht – und das ist ein entscheidender Aspekt dabei –, *dialogische Partner* dieser *Außenweltspiegelung*. Durch die Verarbeitung oder Nichtverarbeitung von außen auf uns einströmender Informationsreize transformieren wir unsere gewissermaßen »innere Tagesschau«. Wir treten dann in einem Prozeß der *Intrakommunikation,* in einem inneren Dialog mit uns selbst, an die Selektierung und Gewichtung der für uns persönlich wichtigen Informationen näher heran. Der uns zugespielte Außenreiz wird dann als positiv empfunden, wenn er entweder unser Bild von der Außenwelt beruhigend bestätigt oder aber in für uns positivem Sinne verändert.

Der Exilösterreicher Jakob L. Moreno meinte sogar, daß der Mensch nach einer gewissen »Belastung« durch Umwelt verlangt. Er braucht »Einströmreize«, um sozusagen im »Feldbezug« gehalten zu werden. Wie Moreno und später auch De Bono richtig feststellten, benötigt der Mensch eine bestimmte Menge von *Zuwendungseinheiten* pro Tag, so wie die Pflanze Licht braucht. Er braucht das für das Gedeihen seines *Bezugsgefüges,* das sehr verwundbar ist. Untersuchungen an Heimkindern und an isolierten Menschen haben das dramatisch verdeutlicht. Dabei hat sich gezeigt, daß selbst die schlechte Nachricht besser ist als gar keine Nachricht. Natürlich kommt es auf die gesunde Mischung von guten Nachrichten, neutralen Nachrichten und schlechten, aber von uns bewältigbaren, verarbeitbaren Nachrichten an. Ist dieser emotionale »Mix« in eine Richtung drastisch verschoben, also etwa nach plus oder nach minus, so bewirkt das im Polaritätsgefüge unserer Emotionen bei Plus eine Euphorie, die bei besonderer Stärke geradezu zu einer *manischen Euphorie* werden könnte, und bei negativer Dominanz zu einer *depressiven Verstimmung.* Das ist, neben vielen inneren »Informationen«, wie Änderung von hormonalen Bedingungen, Streß, Übermüdung, schlicht und einfach dafür verantwortlich, warum wir »gute Tage« und »schlechte Tage« haben.

Dieses Auf und Ab zwischen plus und minus im Wechselbad des täglichen Lebens ist absolut normal. Schwieriger wird die Situation dann, wenn, wie schon gesagt, über längere Zeit Plus oder Minus dominieren und gewissermaßen der »Schalter« hängenbleibt. Geschieht das bei minus, so rutschen wir in eine depressive Stimmungslage. Unser innerdialogisches Verarbeitungssystem ist darauf ausgerichtet, im Sinne eines *biokybernetischen Regelkreises* ein Fließgleichgewicht zwischen Input von Information und Output, also Reaktion, aufrechtzuerhalten. Einem bestimmtem Quantum an einströmender Information wird jeweils ein adäquates Verarbeitungsquant entgegengesetzt. Alle Ablaufprozesse streben nach einem inneren Gleichgewicht, der *Ultra-Stabilität*, also einer Stabilität höherer Ordnung, die gewissermaßen die *schöpferische Grundkodierung* biologischen Lebens darstellt.

Zurückkommend auf den oben geschilderten »Mechanismus« einer negativen Informationsverschiebung in unserem auf Input, also Informationsaufnahme, und Output, die Außenreaktion, ausgerichteten inneren Verarbeitungssystem, ist klarzustellen, daß es sich hier um eine höchst personale Leistung handelt. Um die *Weltverarbeitung* des Einzelwesens. Hier spielt natürlich das persönliche Schicksal eine ganz entscheidende gestaltende Rolle. Dort aber, wo sich die Grenzen verschieben, wo wir als Teile einer sozialen Gemeinschaft sehr entscheidenden gruppendynamischen Prozessen unterworfen sind, tritt neben das Grundgefüge des psychologischen Einzelschicksals noch das Schicksal des *sozialen Kollektivs*.

Hier, genau hier ist die schwer definierbare Grenze zwischen der persönlichen Betroffenheit und der sozialen Dimension des *Gemeinschaftsbewußtseins* zu suchen. Genau die Grenze also, wo bei der Kategorisierung der Depression die Unterscheidung zwischen der durch persönliches Schicksal entweder organisch oder psychoreaktiv bewirkten Depression im klinischen Sinne und der gewissermaßen als Gemeinschaftsschicksal aufzufassenden *kollektiven Depression* zu suchen ist.

Der Carpenter-Effekt: Erleben als Miterleben

Ohne Zweifel sind wir durch die revolutionäre Veränderung der Welt um uns unserer vertrauten »Conditio humana« beraubt worden. Sie bestand darin, daß wir vor dem High-Tech-Zeitalter unsere Gefühle in der Überschaubarkeit familiärer Sozialbezüge dimensionieren konnten. Freud und Leid, im Sinne des menschlichen Lebenskonzepts, waren also »teilbar«, weil direkt mitteilbar. In diesem »Mit« liegt sehr viel Verbindendes.

Sehr früh schon, in den 70er Jahren des vergangenen Jahrhunderts, hatte der britische Physiologe W. P. Carpenter eine sehr bedeutsa-

166

me Entdeckung gemacht und sie der Welt als *Carpenter-Effekt* hinterlassen. Dessen Grundaussage war es, daß die Wahrnehmung oder Vorstellung einer Bewegung allein schon den Antrieb zur Ausführung dieser Bewegung bereitstellt. Ihm haben wir also die Erkenntnis zu verdanken, daß das »Leben als Bühne« uns zu »Mit-Freude« und zu »Mit-Leid« einlädt. Wir werden also, ob wir es wollen oder nicht, einbezogen, an Freudigem oder Traurigem teilzuhaben, uns selbst durch mehr oder weniger starke Identifikation in das »Gefühlsgeschehen« einzubeziehen. Da der »Carpenter-Effekt« sowohl den psychologischen als auch den physiologischen Bereich erfaßt und miteinander verbindet, ist darin für die Funktion des Entstehens psychosomatischer Störungen, also für die *Pathologie der Identität*, ein Ansatzpunkt zu sehen.

Ob wir es wollen oder nicht – das gilt auch für unsere Partizipation und Einbindung in die Breitwandinformationswelt der *Medienorgel*. Wir werden also von der uns täglich ins Wohnzimmer eingespielten und zugespielten Welt dazu aufgefordert, sie gleichzeitig mit den vielen Millionen anderen Medienteilnehmern mitzu-er-leben.

Betrachten wir – unter Ausklammerung der angebotenen Unterhaltungsprogramme – den aktuellen Informationsteil der Medien, so strömt, wenn wir uns an den Carpenter-Effekt erinnern, eine ganze Menge an *Fremdleid* auf uns ein. Leid, das uns betroffen macht, uns belastet, das wir mit-er-leiden, das uns zu Aktion oder Resignation bringt. Da viele dieser Leidensberichte gesteuert von vordergründiger *Bad-News-Spekulation* getragen sind, bleiben sehr oft wir im Wettbewerb der Medien um die schlechtere Nachricht auf der Strecke.

KAPITEL 3

Innenweltverschmutzung

Der Mißbrauch des Geistes als »Zwischenlager«
Wo bleibt die Seelen-Ökologie?

Aus der Ökologieecke entlehnt hat Jürgen vom Scheidt den Begriff der *Innenweltverschmutzung,* dem er sich in einem Buch über die verborgene Aggression zuwandte. Er sieht uns alle darin gewissermaßen als »Deponie« für die »Verschmutzung« unserer Innenwelt durch falsche Gefühle, trügerische Hoffnungen und irreale Vorstellungen an. Die besondere Tragödie dabei besteht darin, daß unsere Psyche in vielen Fällen für diese Verschmutzungen »Zwischenlager« ohne besondere Recyclingchance, in manchen, besonders tragischen Fällen aber ein »Endlager« darstellt.

Als Effekte der Innenweltverschmutzung sieht er die Summe aller von einer voraussetzbaren Norm psychosozialer Gesundheit abweichenden Störungen: mangelhaft kontrollierte Aggressivität, die explosive Zunahme depressiver Erkrankungen, die seiner Meinung nach Ausdruck des *inneren Chaos* sind, unter dem immer mehr Menschen leiden, und schließlich die zunehmende *Ich-Schwäche* vieler Persönlichkeiten, eine Schwäche, die, vergleichbar mit der Immunschwäche, vom Scheitern des Zurechtkommens mit einer zunehmend *überfordernden Umwelt* kündet. Das wohl traurigste Kapitel dieser »Effekte« ist aber die Flucht vor Aggression und Depression in die *psychedelische Gegenwelt* der Drogen.

Das in Ausbreitung befindliche Syndrom der »Innenweltverschmutzung« trägt nach Scheidts Ansicht starke autoaggressive Züge. Dort wo Aggressionen nach außen verdrängt werden, kommt es sehr oft zu *Somatisierungen,* zur Ausbildung von körperlichen Leidensbildern. So nehmen in den USA beispielsweise Magen- und Zwölffingerdarmgeschwüre bei Kindern und Jugendlichen enorm zu. H. A. Schultz von der New York State University wies, gestützt auf die Berichte von 22 Krankenhäusern, darauf hin, daß in einem Zeitraum von 15 Jahren kindliche und jugendliche Ulcuserkrankungen um das Siebenfache zunahmen! In den meisten Fällen waren es Eheschwierigkeiten der Eltern, die die kleinen Patienten in unverarbeiteten Dauerstreß brachten.

Eine große Anzahl von wissenschaftlichen Arbeiten, die sich mit psychosomatischen Störungen auseinandersetzen, weist darauf hin, wie oft der Volksmund recht hat: Lebenssituationen, die zum »Aus-der-Haut-Fahren« sind, bewirken häufig Allergien. Wenn man auf jemanden »verschnupft« ist, dann ist die psychosomatische Nebenhöhlenentzündung nicht weit. Wenn Probleme zu lange »zum Kotzen« sind, ist oft eine Gastritis oder ein Magengeschwür im Kommen. Das gleiche gilt, wenn jemand »sauer« ist. Geht einem etwas »an die Nieren«, muß es nicht nur ein Stein sein. Und wird der Kummer »herzzerreißend«, kann das eine der vielen herzneurotischen Störungen zur Folge haben.

Zu der Kategorie von seelischen Störungen, die eine Vielzahl von Symptomen hervorbringen können, gehören neben der sogenannten *larvierten Depression* auch jene zahlreichen Persönlichkeitsveränderungen, die sich im Grenzbereich zwischen dem Neurotischen und dem Psychotischen abspielen. Sigmund Freud hatte gegen Ende des vergangenen Jahrhunderts jene Fälle, die der klassischen Form der Psychoanalyse nicht zugänglich waren, *narzißtische Neurosen* genannt. Charakteristisch für sie war ein hohes Maß an Selbstzuwendung der Aufmerksamkeit, während die Beachtung der Umwelt zurückgedrängt erschien. Dieser Patiententyp wies starke aggressive Tendenzen auf, die sehr oft infolge der *Selbstzentrierung* dieser Persönlichkeiten *autoaggressiven Charakter* annahmen.

Das enorme zerstörerische Potential, dem Freud bei diesen Studien begegnete, veranlaßte ihn, seine Idee vom *Todestrieb* zu entwickeln und diesen dem lebenserhaltenden *Sexualtrieb* gleichzustellen. Freuds Schüler Abraham, Ferenczi, Klein und Balint fanden heraus, daß bei den später so bezeichneten Borderline-Fällen der Ausgangspunkt der psychischen Störung früher anzusetzen war als bei Neurosen. Es ergab sich, daß diese frühen Störungen vor allem aus Konfliktsituationen mit der Mutter herrührten, während bei Neurosen sehr oft eine später erst auftretende Konfliktsituation mit dem Vater feststellbar war.

Heinz Kohut, ein in Chicago wirkender Wiener Psychoanalytiker, hat sich sehr intensiv mit der Differenzierung narzißtischer Störungen auseinandergesetzt und dabei einen Persönlichkeitstyp gefunden, der von ihm mit dem Hinweis auf eine besondere Anfälligkeit für Borderline-Störungen *narzißtische Persönlichkeit* genannt wurde. Dort wo charakteristische Grenzstörungen auftraten, sprach er von der »narzißtischen Persönlichkeitsstörung«. Sehr interessant erscheint dabei der Aspekt, daß es häufig zu einem Kippen der Polarität von einem anfänglichen Stadium des *Autoerotismus* zu einem späteren Stadium der *Autoaggression* kommen kann. Die selbstzerstörerischen Tendenzen können von leichten selbstaggressiven »Fehlhandlungen« bis zum Selbstmord eskalieren.

Der »Unfäller«-Typ
Von der Autoaggression zur Auto-Aggression

Selbstbestrafung und Selbstzerstörung stecken, ohne daß die Betroffenen etwas davon ahnen, hinter vielen Unfällen. Der von Verkehrspsychologen definierte *Unfällertyp,* der Fahrer, dem gehäuft und in unterschiedlichem Schweregrad Unfälle »zustoßen«, hat oft autoaggressive Tendenzen. Ähnliches kann man vom Gewohnheitstrinker sagen, auch wenn er so gut wie nüchtern in einen Unfall verwickelt wird. Sehr oft steht dann hinter dem Unfall und auch hinter dem Trinken eine Depression.

»Auslösende« Umwelt gibt es ja genug: Arbeitslosigkeit, Krankheit, Stellen- und Stellungsverlust, Alterskrise, Rassismen, Ausländerfeindlichkeit und wie die Beweggründe für Verstimmungen noch heißen mögen. Zu den eben geschilderten, im »normalen« Sozialbezug, also im täglichen Leben erfahrenen Kränkungen kommen noch die Horrorszenarien der *hereingespielten Medienwelt.* Sie verstärken personales Erlebnis beziehungsweise stören die Ausgangslage für die Bewältigung schwieriger Lebenssituationen empfindlich.

Eine vom amerikanischen Präsidenten eingesetzte Studienkommission hat festgestellt, daß Gewaltakte, die im Fernsehen gezeigt wurden, innerhalb von sieben Jahren Gewalttaten um 300 Prozent anhoben! In acht von zehn Unterhaltungssendungen spielt die Gewalt eine Rolle. Das Gewaltrepertoire macht natürlich nicht vor hauptsächlich von Kindern und Jugendlichen konsumierten Zeichentrickfilmen und Science-fiction-Filmen halt.

Wie brisant die *Psychopathologie* der in Medien gezeigten Gewalt für die kindliche Seele ist, erfahren Kinderpsychologen Tag für Tag. Sie stellen fest, daß die kindliche Vorstellungswelt von Aggressionsdynamik durchsetzt ist, während die Welt der persönlichen Phantasieprojektion stark eingeschränkt scheint. Die vielgerühmte spontane *kindliche Kreativität* zeigt deutliche deformative Einbußen.

Das Innenleben der Kinder wird monotoner. Immerhin verbringt ein amerikanischer Jugendlicher, von der Kindheit an gerechnet, rund 20 000 Stunden vor dem Fernsehschirm und nur 16 000 Stunden im schulischen Bereich. Das optische Medium schafft dabei durch seine *Verdichtungskraft* Realitätsverzeichnungen, die als Zeitraffungen oder Zeitdehnungen spätere Realbeurteilungen erschweren. Jürgen vom Scheidt stellt in seiner These über die zunehmende »Innenweltverschmutzung« fest, daß sie immer dann – und sie ist leider sehr häufig – beginnt, wenn Proportionen nicht mehr stimmen. Die grob gerasterte *Verzerrung von Wertmaßstäben* sei charakteristisch für die herrschende *Videokratie,* die den Fernsehsüchtigen nur noch graduell vom Drogensüchtigen unterscheide, denn es sei letztlich egal, ob man die unwirkliche Bilderflut vom Bildschirm oder aus der eigenen psychedelisch beeinflußten Phantasie beziehe ...

Aggressive Aufladungen oder depressive Entladungen beziehe man natürlich auch noch in reichem Maße durch den zunehmenden *Dichte-Streß* in urbanen Ballungszonen. Man weiß aus verhaltenspsychologischen Tierstudien, daß bei Verlust der *kritischen Distanz* im personalen Freiraum entweder Kampf- oder Fluchtsituationen stimuliert werden. Scheidt ortet daher eine kräftige Zunahme einer *kollektiven Tendenz* zur Innenweltverschmutzung: Die Zunahme von Gewaltdelikten, Terrorismus, von politischer Radikalisierung beginnt die Schwellenwerte »gesunden Empfindens« kräftig zu überschreiten.

Das »Mobbing« geht um
Psychoterror im Betrieb: Gerücht – Intrige – »Fertigmachen«

Dazu kommen noch neue Formen des Psychoterrors im Beruf. *Mobbing* breitet sich in vielen Betrieben deutlich aus, Terror, der wie eine Seuche grassiert. In der Bundesrepublik beispielsweise stellt man fest, daß eine explosive Zunahme von Intrigen dafür sorgt, daß sich in deutschen Unternehmen das Betriebsklima signifikant verschlechtert hat. Die eingesetzten »Kampfmittel« reichen vom Anschreien bis zur Verbreitung von Gerüchten oder ganz einfach zum gezielten *Fertigmachen*. Etwa 2,5 Prozent der arbeitenden Bevölkerung sind bereits direkt oder indirekt vom Psychoterror am Schreibtisch betroffen. In Zahlen ausgedrückt, sind das etwa 1,2 Millionen Bundesbürger, die unter der neuen Form des *Krieges am Arbeitsplatz* zu leiden haben.

Die Zahl von Persönlichkeitsstörungen, Neurosen und psychosomatischen Krankheiten nimmt derart sprunghaft zu, daß der jährliche Schaden durch steigende Krankheitstage, frühzeitige Pensionierungen bei der hohen Zahl der Betroffenen rund 100 Milliarden D-Mark ausmacht. In Schweden, wo es bereits Studien über dieses neue negative Phänomen gibt, dürften die Zahlen ähnlich in der Proportion liegen. Dort sind 3,5 Prozent der arbeitenden Bevölkerung vom Psychoterror betroffen.

Die Ambivalenz zwischen potentiellen Tätern und potentiellen Betroffenen verstärkt den »Seuchencharakter«. Zweifellos bringt die steigende Angst um den wichtigen Arbeitsplatz vorhandene Labilitäten in Schräglage. Die Massengesellschaft und der Dichte-Streß fördern zudem Berührungsängste. Diese wiederum bewirken *Wirklichkeitsverschiebungen*. Von ihnen sprach der ehemalige Kommunarde Hans Ludwig Kosanetzky anläßlich des in Österreich geführten Prozesses gegen die Ehefrau des Kommunarden und Aktionisten Otto Mühl, der viele Jahre unumschränkter Herrscher in der Mühl-Kommune Friedrichshof war. Dabei kamen Details zutage, die den Horror drastischer *»Wirklichkeitsverschiebungen«* offenbarten. *»Schuld sind wir alle«* war die einmütige, aber relativ späte Erkenntnis der Beteiligten.

Der Psychoanalytiker Arno Gruen sieht die Wurzeln im Dilemma zwischen Anpassung und Rebellion in der Instrumentalisierung des *Realitätsprinzips.* Zwischenmenschliche Beziehungen sind seiner Meinung nach zumeist eine Frage der Etablierung von Machtverhältnissen. Ein Kernmythos dazu: Das Kind möchte zu Macht und Allmacht gelangen, aber die Erwachsenen müssen dieses im Namen des »Realitätsprinzips« verhindern. Um das Kind zur Anpassung zu bringen, werde ihm beigebracht, seine Triebe zu »beherrschen«. Im Effekt führt dies dazu, daß das Kind relativ früh schon Bedürfnisse als störend erlebt.

Viele weltliche und geistliche Erziehungsmethoden fördern diesen Prozeß. Das »Lustprinzip« mußte durch das »Realitätsprinzip« in Schach gehalten werden, sagt die Psychoanalyse und weist darauf hin, daß auf diese Weise *Sozialität* zu einer Funktion kulturell entwickelter Werte wurde. Freud hat in seiner Triebtheorie die »Instinkte« als im allgemeinen sozial negativ eingestuft. Negative Abhängigkeit bringe *Triebfixierung* hervor, und diese bewirke ein illusionäres Gefühl der »Unabhängigkeit« bei in Wirklichkeit Abhängigen.

Dieses *illusionäre Autonomiegefühl* war auch sehr charakteristisch für viele engagierte Spitzenpersönlichkeiten der nationalsozialistischen Ära. Wie sich in den Prozessen der Nachkriegszeit zeigte, hatten viele von ihnen Pflichttreue und Pflichterfüllung für ihre »Identität« gehalten. Und einige von ihnen hatten, kaum war die Ära des Dritten Reiches vorüber, ihre »Treue« zum Nationalsozialismus mit dem Gehorsam gegenüber den neuen demokratischen Normen ganz einfach vertauscht. Eine sehr entscheidende Lektion ist es, die uns dieser Verhaltenswandel vor Augen führt, daß nämlich Menschen, wenn sie keine innere Beziehung zu ihrem Sein haben, weder das Böse noch das Gute in allen Dimensionen erfassen können.

Unter dem Gefühl der *jeweiligen Loyalität,* einem durchaus aufrichtig verspürten Gefühl, wurden mühelos Verschiebungen innerer Welten vorgenommen. Albert Speer zum Beispiel, Hitlers »Baumeister« und Rüstungsminister, beeindruckte im Nürnberger Prozeß durch seine erstaunliche Offenheit und Weltgewandtheit. Er erwies sich als ein Mann, der auch in einer vollständigen politischen Kehrtwendung nur die Logik notwendigen Wandelns sah. Die vollständige Absurdität einer solchen deformierten »Identität«

gibt Eichmanns Aussage während seines Prozesses in Jerusalem sehr deutlich wieder: »Ich muß betonen, daß ich mich im juristischen Sinne nicht schuldig fühle.«

Menschen ohne wirkliches Selbst sind imstande, in einem unglaublichen Ausmaß menschliche Möglichkeiten zu pervertieren, ohne die Verschiebung zu bemerken. Hannah Arendt sagt in ihrer Kritik des Eichmann-Prozesses, daß das wirklich Böse im *Banalen* angesiedelt sei. Es habe sich, so meinte sie, bei Eichmann nur um einen »*tödlich normalen*« Bürokraten gehandelt, der nicht wußte, was er tat.

Dieses Wort »normal« muß eine enorme Elastizität im Gebrauch in sich tragen, denn der offizielle Sprecher eines bundesdeutschen Innenministeriums sagte 1981 im Hinblick auf das Konzentrationslager Dachau und seinen Ausbau als Gedenkstätte: »Einmal muß auch Dachau wieder *normal* werden.« Dieses kleine Wörtchen »normal« scheint also für viele Leute ein Synonym für Auslöschen der Erinnerung zu sein.

Die Anpassung an jeweils geltende Normen, herrschende Ideologien und die durch sie etablierten »Werte« wird auf diese Weise zur Quelle täglicher und dann alltäglicher Gewalt. Das einzige, was dabei aufrecht bleibt, ist die Verstümmelung des Selbst. Und die verhängnisvolle *mentale Gefangenschaft* zwischen den Polen Haß und Selbsthaß. Die aus diesem negativen Kraftfeld abgeleitete *Destruktivität* mündet entweder in Konformismus oder in Rebellion. Beides kann als das Erreichen der »natürlichen Grenze« der Anpassungsfähigkeit angesehen werden.

Männermythos – ein »Rohrkrepierer« der Emanzipation

Ähnliches läuft, wenn auch nicht ganz so dramatisch, sehr oft in dynamischen Prozessen innerhalb der Familie. Akzeptiert die Mutter den *Mythos der väterlichen Macht* zu stark, leitet sie, ohne es zu wollen, Interaktionen mit den Kindern ein, die diese entweder zu angepaßtem oder zu rebellischem Verhalten führen. Dieses *Kräftebillard* bleibt nach dem ersten Anstoß relativ lange in Gang. Bei der Beurteilung von männlichen wie weiblichen Selbstwertge-

fühlen findet man häufig eine ungerechtfertigte Überproportionie-
rung der sogenannten *männlichen Tugenden* wie Tatkraft, Macht
und Erfolg.
Paradoxerweise suchen sehr oft Frauen in ihren aus der sozialen
Perspektive selbstverständlich gerechtfertigten Bestrebungen
nach Gleichstellung *emanzipatorische Werte* in Richtung *männ-
licher Mythologien* zu orientieren. Das spiegelt sehr deutlich das
verzerrte Wertesystem unserer Kultur wider, in der Frauen ihre
eigene Weiblichkeit nur allzu oft negativ erleben. Frauen, die sich
besonders stark an der männlichen Welt orientieren, siedeln
Machtausübung und *Machtgewinnung* im Kernbereich ihrer
Wünsche an. Da die äußere Welt sehr oft der Verwirklichung dieser Wünsche entgegensteht, finden Frauen aus diesem inneren
und äußeren Dilemma häufig einen Ausweg, der von der *Maxime des Erreichbaren* geprägt ist. Nirgendwo findet daher eine
Frau leichter Ausgleich als im Umgang mit den eigenen Kindern,
wie Ronald V. Sampson es formulierte. Hier kommt es zu *Be-
wunderungsprojektionen,* die »narzißtische Besetzungen« forcie-
ren. Das unkritische *Grandiositäts-Spiel* schränkt die Möglichkeit des Kindes, ein Gefühl für Recht und Unrecht zu entwickeln, sehr ein. Das sind die Wurzeln für spätere Menschen
ohne Gewissen.
Die andere Entwicklung steht im Zeichen der Unterwerfung im Namen des Vaters. Läuft diese »erfolgreich«, dann steht am Ende ange-
paßtes Verhalten, das nur Einbeziehung in Machtstrukturen anstrebt
und nicht die Machtausübung selbst. Dieses Profil der *konformistischen Autorität* findet man häufig in der Terrorszene. Es kumuliert
in der Identität des »Feindbildes«, das, von jedem menschlichen Verstehen abgelöst, abstrakt im Denken verankert sein muß.
Antonio Negri, früher Professor für Politologie an der Universität
Padua und später Sprecher der italienischen Linksextremisten,
schrieb im Buch »Sabotage«: »... jede Zerstörungs- und Sabotage-
aktion überströmt mich als Zeichen von *Klassenverbundenheit.*
Auch das Risiko macht mich nicht bestürzt: Es erfüllt mich vielmehr mit fiebriger Emotion, wie wenn ich die Geliebte erwarte.
Noch betrifft mich der Schmerz des Gegners ...« Aus solchen
Äußerungen kann man die Verschiebung aller Achsen entnehmen,
die Gleichsetzung von Wut mit sexueller Lust, von Liebe mit Zer-

störung und Tod. Diese »*orgiastische Aufladung*« distanziert offensichtlich von den realen Folgen, die das blutige Tun bei den Betroffenen hat. Durch eine solche Transformation verliert der Mörder völlig das Gefühl für die Verantwortung.

Der Mord als »Entladung«: Fußball-Rowdys und U-Bahn-Punker

Was aber besonders bestürzend erscheint, ist die Tatsache, daß neben der geradezu dogmatisch fixierten *Gewalt höherer Ordnung*, wie sie in der Anarchieszene praktiziert wird, auch eine seltsame Form *ideologiefreier Gewalt* sich zu entwickeln scheint. Denken wir an das Fußball-Rowdytum, das, um nur einige Beispiele zu nennen, bereits 1946 bei Krawallen anläßlich eines Fußballspiels in England 33 Tote und 500 Verletzte forderte. Dazwischen gibt es eine Vielzahl weiterer blutiger Stationen bis zu dem Horrorlegende gewordenen Fußballspiel zwischen England und Italien in Brüssel, bei dem 39 Menschen starben und 210 Menschen verletzt wurden. Um die Beweggründe für derartige Rowdys verstehen zu können, muß man das Konzept einer *kollektiven Anpassung* weiter gesteckt sehen, als man das in den Grenzen der »Normalität« tun kann. Immer treten diese Ereignisse im Gefolge von *ekstatischen Massenaufladungen* auf. Bei Popkonzerten ebenso wie bei Fußballveranstaltungen. Erinnern wir uns daran, daß bei einem Popkonzert in Cincinnati elf junge Menschen ums Leben kamen. *Aggressive Entladungen* sind aber nicht länger an Auslösefaktoren wie Massenhysterien gebunden. Denken wir nur an die Terroraktionen von Rockerbanden, die scheinbar ohne Motiv auf Straßen oder in U-Bahnen Passanten und Passagiere terrorisieren und niederschlagen. Oder an den Schulaufsatz eines zwölfjährigen Japaners, der bei dem gestellten Thema »Was würdest du tun, wenn du nur noch fünf Tage zu leben hättest« folgendes schrieb: »Am ersten Tag würde ich alle Fenster zertrümmern, dann eine Bank ausrauben und das ganze Geld verbrennen, dann einen Menschen zerstückeln, was ich oft in Videofilmen gesehen habe, ein Haus anzünden, über 300 Leute mit einem Auto zusammenfahren, und wenn ich das alles getan habe, wird es mir nicht leid tun zu sterben ...«

Diese für einen Zwölfjährigen erstaunlich hohe aggressive Aufladung – auch wenn man das entwicklungskritische Lebensalter mit ins Kalkül zieht – zeigt eine »Kollage« von aggressiven Detailbildern beklemmender Dichte und, was das Schlimmste daran ist, von geradezu klassischer *Stereotypie* der über Bildermedien *gelernten* Standardrepertoires heutiger Gewalt.

In solchen Bewußtseinsspeicherungen liegen die Wurzeln für ein späteres Machtmenschen-Verhalten, das angefüllt ist mit Selbsthaß, Fremdhaß und Leere. Aus diesem Holz sind jene Menschen geschnitzt, die immer wieder neue Krisen schaffen müssen, um sich selbst zu messen und siegreich daraus hervorgehen zu können. Das sind die Roulettespieler mit Gefahr und Tod, denen wir, meßbar an den tragischen Folgen für die soziale Umwelt, immer wieder begegnen müssen. Das verstärkte *Streben nach Macht* ist seltsamerweise mit verstärkter *Unfähigkeit, Schmerz zu ertragen,* vergesellschaftet. Der eigene Schmerz wird als Demütigung empfunden, der anderen zugefügte Schmerz als »Lusterfüllung«. Diese Menschen laufen fatalerweise meistens sogar in der Biedermannsmaske herum. Sie agieren in Spitzenpositionen von Politik und Wirtschaft und sind dementsprechend Schadensmultiplikatoren.

Es gibt zu diesem *Maskierungsphänomen* eine interessante Parallele: Der amerikanische Psychiater Harvey Cleckley hat in seinem Werk »The Mask of Sanity« über ein Phänomen berichtet, das innerhalb psychiatrischer Krankheitsbilder als nicht zuordbare Problematik blieb. Bei allen »orthodoxen« Psychosen gibt es mehr oder weniger deutliche Veränderungen im Denkprozeß, wie beispielsweise die mangelnde Fähigkeit logischen Denkens, veränderte Persönlichkeitsstrukturen, Halluzinations- oder Wahnvorstellungen. Der Fachmann sieht sich jedoch trotz alledem mit einer »völlig normal« strukturierten *Maske geistiger Gesundheit* konfrontiert. Die maskierte Kopie eines völlig normalen, gesunden Menschen ist so perfekt, daß der evidente Realitätsbruch völlig unter Kontrolle zu sein scheint.

Maskierung – das Selbst-Verstellen

Diese Fähigkeit zur Maskierung, die bei Psychopathen auftritt, ist natürlich noch in viel größerem Maße bei »*Soziopathen*« feststellbar. Ihnen fehlt es ja nicht an der realen geistigen Gesundheit, am strukturellen Potential völlig normaler Funktionen, sondern sie zeigen deutliche Abweichung hinsichtlich ihrer Sozialdimension. Aktiv und passiv. Während in der psychisch gestörten Ebene deutlich »Schuldgefühl«, und zwar in übersteigertem Maße, vorhanden ist, ist der »Soziopath« dadurch charakterisierbar, daß er ein völlig mangelndes *Gefühl für Schuld* hat. Ein Kriterium ist ja schließlich das Kriterium der aktiven Verantwortung, das zweite lediglich die Angst vor Sanktionen anderer Autoritäten.

Beides jedoch löst gelegentlich Reaktionen aus, die im kleinkindlichen Spiel zu beobachten sind. Freud hat das Versteckenspielen von Kleinkindern analysiert und festgestellt, daß in einem sehr frühen Alter schon die Differenzierungsfähigkeit erreicht ist, sich entweder persönlich und räumlich vor der Mutter oder einem anderen »Suchenden« zu verstecken oder aber auch – und das erscheint besonders interessant – *vor sich selbst*. Kleinkinder neigen dazu, sich vor dem eigenen Bild im Spiegel durch Ducken zu »verstecken«.

Die gleiche *Strategie des »geteilten Selbst«* finden wir, wie oben dargestellt, bei Psychopathen und Soziopathen, die sich vor dem Spiegelbild ihres Schuldgefühls oder ihrer Verantwortung verstecken. Dieses Verstecken kann in der Form einer »Maskierung« vor sich gehen oder aber über die Fluchtwege Aggression, Depression, Drogenirrealität. Der Versuch, ohne die Realität einer inneren moralischen Verfassung zu leben, endet so gut wie immer in der Leere.

Die Reaktionsverteilung richtet sich nach einem interessanten Durchschnittsschlüssel: Achtmal mehr Männer als Frauen eskalieren in die Dimension Gewalt und Aggression, doppelt so viele Frauen wie Männer flüchten in die De-Realisationsebene Depression. Es erscheint in diesem Sinne besonders wichtig, in einem sozialen Gemeinwesen nicht nur den permanenten Kampf für die Freiheit des einzelnen aufrechtzuerhalten, sondern auch jenen gegen die *entleerte Freiheit*. Zu unseren sozialen Verpflichtungen gehört es, neben dem »Man-selbst-Sein« auch ein Für-andere-Da-seiender zu sein. *Individualität* erhält nur Sinn und Bedeutung, wenn sie auch die *Berufung zur Gemeinschaft* annimmt. Der Mensch ist auf diese Weise *Mit-Mensch* und nur in seiner Qualität als Mitmensch kann sein Menschsein erfaßt werden.

Heinz Dietrich Wendland wies in seiner Studie »Der Mensch in der Gemeinschaft« darauf hin, daß mit Recht die christliche Soziallehre seit jeher sagte, daß Freiheit ohne Gemeinschaft und Gemeinschaft ohne Freiheit das Menschsein des Menschen zerstören. Entleerung einer Gemeinschaft von sozialer Ethik bedeutet daher Aufhebung der Freiheit, und zwar gegen die Interessen des absoluten Individuums und auch gegen die Interessen des absoluten Kollektivs.

Die klassische deutsche Sozialphilosophie war lange Zeit nicht der Meinung, daß es als gewichtigstes Gemeinschaftskriterium zu gelten habe, wie das personale Gegenüber der Ich-Du-Verhältnisse einer Gemeinschaft aussieht. Sie sah noch im Staat eine objektive sittliche Gemeinschaft, die in der bürgerlichen Gesellschaft als faire Hüterin ökonomischen Interessen gegenüberzustellen sei. Die Ich-Bewährung gegenüber der *Wir-Verpflichtung* setzt den Maßstab der *Gemeinschaftsfähigkeit.* Früher – und darum die aus unserer heutigen Sicht veraltete Perspektive der klassischen Sozialphilosophie – galt es aus den sozialen Interaktionen zwischen Staat und Gesellschaft ethische Prinzipien zu generieren.

Heute wissen wir, daß viele andere wichtige Gestaltungskräfte oder störende Kräfte dazugekommen sind: die Medienwelt mit der Chance, Gutes zu verbreiten und damit zu verbreitern, und der Gefahr, Schlechtes disproportioniert für das »kollektive Bewußtsein« in eine aktive und passive Kraft des Bösen umzuformen. Wissentlich oder unwissentlich. Beides ist gleich schlimm und unverzeihlich.

Die Chance für eine bessere Welt der Zukunft liegt ausschließlich darin, den *Zweifrontenkrieg entleerter Freiheit* zu beenden und einen neuen tragbaren und damit tragenden Idealismus in die Sozialphilosophie zu integrieren: den Sinn für die Bedürfnisse eines größeren »Wir«. Damit würde die theologische Projektion des »Prinzips Liebe« zu einem lebbaren *Prinzip sozialer Hilfe* werden. Wie wir alle aus Erfahrung wissen, kann nur Liebe Lasten tragen, niemals der Haß.

KAPITEL 4

Der (un-)verantwortliche Redakteur

Eine Schattenfigur im Gatekeeper-Modell der Medienmacher

Wie Peter Hunziker in seinem Entwurf zu einer Soziologie der Massenkommunikation feststellt, müssen wir bei der Beurteilung der Wirkung von Massenkommunikation in zwei grundlegende Kategorien teilen: die Wirkung der Massenkommunikation auf die Menschen im Rahmen ihrer Lebenswelt und die Wirkungen der Massenkommunikation auf die Gesellschaft. In beiden Bereichen geht es durchwegs darum, das Interesse der Untersuchungen auf vom Kommunikator, also dem Aussender von Botschaften, beabsichtigte, aber auch, wie schon dargestellt, unbeabsichtigte Folgen der medial vermittelten Kommunikationsinhalte auf Denken, Fühlen und Handeln zu richten.

Schon David Riesman stellte fest, daß die in der heutigen Informationswelt Medieneinflüssen ausgesetzten Menschen zwar »*außengelenkt*«, aber doch im Grunde isoliert bleiben und eine Art »*einsame Masse*« darstellen. Die besondere Schwierigkeit der Beurteilung liegt darin, daß durch Steuerungsmöglichkeit und kollektive Ausrichtung zwar wirksame Normensysteme gesetzt werden, aber dennoch relativ labil bleiben.

Vielschichtigen Schwierigkeiten auf einer dadurch sich relativ rasch ändernden Empfängerebene steht ein sehr komplexes System auf der Senderebene der Medienkommunikation gegenüber. Denn dort geht es auch um sehr differenzierte Voraussetzungen: einerseits um die Qualitätsorientierung der »Macher« in den Medien, der Journalisten, Kommentatoren, Regisseure, Darsteller, die sich an ihrem *Werk* orientieren, und andererseits um die Perspektive der Medienunternehmer, also der Verleger, Intendanten, Produzenten, die sich am *Markterfolg* orientieren.

Daraus entsteht eine sehr kräftige Polarisation zwischen Qualität und Erfolg, zwischen produziertem und vermitteltem Inhalt. Das in der Mediensoziologie gültige *Gatekeeper-Modell* sieht redaktionelle Abläufe als Informationsfluß im Sinne eines Medien-Kanal-systems, durch das Kommunikationsinhalte fließen, die während der verschiedenen Phasen des Durchlaufs »gefiltert« werden. An den Schaltstellen sitzen die »*Gatekeeper*«, allen voran der Chefre-dakteur, der im Verein mit seinen Ressortleitern das Endprodukt bestimmt. Auf dieser Ebene wird der angelieferte Nachrichten-»Rohstoff«, der schon in der ersten Instanz von den Schreibenden gestaltet und damit sehr persönlich transformiert wurde, neuerlich den redaktionsinternen Standards des spezifischen Nachrichten-werts angepaßt. Auf diese Weise führt eine Kette von »Sachzwän-gen« zum endgültigen »Informationsprodukt«.

Wenn wir jetzt einmal von Unterhaltungssendungen in audiovisu-ellen Medien oder Unterhaltungslektüre in Printmedien absehen, uns also auf die exemplarische Darstellung des Nachrichtenberei-ches beschränken, so müssen wir davon ausgehen, daß Nachrich-ten als Abbild eines realen Vorgangs gelten.

Das Wort »gelten« ist gewissermaßen ein Schlüsselwort für Falsifi-kationsmöglichkeiten bei der Gestaltung und Übertragung der Bot-schaft und beim Empfang der Botschaft. Allein schon aus der durch Zeitvorgaben bei audiovisuellen Medien und durch Platzvorgaben bei Printmedien bestimmten *Verkürzung von Inhalten* erhält die Kommunikationsbotschaft ebenso *Bedeutungsverschiebungen* wie durch Kontextgegebenheiten des redaktionellen Umfelds.

Trotz alledem wird von den Empfängern die Botschaft als Ersatz für persönliche Teilnahme am Ereignis angesehen. Durch diese *Projek-tionsdimension* kommen noch zahlreiche Interpretationsvarianten des Empfängers hinzu. Welche Bedeutung nämlich eine massenme-diale Aussage im Einzelfall hat, hängt nicht nur von der Intelligenz und den Wissensvoraussetzungen des Empfängers ab, sondern auch sehr entscheidend von seiner augenblicklichen emotionalen Verfas-sung und Motivationslage, unter Einbeziehung des gesamten Um-felds. Will man also die *soziale Wirklichkeit* einer Botschaft ergrün-den, muß man den gegebenen Inhalt auch auf seinen Gehalt an *un-vorhersehbaren Verknüpfungsmustern* untersuchen.

Kleiner Exkurs über Konserven, »Sitzredakteure« und Sozialhygiene

Die Sozialpsychologie kennt dazu eine Reihe von Verfahren, die sich sowohl auf Quantität wie auf Qualität der Inhalte beziehen. Daraus kann man ersehen, wie schwierig es ist, alle Faktoren im Auge zu behalten, die für unbewußte und ungewollte Wirkungen von Medienbotschaften verantwortlich sind. Daher ergibt sich der zwingende Schluß, daß alle im Medienbereich Tätigen über die Vielschichtigkeit von Botschaftswirkungen unterrichtet sein müssen. Das müßte eigentlich auch dazu führen, daß das Anforderungsprofil an die sogenannten »verantwortlichen Redakteure«, die aus presserechtlichen Gründen das Impressum der Printmedien und die Inserts der elektronischen Medien zieren, neu definiert werden muß. Dieser *verantwortliche Redakteur* im herkömmlichen Sinn und, was noch schlimmer ist, im herkömmlichen Gebrauch steht lediglich der Justiz als Bezugsperson bei eklatanten medienrechtlichen Verstößen des Mediums als Rechtspartner gegenüber. Einfacher ausgedrückt: Er wird bei Verstößen gegen das Medienrecht rechtskräftig verurteilt, und die Strafe zahlt der Medieninhaber. Der in Medien-Insiderkreisen geprägte Begriff des »Sitzredakteurs« trifft längst nicht mehr im Sinne eines Sitzens hinter »schwedischen Gardinen« zu, sondern hat eher symbolischen Charakter. Und darin liegt ein großer Schwachpunkt.

Eigentlich müßte der »verantwortliche Redakteur«, würde er seine Bezeichnung im vollen Sinne des Wortes verdienen, umfassende Kenntnis über die *sozialhygienischen Anforderungen* an ein Medium besitzen. Er müßte Inhalte, die in irgendeiner Form dazu geeignet sind, Mediennutzern als Einzelpersönlichkeiten, aber auch als Sozietät betrachtet, Schaden zuzufügen, aus dem Informationsfluß ziehen. Das hat im richtigen Falle der Anwendungen überhaupt nichts mit »Zensur« zu tun, sondern ist ein im vollen Verantwortungsbewußtsein bewirktes *Ziehen von Grenzen übertragbarer Inhalte.*

Von der Konservenindustrie verlangt man, daß die Inhalte einer Konserve voll angegeben sind, auch die künstlichen Aromen oder Konservierungsstoffe. Bei den viel wirksameren Medieninhalten ist das nicht der Fall. Aber auch nicht einmal *intern* den Gestaltern zugänglich, weder vom Wissen her noch von der Möglichkeit her. Auf der schöpferischen Ebene fehlt es an Bewußtsein, welche Quantitäten, aber auch welche *negativen Qualitäten* an Aggressionsdarstellungen oder Sexdarstellungen ohne Schadenswirkung zumutbar sind, und auf der Übertragerseite gilt das *Gesetz der kommerziellen Opportunität.*

Es gibt unzählige Medienenqueten, es gibt auch eine ganze Reihe von nicht festgeschriebenen und festgeschriebenen Mediencodices, aber in der täglichen Praxis der Nachrichtengestaltung und Nachrichtenübertragung ist nicht das geringste *Wirkungsbewußtsein* zu verspüren. Kein Wissen um den *Betroffenheitsgrad* der Rezipienten, keine Beurteilung des Ereignisses als Kontextmerkmal im Nachrichtenfluß (also als Addierung und Verstärkung negativer Nachrichten) und nichts vom Bewußtsein über die möglichen Wirkungen der *Personalisierung,* also der Identifikation von Betroffenen.

Der neue Begriff des *Infotainment,* der Unterhaltung durch Information, hat offensichtlich Grenzziehungen erschwert. Medien setzen latente Unterhaltungs- und Informationsbedürfnisse des Publikums voraus. Die Strukturierung der Medienprogramme im Unterhaltungsbereich, nämlich in Familienserien, Showprogramme, Krimiserien und Sportshows, führt, bewirkt durch die Erfolgsdramaturgie, zu Darstellungseffekten, die, um eine gewisse Attraktionsgleichmäßigkeit des Mediums zu bewirken, auch in den Nachrichtenteil übernommen werden. Innerhalb der Medienbereiche selbst verschwimmen dadurch die Grenzen zwischen *Entertainfunktion* und *Informationsfunktion* – und natürlich noch um vieles mehr im Bewußtsein des Mediennutzers.

Alle diese Prozesse tragen zur *Realitätsverzerrung* wesentlich bei. Durch das permanente Lernen einer gewissen Vorausschaubarkeit programmatischer Abläufe und Inhalte wird das *Erwartungsschema* des Betrachters in Richtung auf eine triviale Erfüllung dieser Erwartungen trainiert. Wird Leid in Unterhaltungssendungen als dramaturgisches Merkmal verwendet, so kommt immer jemand, der das Leid »auflöst«. Mit dem gleichen Erwartungsschema gehen die Betrachter an Nachrichteninhalte heran. Nur zeigt sich da niemand, der das Leid auflöst. *Leidkumulation* bleibt daher in *unverarbeiteter* Form im Raum. Die im Unterhaltungsteil zumeist aufgehende »Wette auf ein Happy-End« geht im Informationsteil nie auf. Diese Diskrepanz zweier nicht auseinandergehaltener Realitätsebenen bewirkt langfristig gesehen ein starkes *Emotionsgefälle*. Nicht aufgelöste Konflikte und Probleme bleiben im Raum stehen und stellen dort eine zunehmende Quantität an »Altlasten« im Sinne einer *Nutzungsökologie* von Medien dar. Diese gelebte, besser gesagt gesendete und geprintete Schizophrenie falscher Bezüge dokumentiert sich auf beliebigen Illustriertenseiten, wo das Sozialdrama einer Trinkerfamilie gedankenlos, aber kostenträchtig neben schicker Whiskywerbung zu stehen kommt.

Zu Grenzverschiebungen des Bewußtseins kommt es aber nicht nur zwischen den beiden Medienebenen Unterhaltung und Information, sondern auch zwischen Medienwelt ganz im allgemeinen und personaler Bezugswelt im besonderen. Immer häufiger »verwechseln« Menschen die Medienwelt mit dem Leben, aber auch – mit weit schlimmeren Folgen – das Leben mit der Medienwelt. Kriminaltaten nach Medienvorbild sprechen dafür ebenso wie medienweltähnliches Verhalten in personalen Handlungsabläufen. Es gibt daher immer mehr Quizmaster in der Politik und immer mehr Krimidarsteller im täglichen Leben.

Wenn man die Medien aus dem verhaltenstheoretischen Ansatz her beurteilt, stellen sie *Stimuli,* also Reizfaktoren dar, welche bei den Mediennutzern deutlich beobachtbare Reaktionen, die sich durch Einstellungs- oder Verhaltensänderungen manifestieren, auslösen. Natürlich ergibt sich die Wirkung von Medien im speziellen daraus, wie der einzelne sie in sein Handeln integriert. In sehr vielen Studien zu diesem Thema wurde es erwiesen, daß Medieninhalte am häufigsten eine *Verstärkung* vorgegebener und vorgefaßter Meinungen bewirken, nur selten jedoch *Meinungsumkehr.* Diese Dominanz der Verstärkungsseite spricht sehr für die überproportionale Aktivierung aktionistischer Effekte. Das heißt im Grunde genommen, daß *Handlungsauslösung* wesentlich häufiger vorkommt als Sinnesänderung.

Gewöhnung an Gewalt macht aggressiv – oder depressiv

Wenn man der von L. Festinger geschaffenen »Theorie der kognitiven Dissonanz« folgt, kann man annehmen, daß im allgemeinen Menschen danach streben, ihr Denken in harmonischer Gleichgewichtslage zu halten – also in kognitiver Harmonie. Störungen dieses Zustandes, also *kognitive Dissonanz,* bewirken das Bemühen, möglichst rasch wieder zum Harmoniezustand zurückzukehren. Dieser Harmoniezustand wird natürlich durch die tägliche Einbindung in das weltweite Kommunikationsfeld empfindlich behindert. Gewalt dominiert, wie schon gesagt, den Unterhaltungs- und Nachrichtensektor, und es spricht vieles dafür, daß im Sinne einer angestrebten Normalisierungebene, also der *kognitiven Harmonie,* die häufig indirekt erlebte Gewaltanwendung mit der Zeit in die Reihe des »Normalen« eingeordnet wird. Es kommt somit zu einer *Gewöhnung an die verzeichnete Realität.*

Wenn man das als Medium besonders häufig untersuchte Fernsehen zur Stützung dieser These heranzieht, dann muß man vor allem das von G. Gerbner erzielte Untersuchungsresultat, daß Vielseher bezüglich ihrer Einschätzung der sozialen Realität deutlich von den Wenigsehern unterscheidbar sind, besonders ins Auge fassen. Gerbner meint, daß vom Fernsehen ein »Kultivierungs«-Effekt ausgeht, in dem das Realitätsbild des Menschen in eine bestimmte Richtung verändert und im Sinne eines gemeinsamen Standpunkts nivelliert wird. Vielseher schätzen beispielsweise ihr Risiko, selbst im persönlichen Leben in eine Gewalttätigkeit verwickelt zu werden, besonders groß ein, um vieles größer als durchschnittliche Mediennutzer!

Ein Randeffekt, der sich eigentlich durch die Logik ergibt, weist darauf hin, daß durch Fernsehen der *Schweigeanteil* im familiären Zusammenleben drastisch erhöht wird, damit die »Interaktionsqualität« bei Vielseherfamilien deutlich unter den Durchschnittswerten liegt. Wenn es zu Interaktionen kommt, dann haben diese verstärkt aggressiven Charakter.

Ein interessanter neuer Wirkungseffekt massenmedialer Durchdringung wird auch im religiösen Bereich gesehen. Durch die

Sprunghaftigkeit täglicher, aktualisierter Informationsangebote kommt es zu einem Manko an ganzheitlicher Weltsicht und zu einer Reduzierung des Strebens nach *höherer Sinngebung*. Auf der Strecke bleibt das Bedürfnis des Menschen nach Trost durch Sicherheit und Zuwendung in persönlich schwierigen Lebenssituationen. Die als Leidanhäufung hereingespielte Außenwelt beeinträchtigt natürlich die *Leidverarbeitungsfähigkeit* der Innenwelt. Die Medien verstärken das Angebot von »Anklagen« und reduzieren das Angebot an Lösungen. Damit erscheint die Welt als schwieriges System ohne durchschaubare Gesetzmäßigkeiten, als Ansammlung einander widersprechender Haltungen und Meinungen. Zum Leid gesellt sich noch die Lüge.

Wie N. J. Smelser in seiner »Theorie des kollektiven Verhaltens« anführte, kann man zwischen fünf Grundformen unterscheiden: Panik, Manie, feindseligem Ausbruch, normorientierter Bewegung und wertorientierter Bewegung. Das von ihm entwickelte Ablaufmodell geht davon aus, daß »bestimmte Ereignisse das gesellschaftliche Ordnungsgefüge stören und damit die Rahmenbedingungen des sozialen Handelns verändern, wodurch strukturelle Spannungen und Unstimmigkeiten in den individuellen Handlungssystemen entstehen, sich Vorstellungen entwickeln, die von vielen geteilt und damit überindividuell generalisiert werden. Diese Vorstellungen schlagen aufgrund eines auslösenden Vorfalls in eine Mobilisierung des Handelns um, wodurch gesellschaftliche Mechanismen aktiviert werden.«

Es ist also als evident anzusehen, daß es möglich ist, »Medienereignisse« zu schaffen, die unmittelbar zu kollektivem Verhalten führen. Vor allem sind dies jene Ereignisse, wo die Medien selbst bei der Inszenierung eine instrumentelle Rolle spielen, wie zum Beispiel bei terroristischen Anschlägen, die durch die Medien erst ihre Weltbedeutung erlangen, oder etwa im Paradebeispiel Golfkrieg, der von vielen Mediennutzern als eine Art *Video-Kriegsspiel* empfunden wurde.

Ein nicht zu unterschätzender Effekt der Medien liegt auch darin, daß sie bei der Ausbildung und Verstärkung von Gerüchten, kollektiven Wunschvorstellungen ebenso wie von kollektiven Angstvorstellungen, Feindbildern, neuen Normen und Wertorientierungen einen wichtigen Beitrag zur Generalisierung von Vorstellungen leisten. Zwei vorzügliche Voraussetzungen sind dabei auf ihrer Seite, nämlich das Erreichen großer Populationen und die *vorgegebene* Meinung von Allgemeinverbindlichkeit und Akzeptanz.

Verzichten sollen die anderen ...

Interessant erscheint auch der Aspekt, daß solche neue Wertvorgaben und Bewertungsperspektiven nur dann Erfolg haben, wenn sie mit einer unmittelbaren persönlichen Betroffenheit verbunden sind. Kollektive Mobilisierungen »aus der Distanz« der Nichtbetroffenheit scheinen eher wirkungsarm zu sein. Ein plastisches Beispiel für schwache Resonanz ist die verbreitet eingesetzte Informationskampagne, daß gegen das Waldsterben ein neues *Verzichtreglement* eingesetzt werden sollte: der Verzicht des einzelnen auf die extreme Nutzung von Kraftfahrzeugen, zumindest aber die Temporeduktion in Waldbereichen. Persönlicher Verzicht wird nur allzu gerne an die anderen »delegiert«.

Es gibt also eine Reihe von Problemen, die durch die reale Erlebnisdistanz nicht penetrierbar erscheinen. Kollektive Verhaltensänderungen erscheinen leichter bewirkbar zu sein, wenn man eine »Thematisierungskampagne« durch meinungsbildende Presse vorangehen läßt. Die davon betroffenen *Mediatoren* treten als glaubhafte Persönlichkeitsverkörperung der Botschaft auf. Aus der ursprünglichen Erziehungsbotschaft wird damit ein vorgelebtes *Testimonial.*

Die konformistischen Faktoren der Massenbeeinflussung laufen nach einer klaren Gesetzlichkeit ab: Die meisten Menschen passen sich im Prozeß der Meinungsbildung der gegenwärtigen oder von ihnen vermuteten zukünftigen *Mehrheitsmeinung* an. Sie haben dabei sehr wohl ein Gefühl für das generelle *Meinungsklima,* eine Fähigkeit, die offensichtlich in der Massengesellschaft überlebensnotwendig ist. Denn das dominante Motiv für diese Anpassung scheint die Furcht der Menschen zu sein, sich sozial zu isolieren.

Ein interessanter Randaspekt scheint es dabei zu sein, daß bei einem wachsenden Informationszufluß in ein Sozialsystem die Bevölkerungssegmente mit höherem sozioökonomischem Status und höherer Bildung zu einer rascheren Aneignung der Information neigen als die bildungsniedrigeren Segmente, so daß die *Wissens-kluft* zwischen den Segmenten tendenziell zunimmt. Aufschlußreich in diesem Sinne scheint auch eine neu entwickelte Eigenschaft des Fernsehpublikums zu sein: Durch zunehmende Verbreitung von Kabelfernsehen oder Satellitenfernsehen nimmt die Flucht in Richtung auf *eskapistische Programme,* also Programme, die eine *Ersatzwirklichkeit* anbieten, zu. Damit wird die De-Realisation verstärkt. Habitualisiert wird dadurch auch die Tendenz des »Kanal-Surfing«, des beständigen Wechselns zwischen den einzelnen Programmkanälen, eine Möglichkeit, die, wie gesagt, nur die Ersatzwirklichkeit bietet. Trotz alledem deuten gewisse Anzeichen darauf hin, daß sich die Entwicklung vom *Kanal-Surfing* hin zum *Life-Surfing* verstärken könnte, nämlich auch im wirklichen Leben unbeständigen Wandel zwischen Gesinnungen, Affekten und Bedürfnissen zu suchen. Die Welt der Alcoholics, Shopaholics und Workaholics wird kräftigen Zuwachs erhalten.

Wird diese Fluchttendenz, die auch sehr wesentlich die Schuld an der *organisierten Unverantwortlichkeit* (Beck) verstärkt, noch zu stoppen sein? Die technokratische Ideologie gibt vor, daß Versachlichung gut ist und Emotionalisierung schlecht. Gerade dadurch kam es zur Konstruktion eines *Paravents der Ausflüchte,* eines Argumentationskatalogs fadenscheiniger Wenn-dann-Erklärungen. Trotz des Herunterspielens der Emotionalität – oder vielleicht gerade deswegen – kam es in der jüngsten Vergangenheit zu einem stufenweisen Aufbau *öffentlicher Angst.* Genährt durch Tschernobyl und Golfkrieg, durch die wachsende Zahl von ethnischen Konflikten, durch immer deutlichere Horrormeldungen über ökologische Entgleisungen, wurde ein Gefühl der *begrenzten Geborgenheit* auf unserer Erde verstärkt.

Getragen von dieser Bewußtseinskonstellation erhob sich immer dringender die Frage nach Ausweich- und Lösungsmöglichkeiten. Horst Eberhard Richter hat in seinem sehr erfolgreichen Buch »Umgang mit der Angst« darauf hingewiesen, daß es eine ganze Reihe von Angstaffekten gibt, die sich mit Hilfe unbewußter Mechanismen ihren verhängnisvollen Weg bahnen. Unsere Perspektive zur Angst hat sich auf der Sachebene verschoben und auf der Gefühlsebene deformiert. Das hat auch die ganze *Beschwichtigungsindustrie* nicht verhindern können, nicht mit ihrer *Strafideo-*

logie »Wer Angst zeigt, gehört behandelt« und nicht mit ihren Erlösungsmanien der *Okay-Moral,* die uns glauben machen will, in einer vordergründigen »*Happiness*« liege das höchste der Gefühle. Zu sehr sind wir in die »Verdrängungsschule« gegangen.

Die Welt als Happiness-Fiktion

Richter meint, daß im normalen Alltag verschiedene Abwehrstrategien am Werk sind, um beispielsweise den Tod als Angstgrund verschwinden zu lassen. Dieses Bemühen der Allgemeinheit, die Todesidee vom Bewußtsein fernzuhalten, führt bis zur *Tabuisierung der Trauer.* Wer Trauer zeigt, legt gewissermaßen eine Charakterschwäche an den Tag. Klar, daß diese Leidverdrängung zu allerlei Auswüchsen führt. Zum Beispiel dazu, daß viele Millionen älterer Menschen nicht die Vorsorgeuntersuchungen in Anspruch nehmen, weil sie ganz einfach den Kopf vor möglichem Leid in den Sand stecken wollen. Weil unsere Gesellschaft in ihren Okay-Modellen signalisiert, daß, wer erfolgreich ist, auch happy sein muß. Mithalten ist die große Devise. In dieser gnadenlosen *Rivalitätskultur* bleibt daher nichts übrig, als Schritt zu halten. Krankenhausaufenthalte müssen verheimlicht werden, die Leistungssportmanie hat in Nachahmerkreisen katastrophale Folgen gehabt. Die vielen eingepflanzten Herzschrittmacher sprechen eine deutliche Sprache nicht nur über den technischen Fortschritt in der Medizin, sondern auch über die große Zahl anforderungsgefolterter Herzen, die nicht mehr Schritt halten können.
Angst ist zweifellos nicht nur ein psychophysisches, sondern auch ein *psychosoziales* Phänomen. Sehr deutlich wird das beispielsweise dann, wenn ein Kind die seine Geborgenheit vermittelnde Betreuung verliert. J. Bowlby befaßte sich mit den internationalen Auswirkungen der sogenannten *Deprivation* (Isolierung): »Partielle Deprivation hat meist akute Angst, übertriebenes Liebesverlangen, ausgeprägte Rachegefühle und, aus diesem letzteren resultierend, Schuldbewußtsein und Depressionen zur Folge ... Vollständige Deprivation ... hat noch viel schwerwiegendere Folgen für die Persönlichkeitsentwicklung und kann unter Umständen dazu führen, daß jegliche Kontaktfähigkeit verkümmert.«

190

Geborgenheitsverlust ist natürlich nicht nur ein Phänomen, das Kinder betrifft, sondern zu einem der entscheidendsten Probleme der Massengesellschaft geworden. Es gibt ihn im Rahmen der Arbeitsteilung, während des beruflichen Lebens ebenso wie in der Isolation des Alters.

Das Syndrom geht so weit, daß eine starke Überempfindlichkeit gegen alle Veränderungen einer Geborgenheit ausstrahlenden oder Geborgenheit ersetzenden psychologisch stützenden Umgebung besteht. Der Pychoanalytiker M. Balint hat das tiefe Bedürfnis, sich ständig an vertrauten Objekten »festhalten« zu können, *Oknophilie* genannt. Der Oknophile braucht »Trittsteine« zur Sicherheit, klammert sich an Subjekte und Objekte und meidet sogar schließlich Aufenthalte in leeren Räumen. Das extreme Geborgenheitsbedürfnis Oknophiler kann in besonderen situativen Lagen so weit gehen, daß sie sich nie von ihren Eltern loslösen können. Diese Beziehungsfixierung wird noch dadurch untermauert, daß selbst schlecht funktionierende Beziehungen gewissermaßen unter allen Bedingungen aufrechterhalten werden. Nur selten kommt es daher vor, daß Angstneurotiker nicht in einer Beziehung leben. Der Anklammerungsdrang kann jedoch so extrem ausgebildet sein, daß er Partnerschaften sehr belastet, indem der »festgehaltene« Partner die Umklammerung nicht aushält. Diese relativ häufig vorkommende Situation führt zu einer Kette von Beziehungskonflikten. Fesselung auf der einen und Entzug auf der anderen Seite sind dann vorprogrammierte Reaktionen. Je mehr sich also der eine am anderen festklammert, desto mehr sucht dieser sich der Klammerung zu entziehen. Beide fühlen sich in diesem Ablauf als Opfer. Der »Klammerer« wirft dem »Flüchtenden« das »Verlassen« vor, der Flüchtende hingegen wirft dem oknophilen Teil das »Erdrücken« vor.

Hier sind es, sozusagen mit verkehrtem Vorzeichen geschrieben, für beide Beziehungspartner *Unlustgefühle,* die die Beziehung beherrschen. Bei Beziehungen zwischen einem masochistischen und einem sadistischen Partner sind es die *Lustgefühle,* die trotz ständig erlebter Trennströmungen in Wirklichkeit kohäsiv wirken. Verkompliziert wird die sadomasochistische Beziehung noch dadurch, daß sich sadistische und masochistische Züge zumeist bei beiden Partnern in unterschiedlicher Ausprägung finden. Freud hatte bereits erkannt, daß sadistische und masochistische Strebungen eng miteinander verquickt sind, so daß man bei sadomasochistisch verklammerten Partnerschaften nie sagen kann, der eine Partner stehe für die eine, der andere nur für die andere Tendenz als Objekt zur Verfügung.

KAPITEL 5

Der Angstkreis

Du bist nicht okay, ich bin nicht okay. Wer ist okay?

Direkte und indirekte Zwänge der verschiedensten Art durchdringen die heutige Gesellschaft, die zwischen den Extrempolen der Leistungsforderung und gleichzeitig der höchsten Permissivität hin und her schwankt. Im Vergleich mit dem alltäglichen Leben sind diese Pendelschwankungen in der Medienwelt noch weit überzeichneter dargestellt. Gelebte Welterfahrung wird damit durch erlebte Medienerfahrung bestätigt und fixiert. Je stärker derartige Muster im öffentlichen Bewußtsein eingeprägt sind, desto größer die Angst, vorgegebene Normen nicht erfüllen zu können. Dies setzt sehr oft eine selbstquälerische Spirale, die in Richtung einer Depression weist, in Gang. Versagensangst, gekoppelt mit Selbstvorwürfen, liefert den »Antrieb« zur Antriebslosigkeit. Die verschiedenen Angstformen fächern sich in dramatischer Mannigfaltigkeit auf: von der *Versagensangst* über die *Gewissensangst* zur *Weltangst*.

H. E. Richter schildert in seinem Exkurs über die Angst überaus plastisch, wie bei psychiatrischen Erkrankungen Gewissensangst in den vielfältigsten Varianten und Maskierungen zum Vorschein kommt. »Sie drückt sich im Selbsthaß von Depressiven aus, in manchen Obsessionen von Zwangsneurotikern und Phobikern und in Erscheinungsformen des moralischen Masochismus.« Charakteristisch für die Belastung von Partnerschaften durch Gewissensangst ist das bei Paartherapien zum Vorschein tretende Phänomen, daß, wie schon festgestellt, jeder der beiden als Opfer und keiner als Täter aus dem Konflikt hervorgehen möchte. Opferrollen ermöglichen Schuldzuweisungen, und darum geht es in der Dynamik dieser Angststörungen sehr häufig.

Manchmal wendet sich allerdings das Bild, und aus der Schuldzuweisung wird aggressive Offensive abgeleitet. Im Machtkampf der Weltpolitik ist das häufig der Fall. Nach dem Golfkrieg hörte man sehr häufig in Amerika die Sinninterpretation, der Golfkrieg sei notwendig gewesen, um die Weltordnung zu behaupten und gleichzeitig das Vietnam-Trauma Amerikas überwinden zu helfen. Andere und spätere Interpretationen – nach einer gewissen Phase der Ernüchterung – halten es nicht für ausgeschlossen, daß es sich um die probate Ablenkungsstrategie »Haltet den Feind« gehandelt haben könne. Wer von ökonomischen innenpolitischen Schwierigkeiten ablenken will, ist allzuleicht verleitet, die Flucht nach vorn vor einer latenten Depression durch siegreiche Aggression zu »larvieren«.

Derartige Überlegungen strategischer Voraussetzungen für programmierte Debakel sind natürlich nicht dazu angetan, das Vertrauen der Ängstlichen wiederherzustellen. Das Klarmachen und Klarwerden derartiger Ablaufdynamik – durch die Medien hinreichend kommentiert – schürt Bedrohungsgefühle von kollektiver Breite. Naturgemäß addieren sich die Angstmacher: Umweltzerstörung, Kriegsgefahr und Übervölkerungsproblematik. All das schmilzt zu einer Weltangst zusammen, die uns – von ihrer Wirkung her als *Trennangst* zu charakterisieren – Furcht vor einem erzwungenen Abschied von der »heilen Welt« und den Resten innerer und äußerer Geborgenheit auferlegt. Apokalyptische Visionen gewinnen daher immer breiteren Raum in der öffentlichen Bezugswelt. Sie laden naturgemäß zur »Verdrängung« ein. Wer aber den Angstkreis-Mechanismus kennt, weiß, daß Verdrängen die Angst noch verstärkt.

Zweifellos: Wir leben im Zeitalter der Angst. Oder, noch besser ausgedrückt, wie Ulrich Hommes das in seinen Fernsehgesprächen »Wohin mit der Angst?« tat, im *Zeitalter der Angstmacher.* Die immer schon in das menschliche Dasein integrierte Angst vor Krankheit, Alter und Tod ist komplizierter und komplexer geworden. Es sind daher heute eigentlich mehrere Ängste zugleich, die uns quälen. Ängste vor technologischen Bedrohungen einerseits und dem weiteren Scheitern sozialer Utopien andererseits. »Jeder kennt einen, der nicht mehr kann« – so charakterisierte Hommes treffend die Verbreitung der Betroffenheit. Mit schuld daran, daß uns beim Gedanken an die Zukunft ängstliche Beklemmung umfängt, ist zweifellos die Tatsache, daß wir uns einer unübersichtlichen und widerspruchsvollen »Wirklichkeit« ausgeliefert fühlen. Einer

Wirklichkeit, die keineswegs mehr linear »nach vorne« projizierbar ist und eine machbare und erlebbare Zukunft gewährleistet. Sicher sind wir auch dadurch bedrückt, daß wir zunehmend das Gefühl haben, den *Generationenpakt* nicht halten zu können, und damit unseren Kindern nicht mehr die Welt übergeben werden, die ihnen lebenswert erscheinen kann.

Einer der Fernsehgesprächspartner war André Heller. Der Liedermacher und Poet sah einen sehr engen Zusammenhang zwischen Phantasie und Angst. Phantasie als Angstmacher und Phantasie als Mittel gegen die Angst. Aber auch Phantasielosigkeit als Angstmacher, denn, so Heller, es gäbe nichts Erschreckenderes als diese unendliche *Aggression der Banalität* und das, was man die »Idylle« nennt, die ja in Wirklichkeit auch eine Horrorvision sei. Das Ganze vor dem Erlebnishintergrund des sogenannten »normalen Familienlebens«, das für Heller ein Sich-arrangiert-Haben mit dem täglichen Schrecken bedeutet. Denn nichts bewirke so sehr das *lebendige Totsein* wie das, was wir unter dem Pseudonym »Alltäglichkeit« etikettiert haben.

Die »Lügenidentität«: Verlierer im Out

Heller war es auch, der die Angst als »*das offizielle Gefühl* unseres Jahrhunderts« bezeichnete. Jeder ist dazu gehalten, irgendwie zu »funktionieren«, und daher ist er darauf angewiesen, sich eine *Lügenidentität* zu basteln. »Wir leben in einer Gesellschaft, in der man möglichst jung sein muß, in der man möglichst gesund sein muß, in der man ein Sieger sein muß, in der man nicht verlassen werden darf von seiner Geliebten, in der man Krankheiten zu verleugnen hat; wir leben in einer Gesellschaft, in der man uns einredet, daß es falsch ist, Schuppen zu haben, falsch ist zu schwitzen, falsch ist, irgendwelche Posten unterhalb des Generaldirektors oder unterhalb des Weltmeisters innezuhaben – und in Wirklichkeit sind fast alle Menschen vor diesem Bild Verlierer, Kranke, Verlassene, Einsame, Verzweifelte. Und alles ist darauf ausgerichtet, daß wir uns das nicht eingestehen dürfen, daß es uns in dieser Form des ›Verlierers‹ nicht geben darf ...«

Der Münchner Psychiater Paul Matussek konzentriert sich in seinem Statement vor allem auf die Ängste, die sich aus der Beziehungslosigkeit zu anderen ergeben: zu den Mitmenschen, zur Natur, zur Umwelt überhaupt. Der Mensch sei losgelöst von seinen Bindungen. »Daraus entstehen Ängste, deren Gründe wir uns nur selten klarmachen. Dieses Vorbeischauen am Erkennen mündet meist auch in ein Vorbeischauen an der Lösung. Wer Probleme hat, greift zumeist zur chemischen Angstbefreiung. So einfach ist das. Wer jeden Ehekrach fürchtet und jedes Examen angstfrei überstehen will und deswegen zur Tablette greift«, so Matussek, »darf sich über seinen Entwicklungsstillstand nicht wundern. Für ihn müßte eigentlich eine andere Welt geschaffen werden.«

Oder aber: Er sucht sich eine andere Welt. Eine falsche andere Welt. Eine Welt voll der »Wirklichkeitsklischees«, die vom medialen *Zerstreuungsvarieté* leichtfüßig angeliefert werden. Eine Welt, die wegrealisiert, was noch gar nicht real definiert ist. Und natürlich schon gar nicht verarbeitet.

Erwin Ringel wies in der gleichen Fernsehdiskussion zum Thema Selbstmord darauf hin, eine wie große Rolle das, was er als *situative Einengung* bezeichnet, für die Auslösung von Selbstmordgedanken spielt. Selbstmord, so Ringel, ist ein aggressiver Akt, eine Explosion, die eine *Implosion* wird, weil sie sich nach innen wendet, weil sie nicht nach außen abreagiert werden kann.

Schuld an derartigen Fehlentwicklungen ist sicherlich auch, wie der bildende Künstler Emil Scheibe bemerkte, die »Angst vor der Vergitterung«, in die der Mensch immer mehr eingespannt wird. Scheibe sieht melodramatisch – aus seiner künstlerischen Phantasie heraus –, daß die Wohlstandsgesellschaft drei »Höllen« entgegeneilt. Die eine Hölle ist der drohende *atomare Tod*. Die zweite der *ökologische Tod*, und die dritte wird die *technologische Hölle* sein. Das, was er im besonderen als »*Vergitterung*« bezeichnet – dieses Wegnehmen der Sicht –, wir haben ja schon lang damit begonnen, »indem man den Himmel nimmer sehen kann, so wie es damals war, mit den Drähten, Masten und Gerüsten. Immer ist die Maschine zwischen der Natur als Objekt und dem Menschen.« Dies führe zu einem immer stärkeren Wegnehmen der Sicht, zu immer leereren Funktionen und zur immer stärkeren Ausbeutung der Dinge durch Lobbies.

All dies legt natürlich die Frage nahe, wie soll es weitergehen?

Klaus Bresser stellte sich als Fernsehjournalist auch diesem Thema. Ihn interessierte dabei besonders die Frage der *erzeugten Wirkungen* beim Publikum. Was besonders verdienstvoll ist für einen, der normalerweise *Meinung macht*. Er erkannte die Mitverantwortlichkeit der Informanten, die Kraft des Prägens des tagtäglichen Verhaltens auch durch den übermittelten Zeitrhythmus. Ihm ist es sehr bewußt, wie Medienleute oft unbewußt am »In« oder »Out« einer Person entscheidend mitwirken. Und er kam sehr rasch zur wirklichen Schicksalsfrage: »Wie können Normen und Maßstäbe die Arbeit der Fernsehjournalisten bestimmen, wenn der äußere Druck auf eine möglichst hohe Einschaltquote einschaltfremde Grundsätze beiseite zu drängen droht?« Unmittelbar daraus ableitbar ist die Erkenntnis, wie oft sich im Fernsehjournalismus eine *»Wahrheitsfalle«* auftut, die man aber bewußt einschätzen muß.

Die Schwierigkeiten mit den Anforderungen an den Journalisten beginnen bereits mit dem Anspruch, Wahrheit und Wirklichkeit erfassen zu wollen. Dies erscheint jedoch überaus schwierig, da doch eine Unzahl von Institutionen, ebenso wie die Propagandisten in Politik, Wirtschaft und Verbänden, sehr oft mit aller Kraft Wirklichkeit verheimlichen und vertuschen wollen. »Das Mißverhältnis zwischen dem, was ein informierter Bürger wissen sollte, und dem, wovon er Kenntnis erlangt, ist immer größer geworden.« Darauf verwies schon Daniel J. Boorstin in seinem Buch »Das Image«. Dieses Mißverhältnis zeigt eine ansteigende Tendenz. Denn die Flut von Informationen, die Vielzahl von Möglichkeiten, etwas offiziell zu verheimlichen und zu verstecken, läßt den Zwang anwachsen, immer mehr *zurechtgemachte Nachrichten*, also *Pseudo-Ereignisse* zu publizieren.

»Partizipagon«: Von der Teilnahme zur Anteilnahme

Das Image – das ist eine alte Weisheit – ist dem Original überlegen. Die Produktion von Illusionen ist das Geschäft geworden. Wenn man, verstärkt durch die persönlichen Erfahrungen der letzten großen »Medienereignisse«, die Entwicklung überspitzt formuliert, so könnte man sagen, daß die politische Realität vor allem eine *Simulation der Medien* sei. Dabei ist natürlich Massenmedien

Sensation und Unterhaltung durch die Story lieber als die Übermittlung der Story. Der Wunsch nach Zerstreuung – denken wir an Neil Postmans »Wir amüsieren uns zu Tode« – siegt allemal über die Sehnsucht nach Aufklärung. Printmedien kommen dabei andere Funktionen zu als dem audiovisuellen Medium Fernsehen. Denn das Bildermedium liefert zu Fakten immer auch noch »Empfindungswolken« dazu.

Es löst somit Emotionen, Freude und Begeisterung aus, aber auch, und das nicht zu knapp, Sorge und Angst. Und es schafft daher aus der Partizipation sehr leicht oft auch ein *Partizipagon:* das *Leiden an der Welt durch Teilnahme.* Diese Teilnahme und Einbeziehung ist für den Betrachter eines Fernsehprogramms nahezu unentrinnbar und zwingend. Denn das Fernsehen drängt sich in sein Wohnzimmer, umfaßt ihn durch eine zwar nicht vorhandene, aber erlebte Dreidimensionalität und mobilisiert damit alle Wahrnehmungssinne stärker, als das im Schnitt bei jedem anderen Mediun der Fall ist. Das geschieht dadurch, daß es mehr Aufmerksamkeit in sich hineinsaugt, sich also als »implosives Medium« darstellt, als es, wie die meisten anderen Medien, Aufmerksamkeit abgibt. Dazu kommt noch die Perfektion in der *Anpassungselastizität.* Viele Untersuchungen haben sich bereits mit den Kriterien der sogenannten »Telegenität«, also der Wirkung von Personen über den Bildschirm auf Betrachter, auseinandergesetzt und sind zu dem einmütigen Schluß gekommen, daß das Kriterium der *indifferenten Universalidentität* am meisten zur Identifikation aller einlädt. Anpassung also auf beiden Seiten.

Als Leitbildgestalter erster Ordnung lebt das Fernsehen geradezu aus dem »Spannungsdifferential« einer dramaturgischen Dynamik, die zwischen Wirklichkeit und Erlebnis Klassifizierung setzt. Eine Trennung der Begriffe schiene auch besonders schwierig, da zum Unterschied von allen anderen Medien das Fernsehen die *Privilegierung der Sekundentreue* besitzt. Heute kann jedes Ereignis über die Vernetzung des Fernsehverbundes gleichzeitig mit seinem Entstehen in die ganze Welt weitergeleitet werden. Klar, daß daraus auch ungeheure *konformierende Kräfte* erwachsen. Denn durch die Fülle von Informationen und den dadurch gegebenen raschen Bewertungszwang, dem wir alle unterliegen, müssen wir uns daran gewöhnen, den Kontextrahmen von komplexen Informationszu-

sammenhängen rasch zu durchschauen. Der Empfänger von Medienbotschaften ist durch den Informationsdruck, dem er ausgeliefert ist, gezwungen, Bewertungen schnell vorzunehmen und dort, wo der Kontext, also der Sinnzusammenhang, nicht sofort deutlich wird, selber Kontextbrücken zu schlagen. Oder eben nicht.
Findet er selbst keinen gestaltbaren Zugang zur Botschaft, dann gibt er sich voll dem passiven Ausleben in der ihm angelieferten »Realisationsebene«, in die er hineingezogen wird, hin. Obwohl er keine direkten Aktionsverpflichtungen hat, oder vielleicht gerade deshalb, gewöhnt er sich daran, in der schon zitierten *Als-ob-Wirklichkeit* die *Zuseherrolle* zu haben. Dieses Verhalten habitualisiert er in seiner gesamten Lebensdynamik, und er neigt daher dazu, alle seine Ablaufprozesse diesen Standards auszuliefern.
Sozialer Konformismus und Stereotypiegefahr werden dadurch noch wesentlich vergrößert. E. Schrickta in Erlangen befaßte sich mit einer Tendenzanalyse und ortete dabei, daß die Fortschrittsgläubigkeit des Menschen drastisch nachläßt und der Drang nach Sicherheit sich deutlich verstärken wird. Die Suche nach inneren Werten nimmt zu. Umweltbewußtsein wird immer größer geschrieben. Das verstärkt natürlich die Sehnsucht der Massen nach einem »Salto nach rückwärts innen« ... In der öffentlichen Meinung wird eine immer einheitlichere Sicht der Probleme verankert. Die Metapher vom »gleichen Boot«, in dem man sitzt, fördert das.
Es ist kein Zufall, daß so viele kommunikationspsychologische Studien sich in den letzten zwei Jahrzehnten medialer Wirkungsforschung auf das Fernsehen konzentrierten. Als der Wettlauf zwischen den klassischen Printmedien noch um den Informationsvorsprung, um die Priorität der Erstveröffentlichung ging, war durch die relative Langsamkeit der Informationsübermittlung und die begrenzte Technologie des Druckprozesses ein Zeitlimit vorgegeben, das nur schwer durchbrechbar schien. Als das Fernsehen aufkam und sich explosiv verbreitete, war es mit den Chancen in diesem Wettlauf noch schlechter bestellt: Dem »Lichtmedium« gelang es mühelos, den Begriff »aktuell« zu relativieren.
Die »Schwarze Kunst« hatte eindeutig den kürzeren gezogen. Es nützte auch wenig, die Zeitung von morgen am Abend davor zu kolportieren. Prompt witzelten die Leute: »Die Zeitung von morgen, heute, mit den Nachrichten von gestern.« Trotz des etwas

halbseidenen Touch als »*Travestiemedium*« hatte das Fernsehen nicht nur Nachrichtenpriorität errungen, sondern, wie viele Studien ergaben, auch den höheren Authentizitätswert. Sich mit »eigenen Augen überzeugen zu können« schien der Bildnachricht uneinholbaren Vorrang zu geben. Die Illusion des Miterlebens, des Dabeiseins – verstärkt bei Live-Sendungen durch den Zeitkitzel des gleichen Augenblicks, in des Wortes doppeltem Sinne – wirkte einfach »wahrer«.

Bei Druckerzeugnissen konnte man sich des Eindrucks nicht erwehren, daß je nach politischer Ausrichtung, je nach Struktur des Leserkreises Meinung ideologisch erweitert oder verkürzt, also »entwirklicht« wird. Aus Nachricht wurde solchermaßen Meinung oder Kommentar. Manchmal so deklariert, meistens aber nicht.

Die Frage der noch viel gewaltigeren Falsifikationsmöglichkeiten, die sich dem Bildermedium durch dramaturgische Kniffe, durch Bildauswahl, Bildschnitt, Musik- und Sprachunterlegung auftun, wurde einer breiten Öffentlichkeit erst bewußt, als sie im bequemen Lehnstuhl zu Hause den »Video-Wargame-Clip« als Dokumentation höchster High-Tech-Waffenpräzision zugespielt erhielt. Sehr bald stellte sich nämlich heraus, daß *Desinformation* – gewollte und ungewollte – die Brauchbarkeit der Bildberichte als »Dokumentation« fragwürdig erscheinen ließ. Claudia Mast, Kommunikationswissenschaftlerin an der Universität Stuttgart, meinte dazu: »Dem Fernsehen – einem Medium mit hoher Authentizitätskraft und Glaubwürdigkeit – wurden Erklärungen, Interpretationen und Aussagen dann nicht mehr abgenommen, als die Defizite der Berichterstattung in Wort und Bild offenkundig waren. Die nicht gezeigte Wirklichkeit zeigte Wirkung, und das Bildmedium Fernsehen geriet in eine ›Glaubwürdigkeitskrise‹.«

Als besonders schlimm wurde dieses Debakel deswegen empfunden, weil ein Jahr zuvor noch das Fernsehen mit Glanz und Glorie eine »Feuerprobe« auf Wirksamkeit besser bestanden hatte. Als im Osten Europas die Revolutionen losbrachen, da wurde nicht nur durch die weltweite »Veröffentlichung« eine in dieser Kraft bisher nicht gekannte Mitgestaltungsdynamik hineingetragen. Ganz ohne Zweifel trug das Fernsehen wesentlich zur Beschleunigung und Strukturierung der osteuropäischen Veränderungen bei.

Und so kurze Zeit danach das totale Debakel: zum »Täuschungsmedium« abqualifiziert! Durch den extremen *Zeitraffer-Druck* und den *Omnipräsenz-Mythos* hatte das plötzlich zum großen Welttheater gewordene Medium, auf den Effekt bei Milliarden Zusehern schielend, das gemacht, was sonst nur seine Zuseher machen, nämlich Meldungen unkritisch übernommen.

Der Zwang des *Instant-Fernsehens* führte zum Vergessen von Recherchegewichtung und Kontextbewertung anderer Nachrichten. Ohne daß die Printmedien sich sonderlich anstrengen mußten, konnten sie diese Runde im Wettstreit mühelos gewinnen. Denn ihnen gab ihr »Nachlauf« in der Zeit die Chance, zu überprüfen und zu relativieren und damit die *wahrere Wahrheit* zu kommunizieren. In einer retrospektiven Analyse hatte E. Katz emotionslos festgestellt: »Die Verbindung aus Informationsmanagement, Instant-Nachrichten, inhaltsleeren Analysen und den besten Absichten bedroht nicht nur die Zukunft des kritischen Journalismus, sondern unser aller Zukunft.«

KAPITEL 6

Wie nah geht uns das Fernsehen?

Vom Kanal-Surfing zum Life-Surfing.
Die gläserne Welt der Voyeure

Die Gefahr der Verzeichnung der Gesellschaft statt einer Veränderung der Gesellschaft besteht deshalb in hohem Maße, weil das
telematische Zeitalter die alte lateinische Weisheit »Cogito, ergo
sum« (»Ich denke, also bin ich«) in ein vordergründiges »Video,
ergo est« (»Ich sehe, also ist es«) verwandelt hat. Tatsächlich
scheint sich damit der Vorwurf einiger Kommunikationstheoreti-
ker, daß die politische Realität längst nicht mehr Wirklichkeit sei,
sondern nur noch eine Simulation der Medien, durch die Fernseh-
berichterstattung bestätigt zu haben. Der Publizist Michael Haller
brachte es in einem »Zeit«-Artikel mit der Überschrift »Das Medium als Wille und Vorstellung« auf den Punkt: »Die Medienwirklichkeit spiegelt nicht, sie inszeniert Realitäten, um Material
zu gewinnen für die Produktion der Bilder in unseren Köpfen. Im
Fernsehzeitalter umgibt uns also eine zunehmend *künstliche
Welt.*«
Natürlich hat die Welt der *habituellen Voyeure* diese von ihr her-
beigesehene Fiktion verdient. Die Einschaltquoten schnellten in
die Höhe. Das gab wohl den Medienmachern recht. Trotzdem
müssen wir uns fragen – wollen wir weiter unter »Medienwirkung«
nicht nur den bedingten Reflex höherer Auflagenzahlen oder Einschaltquoten verstehen –, ob wir dazu befugt sind, den anderen,
noch weit gewichtigeren Aspekt der »Medienwirkung«, nämlich
die bewirkte »Innenweltverschmutzung«, in Kauf zu nehmen. Der
Medienwissenschaftler Claus Eurich stellt sehr deutlich die Schicksalsfrage, ob es einen *öffentlichen Anspruch auf Lüge* gäbe. Und ob
wir einfach ganz munter nach der Shakespeare-Devise »Was ihr
wollt« drauflosproduzieren dürfen. Die therapeutische Rezeptur
hieße »Bilder- und Propaganda-Askese«, »Reflexion statt Aktions-
orientierung«.

Neil Postman, der mit seiner These »Wir amüsieren uns zu Tode« sehr kritische Statements zur Urteilsbildung im Zeitalter der Unterhaltungsindustrie abgab, meinte, daß er gegen das »dumme Zeug«, das im Fernsehen zumeist gesendet wird, nichts habe. Es sei schließlich das Beste am Fernsehen, und niemand und nichts werde dadurch ernstlich geschädigt.

Unsere Kultur messen wir nicht an den unverhüllten Trivialitäten, die sie hervorbringt, sondern an dem, was sie für bedeutsam erklärt. Am gefährlichsten, so Postman, sei das Fernsehen daher dann, wenn es sich anspruchsvoll gibt und sich als Vermittler bedeutsamer kultureller Botschaften präsentiert. Es erzeuge dann nämlich eine *Resonanz,* die ihm gewissermaßen nicht zustehe, und verschaffe einer nur in einem bestimmten Kontext gültigen Aussage plötzlich universale Bedeutung. Das impliziere eine unangemessene Gefährlichkeit.

Das Bild gehe in unlauteren Wettbewerb zur Redlichkeit des geschriebenen oder gesprochenen Wortes. Denn dieses muß, zum Unterschied vom Bild, Inhalt haben. Semantischen, mit anderen Wörtern wiederzugebenden, aussagekräftigen Inhalt. Wenn Sprache das Denken lenkt, werden Sinn und Bedeutung unausweichlich. Der Gebrauch des Bildes aber macht es den elektronischen Medien leicht, aus der Masche des Sinnes herauszuschlüpfen.

Die *optische Revolution* hatte natürlich schon lange vor dem öffentlichen Gebrauch des Fernsehens eingesetzt und damit begonnen, die Realität des Wortes zu untergraben. Auf Plakatflächen, in den Annoncen schon des vergangenen Jahrhunderts und in den Zeitungen, die sich auf Bilddominanz eingestellt hatten und ihren Bildcharakter schon durch ihre Titel, wie »Bild«, »Life«, »Look«, »Mirror« dokumentierten.

Dieser Wettbewerb läuft auch heute noch, wenngleich mit ungleichen Chancen weiter. Die »Nackte vom Dienst« in den Massenblättern mit der die Blöße dokumentierenden Subline »das Starlet X flüchtete vor den Tausenden sie bedrängenden Verehrern in die Rivierasonne« oder das Schlüssellochfoto einer x-beliebigen Partyprinzessin stehen an spekulativer Dümmlichkeit den Busenwunder-Shows von Telemagazinen in nichts nach. Wie schon dargestellt: Das geschaffene Pseudo-Ereignis, das in Wahrheit ein *Nicht-Ereignis* ist, ergänzt auf destruktive Weise den geschaffenen Wirklichkeitsanspruch von Desinformations-Nachrichten.

Infotainment über alles –
der liebe Gott spielt die zweite Geige

Tragisch, was die *Infotainer* alles anrichten. Die denklose Hingabe an ein attraktives Bild hat George B. Shaw köstlich charakterisiert, als er zum erstenmal die flimmernden Neonlichter auf dem abendlichen Broadway und in der 42. Straße sah: »Es muß wundervoll sein, wenn man nicht lesen kann ...« Noch wunderbarer allerdings muß es sein, wenn man alles sehen kann. Kein Wunder daher, wenn in der amerikanischen Exportstatistik der Export von US-Fernsehserien eine bedeutungsvolle Position einnimmt. Immerhin liegt der jährliche Durchschnittswert zwischen einhundert- und zweihunderttausend Stunden, die sich auf Südamerika, Asien und Europa verteilen.

Kojak, Dallas und Denver-Clan bestimmen in Japan, im Nahen Osten und in Skandinavien ebenso den Unterhaltungskalender wie in irgendeinem amerikanischen Bundesstaat. Einem Gerücht zufolge sollen sogar die Lappen vor einigen Jahren ihre jährliche wichtige Wanderung nach Norden um ein paar Tage verschoben haben, weil sie erfahren wollten, wer J. R. niedergeschossen hat ...

Auch vor religiösen Inhalten in unterhaltender Aufbereitung machen die Programmgestalter nicht halt. 35 Fernsehstationen sind allein in den Vereinigten Staaten im Besitz von Religionsgemeinschaften. Im Fernsehen wird auch die Religion einschränkungslos und ohne jede Nachsicht als Unterhaltung präsentiert. Der »elektronische Prediger« hat dort das Sagen. Und – wie Neil Postman ätzt: »Der liebe Gott spielt die zweite Geige ...«

Die zweite Geige spielt auch die Humanität, wenn es um die Grenzziehung zwischen Gezeigtem und Zeigbarem geht. Sehr oft ist diese Grenze überschritten. Wie beispielsweise bei einer »Verbrecherjagd – live«. Der Fernsehsender KNBC aus Los Angeles war mit dabei. Millionen Menschen zu Hause erlebten, wie zehn, zwölf Polizeifahrzeuge den flüchtenden Wagen verfolgten und ihn schließlich einkreisten. Ein »Showdown« in des Bildes schlechtester Bedeutung. Die Exekution des Gangsters konnte vor laufender Kamera gezeigt werden – auch die anderen großen Networks blendeten sich mit ihren Abendnachrichten ein. Schießereien und Verbrecherjagden mit Kameraschwenks über am Boden liegende blutende Opfer gehören heute zum Programmalltag. Um überall dabeisein zu können, gibt es Auftragsgesellschaften, die, mit schnellen Autos und technischem Gerät bestens ausgerüstet, unterstützt durch Richtmikrophone sowie Radios und Abhörgeräte für Sprechfunk von Polizei-, Feuerwehr- und Rettungsdiensten, unterwegs sind, um den am besten verkäuflichen Videoclip des Tages zu schießen.

Die Bilder des *aktuellen Schreckens* sind den Sendern 100 bis 300 Dollar pro Videoband wert, je nachdem wie sensationell sie sind. Um mit einem Clip 15 Sekunden »auf Programm« zu sein, wird die ganze Nacht Jagd gemacht. Der neue Typus des *Reality-TV* ist immer an vorderster Front dabei, wenn es um Katastrophenaufbereitung geht. Gangster und Polizisten, Prostituierte und Drogendealer sind die »Akteure« der Spezialberichte, deren Bilder extrem brutal sind, mit Musik in Psychothriller-Manier unterlegt, in abgebrühter Sprache kommentiert. So entstehen zwingende Bilder von aggressiver Eindringlichkeit. Die Amerikaner selbst nennen das *Trash-TV* (Müllfernsehen).

Programmtrends zeichnen sich so ähnlich ab wie Modetrends. Messerscharf marktgerecht. Die Welt polarisierend in Voyeure, Akteure und Opfer. Wolf Biermann hat über diese Entwicklung offensichtlich vorausahnend gesagt: »Das Fernsehen ist eine prima Erfindung, man hat mehr vom Leiden anderer Leute.« Wie Klaus Presser, Chefredakteur des ZDF, in seinem kritischen Essay »Was nun?« eindringlich fragt, geht es um die klare Definition der Chronistenpflicht. Und um ihre Abgrenzung zur Sensationshascherei. Es erhebe sich daher die Frage: »Muß nicht auch einmal verzichtet werden? War es richtig, das Foto des toten Uwe Barschel im Fernsehen zu zeigen? Durften wir die Szene senden, in der Luftpiraten in Zypern einen Ermordeten aus dem kuwaitischen Jumbo warfen? Welche Bilder sollten wir veröffentlichen von der Flugzeugkatastrophe in Ramstein? Welche vom Erdbeben in Armenien? Welche von dem Pan-Am-Absturz in Lockerbie? Immer war es unser Auftrag zu informieren, immer war es aber auch zu entscheiden, ob wir wirklich alles zeigen sollten, was wir hatten oder was auf dem Markt zu haben war. Warum zeigten deutsche Sender beispielsweise Berichte über Verbrecher, die von der Polizei dem Mob ausgeliefert wurden und dann halbtot geprügelt mit Benzin übergossen und dann bei lebendigem Leib verbrannt werden? Oder warum werden Videoaufnahmen veröffentlicht von grausam verstümmelten Leichen aus kroatischen Krankenhäusern, Opfer von offenkundigen Massakern entfesselter Extremisten? Warum wird mit akribischer Liebe zum Detail ein Überfall auf die Deutsche Bank festgehalten und gesendet, die Flucht der Gangster mit zwei Geiseln, ein ›Interview‹ mit einem Verbrecher, während er noch die Pistole in der Hand hält?«

Die *Pflicht zur Information,* so Presser, schließe nicht das Recht ein, *alles* zu zeigen. Das gilt natürlich nicht nur für das Fernsehen, sondern auch für die zahlreichen, immer schonungsloser »enthüllenden« Skandalillustrierten. Ein besonders extremes Beispiel für eine derartige Enthüllungsentgleisung war die Ende 1991 erfolgte Publikation von Obduktionsfotos des von DDR- Grenzpolizisten an der Berliner Mauer erschossenen Chris Gueffroy. Brust und Rücken des Toten zeigten Einschußkanäle. Die Bilder stammten aus den Gerichtsakten des Prozesses gegen die vier Mauerschützen, die des Totschlags am Opfer angeklagt waren. Vorexemplare der Illustrierten wurden im Gerichtssaal verteilt, und die Mutter des Toten erlitt daraufhin einen Nervenzusammenbruch.

Immer häufiger kommt es vor, daß dokumentatives Beweismaterial, das nur einem kleinsten Kreis von Sachverständigen und Juristen vorgelegt werden sollte, an die Öffentlichkeit gelangt. Lange werden die Fernsehzuschauer Deutschlands es nicht vergessen, wie sie grauenhafte Bilder von Leichen sahen, deren Arme und Beine abgeschlagen waren, deren Gesichter zerstochen und deren Herzen herausgeschnitten waren. Es waren Bilder, die von Ärzten in Krankenhäusern aufgenommen wurden. Der Bericht löste nicht nur Entsetzen und Betroffenheit bei den deutschen Fernsehzuschauern aus, sondern auch lebhafte politische Proteste.

Medienjustiz. Die Blutspur im Amüsierbetrieb

Ebenso fragwürdig ist die Rolle von Bildermedien, die sie durch ihre Verwendung als »Pranger« erhalten; *Medienjustiz,* außergerichtliche »öffentliche Verurteilung« gehört wohl zu den schlimmsten Diskriminierungen der Informationsgesellschaften. Denken wir doch an die Öffnung der Stasi-Akten, die Emotionen in allen Skalierungen von Traurigkeit, Betroffenheit bis zum fanatischen Haß auslösen. Das alles trägt zu einer gefährlichen Polarisierung des Massenbewußtseins bei. Zu einem kohlrabenschwarzen Aktions- und Reaktionsraster.

Die totale Informations- und Unterhaltungsgesellschaft hat alle, auch die verborgensten Winkel unseres gesellschaftlichen und gesamtkulturellen Lebens durchdrungen. Wenn man zwei großen visionären Vorbildern folgen will, dann gibt es zwei Möglichkeiten, den Geist einer Kultur zu beschädigen: Die erste Möglichkeit besteht darin – Orwell hat sie heraufbeschworen –, daß die Kultur zum Gefängnis wird. Im zweiten Falle – ihn hat Huxley entworfen – verkommt sie zum Varieté. Die tragikomische Version scheint die gefährlichere und dauerhaftere zu sein. Von der ersten Möglichkeit glaubten wir uns durch die »Götterdämmerung« im Osten befreit. Huxleys Version jedoch hatte nicht bedrohenden, sondern einladenden Charakter. Der ewige »Amüsierbetrieb« einer auf »Unterhaltungswelle« laufenden Welt der Entertainer, Gaukler und Demagogen« ist durch den ewig lachenden Mord an der Kultur die gefährlichere Version.

Im technischen Zeitalter trägt die kulturelle Verwüstung weit häufiger die Maske grinsender Betulichkeit. So kommt es geradezu zu einer Orwellschen Umkehr: Nicht der »Große Bruder« ist erpicht darauf, uns zu sehen und zu kontrollieren, sondern wir sind ganz verrückt danach, den »Großen Bruder« zu sehen. *Trivialitäten als Lebensorientierung* sind bedrohlicher als Wächter und Wahrheitsministerien.

Einen besonders gefährlichen Punkt der Polarisierung in Exhibitionisten und Voyeure im News-Betrieb hat die brasilianische Fernsehsendung *Aqui Agora* erreicht. Die Exhibitionisten agieren vor der Linse, die Voyeure sitzen vor der Mattscheibe. Die Programmatik ist bestimmt von der Liebe beider zur *Anarchie des Bil-*

des. Hier scheint die konsequente TV-Version der klassischen Boulevardzeitung gelungen zu sein. Ganz abgesehen von den Inhalten – auch die Präsentation der Moderatoren ist einzigartig auf der Welt: Kommentatoren hauen auf den Tisch, daß die Mikrophone zittern, Reporter verurteilen mutmaßliche Verbrecher, noch ehe sie den Polizeiposten erreicht haben, affektgeladene Präsentatoren akzentuieren besonders brisante Themen durch Großbildaufnahme ihres entblößten Hinterteils. Mit einem Wort: »Aqui Agora« zeigt das Leben, wie es wirklich ist. Es ist die Nachrichtenversion der Catcherkämpfe in Sportmagazinen.

Lange, melodramatische Reportagen über Unfälle, exzessive Sex-and-Crime-Darstellungen gehen selbst an die Grenzen des brasilianischen TV-Geschmacks. Damit präsentiert sich die *Tagesschau als Horrorshow*. Den Vater, der seine vermißte Tochter sucht, begleitet das Reporterteam ins Leichenschauhaus, sucht mit ihm nicht identifizierbare Leichen ab – bis er vor seinem verunglückten, toten Kind zusammenbricht.

Taxifahrer, die vier Kollegen durch Mord verloren haben, rufen vor offenem Mikrophon grölend zur Lynchjustiz auf. Kinderschänder, Berufskiller und Drogenhändler berichten in Live-Interviews bereitwillig von ihren Taten. Die Zeitungen des Landes sind sich darin einig: ›Aqui Agora‹ ist ein teuflisches Journal, volksnah, gemacht aus dem Stoff des brasilianischen Wahnsinns ...«

Auch Paul Watzlawick stimmt in den Chor der Warner vor dieser Entwicklung ein: »Weit mehr als es die Propagandaministerien totalitärer Staaten bisher fertiggebracht hatten, erzeugt das Fernsehen eine freiwillige Unterwerfung und *Gleichschaltung des Denkens und Fühlens,* wie sie in der Geschichte der Menschheit wohl einmalig dasteht – nicht, weil die Menschen früherer Epochen vielleicht immuner waren, sondern weil die moderne Technologie zur Verrohung und Vertrottelung von Millionen Menschen noch nicht bestand.«

Wenn man von der Bilddramatik (Verrohung) der Informationsteile absieht, beginnt das Leichte im Programm (Vertrottelung) alles Schwierige zu ersetzen. Anspruch wird klein geschrieben und Unterhaltung ganz groß. Die Programmbilanz zeigt diesen Weg beklemmend deutlich: Anspruchsvolle Kultur- und Bildungssendungen haben innerhalb von nur drei Jahren über die

Hälfte ihres ohnedies kleinen Publikums verloren! Kulturelle Magazine oder Dokumentationen erreichen knapp fünf Prozent der Zuseher, Theater- und Opernübertragungen zwei bis drei Prozent. In Kabel- oder Satellitenhaushalten ist die Entwicklung noch drastischer: Kaum 30 Prozent der TV-Zuseher verfolgen eine Sendung noch bis zum Ende. Alle anderen wandern auf der Suche nach Reizen und Attraktionen durch die Vielfalt der Programme. Von »Schlüsselloch zu Schlüsselloch« ... Nur da wo Action, sprich Crime oder Sex, ihnen Augenschmaus bietet, verweilen sie kurz. *Kanal-Surfing* als Reise der Versuchung. Bon Voyage ... für Voyeure.

Es wäre verfehlt, würde man dem Fernsehen die gesamte Schuld an dieser Entwicklung zuweisen. Noch falscher wäre es, die grundsätzliche Zeitfunktion des neuen Mediums zu übersehen. Die opportunistische *panem et circenses*-Ideologie, dem Volk zu geben, was die Sensationsgeilheit erwartet, ist, wenn wir es wollen, ökonomische Zielvorgabe.

Zweifellos darf aber auch die große Dimension der Weltgestaltung auf der Informationsebene nicht vergessen werden. Die geschichtsbeschleunigende Funktion des Fernsehens. Das bewirkende Berichten über die Revolution im Osten, die Vereinigung Deutschlands, aber auch die bildhafte Mahnung vor dem »*ethnischen Kannibalismus*« immer häufiger auftretender Bruderkriege. Zweifellos: Wirkung überall. Vom Affekt zum Effekt. Was auf der Strecke bleibt – teils aus Mangel an Auftrag, teils aus Mangel an Bewußtsein –, ist die sozialhygienische Perspektive. Ein Massenmedium darf heute besonders dann, wenn es ein Augenmedium ist, nicht das Augenmaß für seine sozial gestaltende Kraft verlieren. Natürlich steht, wie Dieter Roß sagt, das Fernsehen immer in einer konkurrenzlosen Situation da, wenn es darum geht, wirkliches Geschehen mit Kamera und Mikrophon zu beobachten. »An Themen und Gegenständen für ein öffentlich-rechtliches Programm besteht mithin kein Mangel«, so Roß, »zur Verfügung steht die Wirklichkeit. Zu meinen, sie sei langweilig und deshalb nicht publikumswirksam, ist nichts als ein Vorurteil.« Vor allem aber kein Grund der Hinwendung zu trivialen Stoffen und Mustern. Der gefällige Mix zwischen »Schwarzwaldklinik« und in ihrem Blut liegenden Terroropfern führt weit weg vom nach dem Krieg in Deutschland von Jürgen Habermas konzipierten Ideal einer »herrschaftsfreien Kommunikation«.

Dieser Gedanke, so zeigte es sich, ist weder in totalitären Strukturen noch in demokratischen Gesellschaften realisierbar. Überall werden Herrschaftsmechanismen der verschiedenartigsten Prägung wirksam. Vielleicht sind sie immanent in der Dynamik von Massengesellschaften verankert. Und charakterisieren Umformungsstufen vom persönlichen Ich zum *Massen-Ich*. Le Bon vertrat schließlich vor geraumer Zeit schon den Standpunkt, es gebe ein psychologisches Gesetz der *seelischen Einheit der Massen*. Die vorgezeichneten massenspezifischen Merkmale beschrieb er so: »Das Überraschendste an einer psychologischen Masse ist es, daß, welcher Art auch die einzelnen sein mögen, die sie bilden, wie ähnlich oder unähnlich deren Lebensweise, Beschäftigungen, Charakter oder Intelligenz ist, diese durch den bloßen Umstand ihrer Umformung zur Masse dann eine Art *Gemeinschaftsseele* besitzen, vermöge derer sie in ganz anderer Weise fühlen, denken und handeln als jeder von ihnen für sich fühlen, denken und handeln würde.« Durch diese »Gemeinschaftsseele« verliere der einzelne in der Masse zwar seine Individualität, erhalte dafür aber ein großes Maß an Ausgleich der Gefühle durch das Kollektiv. Ein besonders wichtiger Aspekt dabei: Die Tatsache der Menge vermittle bereits dem einzelnen ein Gefühl unüberwindlicher Macht, das ihm gestattet, Trieben zu frönen, die er für sich allein gezügelt hätte. Durch das *Versteck in der Namenlosigkeit* verschwindet demnach auch in der Masse das *Verantwortlichkeitsgefühl* des einzelnen.

Die Massengesellschaft – ein Treibhaus für Demagogen

Seltsame Parallelen bestehen zwischen der eigentlich schon als »Literatur« in den Bücherschrank zurückgestellten, ein wenig als veraltet angesehenen Massenlehre Le Bons und den kollektiven Verhaltensweisen der durch Scheinrealitäten stimulierten Konsumenten neuerer Bilderwelten. Aus der Unverbindlichkeit der programmatischen Anlieferung von Bildermedien entsteht leicht eine Rückziehungsdistanz von Medienkonsumenten. Die mangelnde

Bindungsfähigkeit, die durch Kanal-Surfing stimuliert wird, kann ganz leicht zu einem Life-Surfing werden. Zu einem – je nach Vorzeichen des »Erlebten« – sprunghaften Aufladen oder Entladen: zu *kollektiver Aggression* oder *kollektiver* Depression. Das in eine persönliche Unverbindlichkeit *zurückgezogene* Betrachterkollektiv zeigt eine hohe Anfälligkeit für falsche Wertvorgaben durch Leitbildpersönlichkeiten.

Im Breitwandszenario einer schier unbegrenzten globalen Bildschirmwelt bietet sich eine hervorragend geeignete Bühne für Demagogen und Agitatoren an. In vergangenen Jahrhunderten gab es diese natürlich auch. Aber ihnen war, schon rein technisch, begrenzter Wirkungsraum zugewiesen. Heute haben sie den Blick der Welt. Der berühmte Psychiater Eugen Bleuler, ein Zeitgenosse Sigmund Freuds, hat klug vorausblickend, als hätte er die Entwicklung geahnt, über Demagogen und Menschen mit psychopathischen Neigungen ein weises Wort geprägt: »In stillen Zeiten begutachten wir sie; in Krisenzeiten regieren sie uns.«

Agitative Massenphänomene sind selbstverständlich mit einer Massenkultur wie der unseren untrennbar verbunden. Ja, sie sind in unserer medial multidimensional gewordenen Massenkultur um vieles rascher verbreitbar. Die verschiedensten tiefenpsychologischen Schulen befassen sich lange schon aus unterschiedlicher Perspektive mit den Phänomenen *Massenneurose, Massenwahn,* mit *kollektiv-neurotischen Dynamisierungen,* mit agitativen Affektenthemmungen. Freud, Adler, Jung, Reich, Fromm und viele andere haben diesem spannenden und folgenschweren Thema ihre Aufmerksamkeit zugewandt.

Auch die Soziologenschulen von Horkheimer und Adorno haben sich, besonders mit den Teilaspekten *Autoritarismus* und *Diktaturforschung* befaßt. Vor allem dort, wo es um *Vorurteilsbildung* – ein latentes Massenphänomen – geht, wurde immer wieder der Bezug zur Psychoanalyse hergestellt. Einen sehr deutlichen Standpunkt, wenn auch aus anderer Sicht, nimmt die Individualpsychologie zum Thema der *Demagogie* und deren Entstehungsvoraussetzungen ein. Immer dann, wenn es einem Kind nicht gelingt, seine Individualität zu erobern, sich mutig und erfolgreich mit Autoritäten und Institutionen auseinanderzusetzen, kommt es zum Schwächegefühl des »Überwundenen«. Ist aber die Neigung zur Rebellion in einem solchen Menschen verankert, dann bricht das hervor und attackiert Ersatzobjekte. Wie Josef Rattner in seiner Arbeit »Der Demagoge und sein Publikum« treffend formuliert, ist Demagogie »die Revolte einer zerbrochenen Seele, die im *aggressiven Konformismus* ihre Identität und scheinbare Stärke findet. Der Demagoge überwindet seine Minderwertigkeitskomplexe dadurch, daß er alle Minderwertigkeit auf seine ›gehaßten Objekte‹ projiziert; er selbst wird dabei aufgewertet, weil er anders ist als seine Opfer.«

Wie das Beispiel der Geschichte mannigfaltig erwies, gelang es den großen Magiern der Demagogie häufig, ihre agitative Dynamik in Massenwahn zu verwandeln. Der Wille zur Macht ist dabei die Triebkraft für die Ergebnisteilung Herrschaft und Knechtschaft. Da wahnhafte Bindungen aber das Realitätsprinzip leugnen und daher verlassen, kommt es in demagogischen Strukturen immer zu Brüchen der Kommunikationsgemeinschaft der Menschen. Immer werden daher die als »Weltverbesserer« Auftretenden in Wahrheit zu Weltverschlechterern.

Die ewigen Sieger: falsche Götter der Macht

Allerdings treten diese Mechanismen nicht immer so einsichtig und offen zutage. Zahlreiche *verdeckte Psychopathen* projizieren unter dem Deckmäntelchen *Charismapersönlichkeit* in Spitzenpositionen von Politik und Wirtschaft ihr in Wirklichkeit derealisierendes Machtbild von vorgegebener »Tüchtigkeit«. Dahinter steckt eine Menge an Destruktivität auf leisen Sohlen. Sehr oft sind sogenannte »Siegertypen« das, was der Psychoanalytiker Arno Gruen als »falsche Götter« entlarvt, Menschen, die durch Macht und Besitz unverletzlich werden wollen, weil sie in Wirklichkeit Schmerz und Verzweiflung nicht ertragen können. Diese Wesenskoppelung nennt Gruen den *psychotischen Bruch*. In der Politik sind diese Menschen deshalb so gefährlich, weil sie immer einen »Feind« brauchen, um die inneren Konflikte nach außen abzulenken.

In der Wirtschaft haben sie längst das »Produzieren« – wozu auch die Integration der Dimension menschlicher Anteile gehört – aus den Augen verloren, sie expandieren oder sanieren *schrankenlos* im Machtrausch und haben längst nur mehr den kurzfristigen Erfolg im Auge. Der überraschend schnelle Zusammenbruch von ganzen Firmenimperien folgt zwingend der *De-Realisation,* dem Entfernen von der Wirklichkeit eines Gesamtbildes und der Verknüpfung mit unter dem Deckmantel von Tüchtigkeit laufender Psychopathie agitativen Handelns.

Wer die Beziehung zwischen seinem Tun und dem Maß aller Dinge verloren hat, der kommt leicht in Gefahr, bei Expansionskurs weit übers Ziel hinauszuschießen. So weit, bis aus dem angepeilten Erfolg die Insolvenz wird. Und wer ein Konzerngefüge, das, wenn auch oft in falsche Richtung gewachsen, in sich auf bedingten Prozessen ruht, durch eine zu forcierte Abmagerungskur auf *Slim Production* umstellen will, kann sehr leicht erleben, daß die Abmagerung bis zum Tode führt. Die schneller gewordene Wirklichkeit und die zu schnell gewachsene Unwirklichkeit in den menschlichen Urteilsdimensionen haben sich deutlich auseinandergelebt.

Erich Fromm hat in einer Untersuchung über den *Gesellschaftscharakter* festgestellt, daß etwa 14 Prozent der Menschen von ihrem Inneren abgetrennt leben. Davon agieren vier Prozent, als wäre die Welt ein Dschungel. Diese Zahl erscheint uns, wenn wir die vielen *Pseudomächtigen* in Aktion sehen, als zu niedrig gegriffen. Die Erklärung ist relativ einfach: Überrepräsentativ viele sogenannte »Machtmenschen« von diesem Schlag kommen in Spitzenpositionen. Können sie auf eine sogenannte Erfolgslinie hinweisen, so beruht das nicht selten darauf, daß sie einen ihre Schwächen kompensierenden *starken Zweiten* hinter sich haben.

Die amerikanische Armee hatte sich im Zweiten Weltkrieg und im sowie nach dem Vietnamkrieg mit dem Problem der Neurotiker in der Armee auseinandergesetzt. Eine Forschergruppe der Columbia University stellte zur großen Überraschung fest, daß es zumeist nicht die Neurotiker waren, die an der Front zusammenbrachen, sondern vor allem diejenigen, die so klar und übersicher erschienen waren, die dann unter dem Streß des Kampfes und der Bomben Amok liefen.

Besonders tragisch erscheint es, daß die in Wirklichkeit Starken so oft den eigentlich Schwachen vorne die Macht überlassen. Die Erklärung dafür ist relativ einfach, meint Arno Gruen, denn gerade Menschen, die von ihren Gefühlen *abgespalten* leben, wissen sehr genau, wie sie die Gefühle anderer manipulieren können. Sie sind

Meister im Erwecken von Schuld. Wer rasch und ohne Zweifel beim anderen Schuld zu wecken weiß, stürzt die davon betroffenen falschen »Schuldigen« in die Hilflosigkeit der eigenen Kindheit. Schuldzuweisung ist ja bereits in der frühen Erziehung Strafmittel zur Gefügigkeit. Diese verhängnisvolle *edukative Polarisierung* schon der kleinen Welt in geführte Schuldige und in führende Schulderzeuger macht aus dem evolutiv zugewiesenen aufrechten Gang die gebückte Haltung der *Subordinationsgesellschaft*.

Klar, daß die Mediengesellschaft viel zur Rückgrataufweichung beiträgt. Ist sie doch Sprachrohr und Bildebene der Agitatoren verschiedenster Prägung. Fast ist man geneigt, die von einer leichten Staubschicht überzogene Ideologie der »manipulativen Unterstellung« der 68er-Rebellen wieder in Betrieb zu nehmen. Zumindest als Verständnisgrundlage für die Genesis der erzeugten, verhängnisvollen Fehlwelt ...

KAPITEL 7

Mind-Kidnapping

Die dynamische Destruktivität

Die »Medienorgel«, um auch bei diesem Bild zu bleiben, stellt das perfekteste Instrumentarium zum schrankenlosen *Mind-Kidnapping* bei. Tag für Tag werden wir *aus uns selbst* entführt. Zur Akzeptanz vorgespiegelter »Als-ob-Wirklichkeiten« verführt und damit in die Lenkungsabhängigkeit geführt. In der audiovisuell gesteuerten Gesellschaft ersetzen immer häufiger »Medienerlebnisse« reale Erlebnisse. Mit allen Konsequenzen, die sich daraus ergeben. Durch die sehr starke dramaturgische Aufbereitung der *Ersatzwirklichkeit*, die alle Grenzen zwischen Erlebtem und Realität verschwimmen läßt, befinden wir uns zunehmend in einer Art kollektiver *Informationsgefangenschaft*. Damit stellen wir, in der Sprache der Informatik ausgedrückt, kein Input-Output-System mehr dar, dem Information zur Verarbeitung angeboten wird, sondern ein *Input-Input-System*, das mit aufbereiteter Fremdmeinung vollgestopft wird. Eigentlich klar, daß dadurch eine steigende Reizstauung bewirkt wird.

Wir sind als Sozialwesen partizipatorisch instrumentiert. Biologisch gesehen ist der Mensch daher von Natur aus darauf ausgerichtet, Probleme, die von außen an ihn herangetragen werden, erhaltungsoptimierend zu bewältigen. Es ist ihm also vorgegeben, sich selbst und seine Art angemessen zu erhalten: biologisch angemessen im »Biotop« und soziologisch angemessen im jeweiligen »Soziotop« unseres Lebensumfeldes.

Zur Bewältigung dieser Aufgaben sind wir mit einer ganzen Reihe von inneren Sicherungen ausgestattet. Reizverarbeitung und durch sie bewirkte Reizreaktion sind daher selbstverständlich nicht nur quantitativ, sondern in einem sehr entscheidenden Maße auch qualitativ orientiert. Eine verhängnisvolle Wechselwirkung kann dadurch entstehen, daß das quantitative Angebot so gewaltig zunimmt, daß die Proportion zwischen quantitativer Verarbeitungsfähigkeit und qualitativer Beurteilungsfähigkeit verschoben wird und wir gewissermaßen die Qualitätsorientierung verlieren. Wir »verirren« uns dann im Dickicht der Quantität und können durch Orientierungsverlust leicht in eine *Identitätskrise der Realität* hineingeraten. Dieser Ursachen-Wirkungs- und Wirkungs-Ursachen-Kreis wird noch dadurch verstärkt, daß wir in der offenen Mediengesellschaft mit einer ganzen Menge von präfabrizierten Fremdmeinungen, mit Klischees und Vorurteilen verpflastert werden. Auf die schon mehrmals hingewiesene Gefälligkeit der im Entertain-Varieté angelieferten *Oberflächlichkeitskultur* folgt in den Nachrichtensendungen der Schock über die in kleine, mundgerechte Portionen verpackte Schlechtigkeit der Welt. Verwirrt durch dieses Bilderbuch des Nicht-Gegenständlichen und von vorgegebener Wirklichkeit, werden wir geradezu dressiert darauf, Klischeebilder unkritisch zu adoptieren und zur eigenen Meinung zu machen. Diese Entfremdung von uns selbst führt in Extremfällen zu einer agitativen Form des *Fremdverhaltens.* Fremdverhalten insofern, als wir uns im Verhaltensausstoß nach uns eigentlich fremden Auslösekriterien richten. Durch die Adoption fremder Entscheidungsklischees ist tatsächlich all das, was wir im positiven Sinne als »Nachrichtenfluß« bezeichnen können, deformiert. Denn im *Standardangebot* von handlungsrelevanten Informationen besteht eine Korrelation zwischen dem gespeicherten persönlichen Informationsrepertoire und dem, was sich im Augenblick als Nachricht anbietet. Vor allem insofern, als durch Zuwachs eine Veränderung des Wissensstandes bewirkt wird.

Die Parameter der Veränderung sind gegeben durch bewußte und unbewußte Speicherung – bezogen auf die Zeitdimensionen Gegenwart und Zukunft. Nachrichtenfluß, der ja im klassischen Kommunikationsschema durch Kommunikator, Medium und Rezipient bedingt ist, bedeutet in Beziehung auf die Person als Nachrichtenverarbeiter eine Konfrontation von Gedächtnisinhalten, Gegenwart und Projektion. Zwischen angebotenem Inhalt und Effekt steht die *Bewertungsschlüssigkeit.* Ist dieser Ablaufprozeß nun quantitativ gestört durch ein Überangebot und damit durch Überforderung oder qualitativ gestört durch permanente Deformation von Wertemaßstäben, dann kommt es zur Entgleisung.
Die Beschäftigung mit den kommunikationstragenden Aspekten

des Bewußtseins setzt eine mehrdimensionale Betrachtungsweise voraus. Wir müssen uns dann in einem interdisziplinären Grenzbereich von Medizin, Psychologie und Philosophie bewegen. Beziehung herstellen zwischen dem, was die Mediziner unter Hirnfunktion verstehen, die Psychologen als Beziehung zwischen Erleben und Verhalten und die Philosophen als Geistdimension. Für die Gesamtbeurteilung des Wahrnehmungsprozesses gibt es zwei theoretische Ansätze. Die *Realismustheorie,* die davon ausgeht, daß das, was die meisten Menschen auch als »realistisch« akzeptieren, nämlich das, was man mit eigenen Augen sehen kann, auch wirklich »ist«. Durch eine Art »Scanning« des Bewußtseinsprozesses ist man jedoch heute wesentlich stärker der Meinung, daß Wahrnehmung nicht so etwas wie eine Momentaufnahme der Gegenwart, sondern von einer Kausalkette abhängig ist. Wahrnehmung scheint ein zeitlich und räumlich ablaufender Stufenprozeß zu sein. Die physiologischen Hirnprozesse und die psychologischen Interpretationen sind vermutlich nur Glied in einer Ablaufkette und setzen gewissermaßen ein *Deutungspuzzle* in Gang. Das gewünschte Wahrnehmungsfeld spielt jedoch nicht die Rolle des Ziels und entspricht auch nicht voll der Körperwelt.

Es gibt daher nach der zweiten Theorie, der *Abbildtheorie,* nicht ein »Sehen« nach dem Prinzip der Kamera. Längst schon haben wir ja auch erkannt, daß dem Sehen der Kamera nicht jene Objektivität innewohnt, die wir ihm lange Zeit unterlegt haben. Wir *sehen* also, könnte man vereinfacht sagen, die Außenwelt nicht, sondern wir *erleben* sie durch Sehen gestützt. Immer also stehen wir in Wahrnehmungsprozessen unter Erlebniszwang, der noch dazu dadurch relativiert wird, daß unser jeweiliges Bewußtsein in den jeweiligen Punkt eines kausalen Ablaufs von Wahrnehmungserlebnissen einbezogen wird. Wir sind daher mittlerweile weit weggerückt von der *Fiktion einer objektiven Welt.*

Der Verlust des Urvertrauens

Dazu kommt noch die *Partikularisierung* auch des Menschen in der Masse, der trotz der generalisierenden Normenverschiebung durch die Medien in der Massengesellschaft durch soziokulturelle

Bindungen außengelenkten Ideologisierungen unterworfen ist. Immer müssen wir daher im kommunikativen Verarbeitungsprozeß Filterfaktoren mit ins Kalkül ziehen und die Bindung an antrainierte Wahrnehmungs- und Handlungsstereotypien voraussetzen. Das alles lenkt uns von der uns mitgegebenen »explorativen Aktivität« ab. Sie wird später durch Verluste des *Urvertrauens* oder Erziehungseinflüsse oder aber durch das *»Mind-Kidnapping«* der Medienwelt verschüttet. Das ist auch der Grund dafür, daß wir uns selbst zumeist mit der Stufe der Kenntnis zufriedengeben, ohne den so wichtigen weiteren Schritt auf die Stufe der Erkenntnis zu setzen.

Noch schlimmer allerdings ist es, wenn wir uns mit der Stufe des *Zur-Kenntnis-Nehmens* zufriedengeben, uns also gewissermaßen selbst beschränken auf die Ebene einer allgemeinen Beschränktheit. Verkürzung der Sichtweiten hat zur verstärkten Bereitschaft dazu geführt.

Daniel Boorstin hat darauf hingewiesen, daß wir eine Art *chronologische Kurzsichtigkeit* entwickelten, da uns die Bildermedien, allen voran das Fernsehen, auf das »Hier und Jetzt« konzentrieren und unser gegenwärtiges, miterlebtes »Geschehen« als das einzig Wichtige darstellen. So wird uns eine klare Einschätzung von Ereignissen, die weiter zurückliegen, deutlich verstellt und, wie Boorstin meint, die *Einzigartigkeit des Augenblicks* zerstört. Die schlichte »Hier-und-jetzt-Ebene« einer dimensional verkürzten Erlebniswelt zieht nicht nur Hunderte Millionen Fernseh-Gleichgeschaltete in ihren Bann, sondern auch unsere Primatenkollegen. Die Gorillas im Zoo von Washington beispielsweise sind ebenso begeistert von den auf Sex- und Aggressionsinhalte reduzierten Trivialshows wie die televisionnärrischen Entertainfans der unterschiedlichsten Alters- und Sozialklassen. Der chronologischen Kurzsichtigkeit entspricht auch häufig eine *räumliche Weitsichtigkeit.* Wir neigen also dazu, uns in Ereignisse, die weit entfernt von uns stattfinden, stärker hineinzuprojizieren als in den Erlebnisalltag um uns.

Künstliche Verschiebung der Proportionen zwischen Nah- und Fernsehen oder im Extremfall sogar Aufhebung oder Umkehr der Bezugsdimension kann problematische Folgen haben. Von Natur aus sind wir darauf programmiert, unsere Reaktionen auf ein entweder in der Ferne oder in der Nähe gesehenes Ereignis abzustimmen. Zunächst einmal kategorisieren wir daraus abzuleitende Bedrohung oder positiven Zugewinn. Wird dieses Beurteilungssystem durch künstliche Nah- oder Fernverzerrung gestört, werden wir in der Interaktion mit unserer Umgebung beeinträchtigt. Fernsehen, das in Wirklichkeit längst zum Nahsehen wurde, läßt damit auch unseren Gemeinschaftssinn diffuser werden. Wir können doch in Programmen oft schon nicht mehr unterscheiden, ob ein Applaus oder ein Lachen echt sind oder vom Producer eingeblendet. Effekte simulieren auf diese Weise Affekte.

Das Fernsehen hat zwar unsere Perspektiven in mancherlei Hinsicht stark erweitert, unser Erleben aber hat es eingeschränkt und verengt. Trotz der Demokratisierung des Angebotes durch die Gleichzeitigkeit vieler alternativer Auswahlmöglichkeiten ist das Medium an sich zu einer sehr totalitären Kommunikationsform geworden. Es zwingt uns neben der Verwaschung des Distanzgefühls auch noch eine Relativierung des Aktualitätsbegriffes auf. Damit wird eine durch die Wohlstands- und Wegwerfgesellschaft antrainierte Haltung verstärkt, die zur *Bindungslosigkeit* hinführt. Wer Konsumprodukte wegwirft, wirft auch Gesinnungen weg. Wer von »aktueller Information« zu »noch aktuellerer Information« gehetzt wird, wird in der Resümierfähigkeit beeinträchtigt.

Noch fragwürdiger in der Wirkung allerdings erscheint der sogenannte *More-so-Effekt,* der *alle* Eindrücke, über die er berichtet, gleichzeitig stark verstärkt und auf diese Weise, auch ungewollt, so sollte man es ja im Ansatz zur Wertfreiheit nicht wünschen, auch negative Vorbilder prägt. Berichte über rassistische Ausschreitungen lösen daher nicht nur Bestürzung und Empörung aus, sondern fordern auch »ungewollt« zur Nachahmung auf. Das gleiche gilt für Gewaltdarstellungen und Anarchieberichte. Wer Terroristen Medienraum bietet, macht sich zu ihrem PR-Manager. Wer jedoch aus ethischen Gründen *informative Selektion* betreibt, verliert das Wettrennen um die Informationspriorität, setzt sich dem Vorwurf einer Verletzung der Informationspflicht aus. Was soll man also tun?

Alle informativen Verarbeitungsprozesse bestehen aus der Phase der Informationsaufnahme und nachfolgenden Phasen der integrativen Verarbeitung. Das gespeicherte Wissen und vergleichbare Erlebnisinhalte leiten dabei die Interpretation ein. In der erweiterten Sicht der modernen Kommunikationswissenschaft ist daher in Wirklichkeit eigentlich schon längst an die Stelle des in der traditionellen Lehre als Empfänger von Botschaft klassifizierten »Rezipienten« der nicht nur Botschaft empfangende, sondern viel vorrangiger der Botschaft verarbeitende »Perzipient« getreten.

Diese Perzeption schließt nicht nur die Informationsbewertung ein, sondern verarbeitet neben den Eindrucksdaten auch noch Rückmeldungen über Körperzustände und autonome Regulationsvorgänge mit. Das Eintreffen von Sinnesdaten führt, wie wir alle aus eigener Erfahrung wissen, zu bestimmten Veränderungen im Körper, z. B. dann, wenn durch Schreck oder Freude das Herz rascher schlägt; wenn uns etwas besonders interessiert, werden wir hellwach. Verarbeitungsprozesse bringen also neurophysiologisch und psychologisch übereinstimmende Befunde hervor. In einer perfekten integrativen Verknüpfung. Jede Bewertungssituation hat also für uns *appellativen Charakter,* lädt uns dazu ein, ein *Reaktionskonzept* zu entwerfen, das aus der Vielschichtigkeit von Erinnerungsinhalten, Informationszuwachs, neurophysiologischen Daten, Hormonprofil etc. besteht. Die Richtwerte für zielorientiertes, motiviertes praktisches Denken und Handeln sind durch eine Encodierung (Verschlüsselung von Informationen) in bestimmten Bereichen der Großhirnrinde repräsentiert. Auf »Abruf« entstehen reflektorische Antworten. Je nachdem, ob eine Antworthandlung stärkeren Außen- oder Innenbezug hat, werden pragmatische Handlungsmuster oder eher Wertemuster zugeblendet.

Der »Zooming«-Effekt: wie nah doch die Welt ist ...

Wir können uns also sehr gut vorstellen, welche verheerenden Verwirr-Wirkungen eine uns zugespielte künstliche Wirklichkeit anrichten kann. Die *Synthetisierung der Bezugswelt* muß auch zu synthetisierten Affekten führen. In mühevoller Entwicklung hatte sich der Mensch von der kleinen personalen Welt im Zuge der Welterweiterung durch die Errungenschaften des technischen Zeitalters auf die größere Dimension eingestellt. Jetzt wird er durch den *Zooming-Effekt* der elektronischen Bildermedien wieder in eine scheinbar kleinere Nahwelt zurückgeblendet.

Als Kommunikationspartner stehen ihm jedoch nicht mehr die menschlichen Reflexionen einer realen sozialen Gruppe gegenüber, während er »Programm« bezieht. Die Wirklichkeitsverzeichnung wird durch die Studie »Große Welt – kleiner Bildschirm«, die kürzlich in Washington vorgestellt wurde, erhärtet. Um das Ergebnis, zwar etwas verkürzt, aber eigentlich in seiner letzten Konsequenz vorwegzunehmen: Dauerfernsehen stumpft gegen Gewalt ab und macht gleichzeitig fett. Jedes amerikanische Kind wird allein in seinen Volksschuljahren schon Augenzeuge von rund 8000 Morden und rund 100 000 Fernseh-Gewalttaten. Dazu kommt die Fehlklischierung von Frauen, älteren Menschen und ethnischen Minderheiten. Die typische »Bildschirmfrau« wird als hilflos und hübsch dargestellt, Angehörige von Minderheiten erscheinen als aggressionsgeladen und kriminell. Das Fehlen von Direktbeziehungen durch soziale Interaktion wird den Fernsehkindern, aber auch den stundenlang vor dem Schirm hockenden Erwachsenen durch kalorische *Streicheleinheiten* ersetzt. Der Griff zum Knabbergebäck sei somit ein Hilfeschrei vereinsamter Seelen ...

Wie wichtig die Aufrechterhaltung der Balance zwischen Informationsmenge und Verarbeitungszeit ist, stellte Karl H. Pribram fest: »Je dichter die Folge verschiedener Eindrücke wird, desto geringer ist die Wahrscheinlichkeit, daß viele von ihnen in ihrer Bedeutung erfaßt werden können. So lange man Gewohntes vor sich hat, regiert die Erwartung den Eindruck.« Widersprechen einander neue Eindrücke und alte Erwartungen, dann werden wir neugierig und bemühen uns aktiv um *Enlightenment,* um »erhellende Klärung«, um richtige Proportionierung; denn unser Sinn für die Wirklichkeit kennt verschiedene Abhängigkeiten: das Gewicht von neuen Eindrücken, Wiedererkanntem, Erinnertem und Erwartetem. Darum überschreitet auch die »Wirklichkeit aus zweiter Hand« so oft mit Hilfe dramaturgischer Kniffe unsere vorgegebene Interpretationsebene.

Ken Wilber spricht in seinem »Spektrum des Bewußtseins« ein neues Erklärungsmodell an. Er meint, es gäbe eine wichtige Grundsatzdifferenzierung zwischen dem Willen und dem Wollen. Während das Wollen sich allein auf die ichbezogene *Ego-Ebene* konzentriert und als lineares Bemühen im Rahmen einer vordergründigen Zeitlichkeit des Ablaufes Beziehungen des Organismus oder der Umwelt regeln möchte, liege hingegen der Wille auf der *existentiellen Ebene* und repräsentiere das dreidimensionale Streben des Gesamtorganismus, sich in der Zeit auf etwas Künftiges hinzubewegen.

Ist diese existentielle Ebene als Gemeinsamkeit von Sinn und Körper aufzufassen, dann verfügen wir über eine Art *Zentaur-Bewußtsein*. Wir alle kennen ja von den Denkmälern her diese Mensch-Pferd-Verbindungen, die nach Wilbers bildhafter Vorstellung am ehesten unserem Pluralismus entsprechen. Es kann uns passieren, so Wilber, daß wir uns nicht mehr mit unserem psychosomatischen Gesamtorganismus identifizieren können, sondern entweder dominant mit der rein mentalen Repräsentation des Seins oder der Fleischlichkeit organismischer Existenz.

Sehr oft tut sich in Zentauren eine tiefe Zerrissenheit auf, und der Geistmensch in ihm fühlt sich als Reiter eines fremden Pferdekörpers. Das Dilemma unserer *Geworfenheit* (Sartre) besteht darin, daß vieles um uns ein dualistisches Bild der Welt vermittelt. Nehmen wir nur die Sprache: Sie besteht aus Hauptwörtern und Tätigkeitswörtern. Dieses Exempel neben vielen anderen ziehen wir zur Untermauerung der dualistischen Existenz heran. »Wir biegen das Universum so zurecht, daß es zu unserer Sprache paßt, und tun der Natur auf subtile und für alle Teile schädliche Weise Gewalt an. Dieses Verfahren«, stellt L. Whyte fest, »ist so paradox, daß nur die lange Gewöhnung daran seine Absurdität überdecken kann.«

Absurd erscheint auch unser ewiges Trachten, mit dem Blick zurück auf das Gespenst des »Gestern« vorwärts zu leben. Marshall McLuhan verweist darauf, daß dies dem Versuch entspreche, mit unverwandt auf den Rückspiegel gerichtetem Blick ein Auto vorwärts zu steuern. Für die richtige Einschätzung einer Situation bauchen wir eine klare Kategorisierung von Botschaften und *Metabotschaften*. Sehr oft widersprechen nämlich in der Wirklichkeit unseres Lebens Botschaft und Metabotschaft einander. Richtwert der Botschaft und Interpretationsfreiraum der Metabotschaft.

Der Zentaur – das verhängnisvolle »Kopf-Tier«

Solche kommunikative Verknotungen nennt man *Double Bind* (Beziehungsfallen). Sie zwingen uns dazu, entweder Botschaft oder Metabotschaft, gelegentlich sogar beide, umzudeuten oder zu verwerfen. Alle Aspekte der Erfahrung, die diese Sperrzone aus Sprache, Gesetzen, Ethik, Tabus, Logik regeln und den Interpretationsfreiraum nicht passieren können, bleiben *unbewußt*. Indem wir, nach Wilber, unser *Zentaur-Bewußtsein* unterdrücken, um uns mit den gesellschaftlichen Konventionen in Übereinstimmung zu bringen, verwüsten wir einen großen Teil der Wirklichkeit und verdrängen ihn ins Unbewußte.

Erich Fromm meint dazu, daß die Wirkung der Gesellschaft nicht nur darin bestehe, unserem Bewußtsein Fiktionen einzurichten, sondern auch darin, uns daran zu hindern, der Wirklichkeit bewußt zu sein ... »Jede Gesellschaft bildet durch ihre Lebensweise und die Art ihres Bezogenseins, Fühlens und Wahrnehmens ein System von Kategorien, das die Formen des Bewußtseins bestimmt. Dieses System arbeitet wie ein gesellschaftlich bedingter *Filter*. Eine Empfindung kann nur dann ins Bewußtsein dringen, wenn sie diesen Filter passiert. Nachdem es aber sehr viele Empfindungen gibt, die nicht durch den dreifachen Filter der Sprache, der Logik und der Tabus gehen, bleiben sie außerhalb des Bewußtseins, das heißt, sie bleiben unbewußt.«

Die verschiedenen psychotherapeutischen Schulen sind sich in der Frage der unbewußten Bedürfnisse des Menschen einig, allerdings überhaupt nicht einig darin, worin diese Bedürfnisse bestehen. Freud selbst hatte durch zweimaliges Ändern seiner Meinung zu diesem Thema der entstandenen Auffassungsdivergenz Vorschub geleistet, denn er glaubte zuerst, *Sexualität* und *Lebenstrieb* seien die bestimmenden Größen. Später bezeichnete er *Liebe* und *Aggression* als die beiden Grundtriebe. Zuletzt kam er schließlich zu *Lebens-* und *Todestrieb*.

Eine damit losgetretene Diskussion um die »wirklichen« Bedürfnisse des Menschen ist seither nicht verstummt. Die einen reden von Bedürfnissen, Instinkten, Wünschen, die anderen von Trieben, Motivationen oder Begierden. Otto Rank war der Ansicht, ein starker und konstruktiver *Wille* sei das Grundverlangen des Menschen, für Alfred Adler war es das *Streben nach Macht,* für Sándor Ferenczi das *Bedürfnis nach Liebe* und Angenommensein, für Karen Horney das *Bedürfnis nach Sicherheit.* H. S. Sullivan stellte die *biologische Befriedigung* in den Mittelpunkt, Erich Fromm das *Bedürfnis nach Sinn,* Frederic Perls das *Bedürfnis, sich zu entwickeln* und zu reifen, Carl Rogers schließlich *Selbsterhaltung* und *Selbstverwirklichung.*

Immer mehr Wissenschaftler interessieren sich für die *Pathologie des Existentiellen,* denn generelle Daseinsangst verbreitet sich schnell auf der Welt. Schnell werden wir in Wissens- und Empfindungsräumen eingegrenzt und ausgegrenzt. Natürlich ist uns durch die verschiedenen Regeln kommunikativer Welterfahrung ein Hinweis auf das von uns Erwartete gegeben, nicht aber ein Hinweis auf das, was wir von der Welt erwarten können. Zu verschieden sind die gesellschaftlichen Wertesysteme in den verschiedenen Menschheitskulturen. Es gib also keine einheitliche *Landkarte der Expressivität.* Noch immer keine schlüssige *Konventionalisierung* der Wirklichkeit, die uns die Unterscheidung zwischen der Welt und ihrer Beschreibung ermöglicht.

Vielleicht sogar sehen wir die Wirklichkeit nicht, weil wir nicht sehen, so meint das die Existentialphilosophie, wie wir sie uns verdecken. Das ist keine sehr neue Erkenntnis, denn Platon hat bereits in seinem »Höhlengleichnis« darauf hingewiesen, daß der unerleuchtete Mensch lebe »wie in einer Höhle mit dem Rücken zum Eingang«. Draußen sei das Licht der ewigen Wirklichkeit, doch der Mensch, da er dem Licht den Rücken kehrt, sieht nur die *Schatten der Wirklichkeit,* die über die rückwärtige Höhlenwand tanzen. Er sieht also nur Träume und Spiegelungen, niemals Wirklichkeiten. Um dieses Schattenspiel, diese Welt der ewigen Irrung, hat der Mensch sehr viele *scheinschlüssige* philosophische Systeme entwickelt. Und auch sehr viele, durch richtungsgebundene, weil untermauerungsintendierte Experimente gestützte Thesen.

In der modernen Kommunikationspsychologie muß man daher zunächst einmal Thesen von Ergebnissen unterscheiden. Sehr oft regieren Fehlinterpretationen, Überinterpretationen oder schlicht und einfach unzulässige Generalisierungen die Ergebnisse. Werner Fröhlich hat in seinen wirkungsmikroskopischen Betrachtungen zur Medienwirkung sehr klar gemacht, daß bereits fragmentarische

Bedeutungszusammenhänge zu ausgeprägten autonomen Reaktionen führen können, zu *intuitiven Bewertungen,* über deren Entstehen sich die Betroffenen nicht bewußt sind. So reagieren Kinder im Vorschulalter bereits auf die unterschwellige Darbietung eines bösen Gesichtes sehr klar: Sie halten sich die Augen zu, oder sie laufen weg.

KAPITEL 8

Kollektive Depression

Die Pathologie der Kommunikationsprozesse nimmt zu!

Drastische Furchtappelle und Gewaltdarstellungen lagen daher im letzten Jahrzehnt im Blickfeld des Interesses der Medienforschung. Wie Fröhlich feststellte, repräsentiert die angsterfüllte Betroffenheit den Extremfall und bewirkt dann den totalen Rückzug aus dem Informationsaustausch mit der Umwelt. Erregung bleibt fortbestehen, ohne Informationssuche zu erwirken. Erhöhung des Erregungsniveaus kann auch im Zuge einer Hyperaktivierung zu paradoxen Effekten führen, nämlich zur »Ausblendung« durch Abbau von Reaktion. Die Kliniker nennen diesen Zustand *emotionale Erschöpfung*. Wie aus ärztlicher Erfahrung berichtet wird, nehmen, als Begleitbilder verschiedener Krankheitserscheinungen, aber auch isoliert auftretend, diese »emotionalen Erschöpfungen« drastisch zu. Das scheint ebenfalls darauf hinzuweisen, daß die häufig publizierte Meinung, Gewöhnung sei in der Regel durch Abstumpfung charakterisiert, nicht zutrifft. Erregungsverminderungen sind, laut Fröhlich, kein charakteristisches Anzeichen z. B. für die Gewöhnung an Gewaltdarstellungen. Vielleicht entzieht sich die Habitualisierungswirkung von medial vermittelten Affekten einer generellen systematischen Beurteilung. Die Ausgangsebene der emotionalen Grundverfassung ist offensichtlich bestimmender als wir dachten für die Variabilität innerhalb ausgelöster Empfindlichkeiten. J. und D. Singer haben sich in ihrer vielbeachteten These zur *Phantasieverkümmerung* mit der *Tagtraumfähigkeit* Erwachsener auseinandergesetzt. Der Einsatz geplanter Phantasie »bewirke eine von allen Gegebenheiten abweichende Realitätskonstruktion«. Die Fähigkeit dazu werde von uns in der Kindheit erworben, in unseren *So-tun-als-ob-Spielen*. Moreno hat in seinem »*Soziodrama*« aus diesem »So tun als ob« therapeutische Projektionen abgeleitet. Dem Kind ermöglichen solche Phantasiespiele eine Art *Unterhaltungsautonomie*. Greifen wir zu früh und zuviel in diese erspielte Weltschöpfung ein, beeinträchtigen wir im späteren Erwachsenenleben die Fähigkeit zum flexiblen Hineinwachsen in die verschiedenen angebotenen Rollenspiele der Wirklichkeit.»Phantasieverkümmerung«, bewirkt durch ein überreiches Angebot an von außen kommender bewegter Unterhaltung, beraube, so die beiden Autoren, das Kind seiner im Spiel erlernbaren Fähigkeit zum Erfassen einer komplexen *»Lebensgrammatik«*. Die Integration von Spiel und Wirklichkeit scheint eine wertvolle Trainingsvoraussetzung für unser Leben in den zahlreichen »Als-ob-Welten« zu sein.

Interessant erscheint auch der Hinweis, daß – begünstigt durch den Umstand, daß Kinder aus ärmeren Familien dazu neigen, mehr fernzusehen als Kinder aus Familien mit höherem Einkommen – in den unteren Sozialschichten Fernsehen einen zentraleren Illusionspunkt im Familienleben spielt. Vor allem dort, wo bei den »Vielsehern« die Eltern das Bestimmungsrecht über das Fernsehgerät freigeben und sich unter dem Drucke der exzessiven Zuwendung zum Bildschirm andere kulturelle Neigungen, wie etwa das Lesen von Büchern oder das Spielen von Musikinstrumenten, drastisch reduzieren. Kinder aus einem solchen Umfeld zeigten sich *aggressiver* als alle anderen aus Vergleichsgruppen. Denn Kinder mit hohem Fernsehkonsum sehen ihre Umwelt eher als feindselig und gefährlich an.

Rasante Schnitte, Kamerawechsel, Um- und Überblendungen, Montagen und Wort-Bild-Umsprünge, die zu unvorhersehbaren Situations-, Standort-, Personen- und Szenenwechseln führen, tragen dazu bei, in der kindlichen Wahrnehmungswelt der kleinen Fernsehzuschauer große Verwirrung zu stiften. All dies führe, wie Hertha Sturm aus ihren Arbeiten weiß, infolge der »fehlenden Halbsekunde bei den Übergängen« zu einer fatalen Konsequenz: zum *Verlust der inneren Verbalisierung*. Sie urgiert die Entwicklung nonverbaler Wirkungstests, um feinere Meßinstrumente zu schaffen, die nicht der Versuchung Vorschub leisten, strukturelle Persönlichkeitsunterschiede bei den Rezipienten durch Generalisierung zu vernachlässigen. Wünschenswert erschiene es natürlich auch, durch Einbeziehung dieser Überlegungen, gestützt auf die

Erfahrungen zahlreicher kontrollierter Beobachtungen, eine *zu-schauerfreundliche Mediendramaturgie* zu fördern, die für das wichtige Bezugsfeld zwischen Kindern und Medien unverzichtbar erscheint. Der Experimentalcharakter muß demnach vom Medium weg und zur Forschung hin verschoben werden.

Zumindest sollte jedoch das Ergebnis der Forschung im Bewußtsein der Gestalter verankert, zur Gestaltungsgrundlage ihrer Arbeit werden, denn es erscheint ja widersinnig, wenn die Forschung den Medien hinterherläuft und im nachhinein feststellt, was an vermeidbarer Schadenswirkung hinausging. Man sollte eigentlich erwarten, daß die im Medienbereich Tätigen ihr Rechts- und Unrechtsempfinden nicht ausschließlich auf dem Pressegesetz begründen und nur dem Klagbaren aus dem Wege gehen, aber in reichem Maße Beklagenswertes produzieren. Es erscheint nicht zuviel verlangt, all jenen – und das ist ja ein über die Mediengestalter weit hinausreichender Kreis –, die an der Schaffung »öffentlichen Bewußtseins« beteiligt sind, den starken Formungsdruck einer richtigen und falschen Sozialisation vor Augen zu führen. Allein schon die Disproportionierung der Medien im Nutzerbereich, wie dies durch die Priorität des Fernsehens auf Kosten des Lesens tagtäglich geschieht, ist problemträchtig. Denn wenn die *Lesebalance* fehlt, führt Fernsehen in der Sozialisation zum Halbverstehen und zu einem *Konkretismus,* der einem tieferen Realitätsanspruch nicht gerecht wird. Denn nur der aktive, gestaltende Umgang mit Sprache fördert die Fähigkeit der Relativierung, da die Bildbotschaft allein durch ihre *Erlebnis-Diesseitigkeit* rasches Verstehen im Sinne einer »Übersicht« vortäuscht, aber die innere Ordnung des wirklichen, auf Qualitätsdifferenzierung beruhenden Begreifens nicht aufweist.

Das »Hier und Jetzt« als größte Täuschung

Zwischen »zur Kenntnis nehmen« und »Erkenntnis erreichen« klafft eine große Kluft, was durch die *Wissenskluft-Hypothese* erhärtet wird. Die egalitäre Massengesellschaft zieht damit aufs neue einen, allerdings ungewollten, tiefen Graben zwischen die neuerdings »privilegierten« höheren Sozial- und Bildungsschichten und die als neue »tiefe Klasse« kategorisierten *Zurückbleiber* der Informationsgesellschaft.

Die Zeit der Mediennutzung, die knapp fünf Stunden beträgt pro Tag und innerhalb weniger Jahre um mehr als eineinhalb Stunden pro Werktag zunahm, weist diese beachtliche Steigerung fast ausschließlich den audiovisuellen Medien zu. Besonders kraß erscheint der Rückgang der täglichen Zeitungslektüre bei jungen Leuten. Ihnen ist, gezeichnet vom Rückgang an Verbalisationsfähigkeit durch Leseverlust, der schnelle und leichte, von »action« getragene Zugang zum Bildermedium Fernsehen um vieles lieber geworden.

Obwohl die Medienforschung in den verschiedensten Feldern außerordentlich breit gefächert ist, erscheint es auffällig, daß die Befunderhebung eines Vergleichs zwischen Lesen und Fernsehen durch das Fehlen breiterer Forschungsansätze schwer möglich ist. Eine der wenigen, aber dafür um so spektakuläreren Arbeiten brachte das Ergebnis, daß regelmäßige Zeitungsleser Fernsehnachrichten besser aus der Erinnerung wiedergeben können als Viel-Fernseher, die wenig Zeitung lesen. Die interpretative Fähigkeit des trainierten Lesers scheint also auch für *Strukturierung* und damit *Gewichtung* von Nachrichteninhalten von ausschlaggebender Bedeutung zu sein.

Auch wissenschaftliche Beurteilungen sind gewissen modischen Strömungen nicht ganz entzogen. Daher ist die Kategorisierung der Denk- und Erlebniswelt in Links- und in Rechtshirnigkeit auch aus dem Feld der Medienforschung nicht auszuklammern. Die Polarität zwischen *Ratio* und *Emotio* gibt sicherlich vielen Kommunikationsentscheidungen eine neue Hintergründigkeit.

Wolfgang Langenbucher hat die Schicksalsfrage gestellt, ob nicht die Szenarien einer schrankenlosen Ausweitung des Fernsehprogramms und des Verlustes der Lesekultur als *kulturpessimistische Innovationsängste* zu etikettieren seien. Dies jedoch, so meint er, könnte die Versuchung stärken, das Thema einzuordnen und beiseite zu schieben, ohne die kommunikationsanthropologischen Grundfragen zu stellen: Wollen wir alles realisieren, was technisch möglich wäre? Und vielleicht noch wichtiger: Wieweit wird mediatisierte Kommunikation den Erfordernissen einer *gesunden* menschlichen Kommunikation gerecht? Die Antwort: »Mit der

Mediatisierung und der Technisierung nimmt der *pathologische Charakter des Kommunikationsprozesses* zu.« Dieses Ergebnis einer Arbeit von Graus stütze die Erkenntnis der letzen zehn Jahre, daß Symptome und Fragen der *Kommunikationspathologie* uns in Zukunft stärker beschäftigen sollten. Entfaltet unsere gegenwärtige Kommunikationswelt die medienökologisch zu fordernde Fähigkeit zum inneren Ausgleich, oder sind wir bereits Störungen des Gleichgewichts ausgesetzt und kommt es zu unerwünschten schädlichen Entwicklungen? Wir stehen also heute vor neuen Ansätzen einer *Medienkritik*. Medienkritische Untersuchungen sind ja seit den fünfziger Jahren in steigender Zahl erstellt worden, dynamisiert durch die wachsenden Bedürfnisse der Werbewirtschaft nach Steuerungsvoraussetzungen und natürlich auch gekennzeichnet von den Revierkämpfen der Medien untereinander. Besonders die Rivalität von Printmedien und audiovisuellen Medien im Kampf um Marktabdeckung und Leser-/Seherstrukturen eskalierte laufend. Ideologische Scharfschützen nahmen die einzelnen Mediensegmente in ihr Visier. Claus Eurich zum Beispiel kontrastierte zum Unterschied zur»*wahren Kommunikation*«, die nicht einseitig sei, massenmediale Kommunikation als *Scheinkommunikation*. Andere Kritiker differenzierten zwischen Informations- und Bildungsauftrag, zwischen dem Erzielen sozialen Prestiges durch »Bescheidwissen« oder im schlichtesten und verbreitetsten Falle dem ungezielten Zeitverbringen durch Unterhaltung. Selbst die Klarstellung der Tatsache, daß die Reichweite der Medien in der Summe stagniert, konnte nichts Grundsätzliches zu einer verstärkten oder veränderten Nutzung beitragen. Klar, daß dabei auch alle Fragen einer allfälligen »*Schadung*« offenbleiben ...
Hilmar Hoffmann, dem es in der»Verstellten Welt«, einem Buch mit verschiedenen perspektivischen Beiträgen zur Medienökologie, um die Defizite der schwindenden Lesekultur geht, meint, daß auch der *Paradigmenwechsel,* der mittlerweile stattfand, zwischen den Medien durch wechselseitige Funktionsübernahme die Dissonanz nicht erhellte, sondern verstärkte, daß allerdings auch seiner Meinung nach neue Leser nicht durch Propaganda *gegen* die elektronischen Medien zu gewinnen seien. Eher aus der Erkenntnis eines wachsenden *funktionalen Analphabetismus.* Dieser ist gekenn-

zeichnet davon, daß immer mehr Menschen die Fähigkeit verlieren, aus einem Text Einsichten und Schlußfolgerungen zu ziehen. Dies betrifft nicht Menschen, die überhaupt nicht lesen, sondern jene wachsende Zahl, die diese grundlegende Form der Kulturtechnik nur *unzureichend* beherrscht und auf diese Weise an einer gleichberechtigten Teilnahme an der gesellschaftlichen Kommunikation ausgeschlossen ist.

Im amerikanischen Kongreß wurde festgestellt, daß 1984 mindestens 23 Millionen Erwachsene im weitesten Sinne »analphabetisch« waren und daß jährlich 2,3 Millionen hinzukommen! Rund 40 Prozent der 17jährigen können aus einem Text keine Folgerungen ableiten! Auch die allgemeine *Leseunwilligkeit* nehme bedrohlich zu: 44 Prozent aller Amerikaner ziehen sich aus der Lesegesellschaft zurück. Nicht ganz so kraß sind die europäischen Veränderungen, aber dennoch auch beeindruckend und bedrückend zugleich. Auch in der Bundesrepublik schätzt man heute einen »Bestand« an rund drei Millionen funktionalen Analphabeten!

Diese Entwicklung erscheint deshalb als so besonders bedrohlich, weil es ja nicht nur beim Zurückziehen aus der Lesewelt bleibt, sondern wir alle ja als Handlungspartner in der Gesellschaft zu »Betroffenen« einer steigenden informativen Schräglage werden. Der Schritt von der *Leseatrophie* zur *Denk- und Fühlatrophie* ist nicht weit. Aus Beurteilungsdefiziten aber entstehen Handlungsdefizite. Oder Ersatzhandlungsüberschüsse. Beides ist gleich folgenschwer für die Gesellschaft der Zukunft.

Die Imunschwäche des Bewußtseins

Eine Welt, die nur Antworten gibt, ohne Fragen zu stellen, ist tatsächlich eine verstellte Welt. Verstellt in der Metapher einer unbewohnbarer werdenden Wohnung und verstellt im Sinne einer verstärkten *Maskierung*. Dadurch daß wir zunehmend den Kontakt zur Wirklichkeit verlieren, verlieren wir auch den Anspruch, sie zu leben, sie zu gestalten. Wenn wir unser Weltbewußtsein aus zweiter und dritter Hand empfangen, müssen wir uns damit bescheiden, immer mehr zu den Zusehern einer Veränderung zu werden, die unserem Wirken entgleitet. Allzu leicht nur kann aus dem *habituellen Voyeurismus* eine sozial tödliche Krankheit werden, eine Art *Immunschwäche der Bewußtseinsbildung.*

Wir neigen dazu, uns bei den großen Problemen dieser Welt auf einen möglichen atomaren oder ökologischen Selbstmord der Menschheit, auf die Zerstörung des Planeten durch die Bevölkerungsexplosion »vorzubereiten« und entsprechende Gegensteuerungsmaßnahmen in die Wege zu leiten, aber völlig hilflos treiben wir in das *innere Debakel.* Wir übersehen, daß die neue Welt der »*Zuseher*« auch zu einer Welt der *Wegschauer* wurde. Wir verlernen es zusehends, unsere auferlegte Rolle als »Beteiligte« im vorgegebenen Rahmen zu spielen. Wir haben vor lauter Zusehen das Mitspielen verlernt.

Wenn Postman meinte, »Wir amüsieren uns zu Tode« muß man auf der gleichen Ebene hinzufügen: Wir fürchten uns auch oft zu Tode. In Wahrheit wohl haben wir durch den Verlust an Wahrheit einer »täglichen Wirklichkeit« das Freuen und Fürchten im eigentlichen Sinne verlernt. Nicht nur als Erlebnismuster, sondern als Handlungsmuster. Die Freude der reinen Beziehung, ohne das Gegenständliche der Konsumwelt einblenden zu müssen, ist geringer geworden und ebenso die richtige Lebenseinordnung der Angst, und des Fürchtens. Wir haben *Freudenarbeit* ebenso verlernt wie *Trauerarbeit.* Einfach deshalb, weil wir nicht mehr Belastung im Positiven oder Belastung im Negativen für Bestandteile eines »normalen Lebenskonzeptes« halten. Die Kunstwelt um uns hat auch auf unsere Gefühle übergegriffen. Eine Art *synthetische Reaktivität* durchdringt uns, aber belebt uns nicht.

Der an der Universität Essen lehrende Psychologe J. Canacakis, der sich in »Trauerseminaren« der Leidbewältigung zuwendet, meint, daß unerledigte Trauer uns stumpf und gefühllos gegenüber allem mache, was um uns geschieht. Wir können so »weder die Vielfalt des Kaputten noch den Rest des übriggebliebenen Schönen sehen«. Die Klischees einer heilen Welt lehren uns von Kindesbeinen an nicht nur »töpfchensauber« sondern auch »tränensauber« zu sein, geben uns Rezepturen vor, wie man Trauer wegschieben kann.

Wer es verlernt oder gar nicht lernt, die *Last des Gemeinsamen* tragen zu können, kann auch nie den Begriff einer richtigen Partizipation am Leben entwickeln. Für ihn bleibt das Leben *Partizipagon,* nicht Partizipation: das *Leid am Gemeinsamen.* Daher auch die These dieses Buches, daß viel Unbewältigtes, viel Nichtverarbeitetes uns die Sicht auf die Zukunft verstellt. Die *Infotain-Gesellschaft* ist auf dem besten Wege, uns an einer erlebbaren Wirklichkeit vorbeizuführen. Indem sie die Welt an uns vorüberzieht. Extrem zerrissen in Tod, Traurigkeit, Hoffnung, Freude. Abgepackt in »mundgerechte« Portionen. Verwirrend und verwischend im Wirklichkeitsanspruch. Was aber das Schlimmste dabei ist: Die »Dramaturgie der Verwirrung« ist instrumentiert. Christian Werner wies darauf hin, daß die aktuelle *Weltverzeichnung* über Video-Clips von der Machart der CNN-Berichterstattung über den Golfkrieg dazu angetan ist, im Sinne von Clausewitz den Bildschirm zur »Fortsetzung der Politik mit anderen Mitteln« zu machen.

Berichterstattung mit Hilfe von *visuellen Fragmenten* und rasch springenden Bildern trägt das Kriterium einer gefährlichen Flüchtigkeit in den Medienbetrieb. Und sie schafft dazu noch eine zweite Gefährlichkeit. Die Einteilung der Welt in *Headline-Zonen:* die Wirren im Osten Europas, den Brudermord am Balkan und alles andere, was das *Informationskartell* und seine Pressuregroups für wichtig befinden – unter der Aussparung großer Teile der übrigen Welt.

Wirklichkeitserfassung ist auch, und das nicht zu knapp, durch kostengünstige Beschaffungsmittel gegeben. Billige offizielle Quellen ersetzen immer mehr medienqualifizierte Spitzenkorrespondenten. Damit wird, so Werner, die *Kunstfehlerdebatte* immer notwendiger, denn zwei Praktiken gewinnen beherrschenden Einfluß: *News-Management* – die gezielte Fernsteuerung der Berichterstattung durch Public-Relations-Institutionen – und *Spoon feeding* – die löffelweise »Abfütterung« von Journalisten mit Informationshäppchen, die virtuos und sorgfältig in den PR-Küchen der Großorganisationen vorgekocht werden.

60 Prozent der Nachrichten, die selbst von so seriösen Spitzenblättern wie »New York Times« und »Washington Post« gebracht werden, sind von Pressestellen in Umlauf gebracht.

Diese Entwicklung lief gewiß nicht beiläufig, denn die Durchsetzung von Politik und Wirtschaft durch PR-Manager nimmt weiter zu. Während bei Roosevelt, einem informations- und publizitätsbewußten Präsidenten Amerikas, etwa einer von 20 seiner Berater

mit Public Relations befaßt war, ist seit Ronald Reagan bereits jeder vierte engere Mitarbeiter des jeweiligen Präsidenten ein PR-Ex-
perte. Dazu kommen noch die *playing lobbies*. Sie relativieren die
Informationsstruktur der Medien noch einmal.»Durch die Tatsache, daß etwa 60 bis 80 Prozent der Einnahmen im Printbereich,
aber auch stark wachsende Anteile im Bereich audiovisueller Medien aus dem Werbegeschäft stammen, gewinnen, neben der PR-
Steuerung, auch die Marketingkonzepte an Gewicht. Politische
Motivation und wirtschaftlicher Sellingappeal werden damit wirksam kanalisiert.«
Unser Weltbewußtsein ist immer mehr zur *Psycho-Kollage* geworden. Tragische Bilder vom Tod stehen neben grellen Bildern einer
exhibitionistischen Lebenszuwendung. Ethnischer Kannibalismus
neben Sex-Tourismus, Mafia-Mord und Ozonloch neben
»Wünsch dir was«-Shows. In die Rolle als ewige Zuschauer gedrängt, trauen wir uns nicht zu, die »böse Welt« besser zu machen
oder die schöne Welt zu genießen und zu gestalten.

Fremdleid ohne Mitleid

Dieses Herausziehen aus der Partizipation – das ist es im eigentlichen Sinne, was uns in eine *kollektive Depression* führt. Darum
geht es uns – wie Depressiven – jeden Morgen schlechter, wenn wir
mit der realen Welt konfrontiert sind, weil sie Handlungsappelle an
uns übermittelt, während die Welt der Medien uns in die Unverbindlichkeit der »Lebens-Show« entrückt. Auf diese Weise werden
wir in eine Verarbeitungsstörung gedrängt. Durch die Dominanz
der »schlechten Nachrichten« in der Tagesspiegelung überwiegt in
uns eine negative, zukunftspessimistische Sicht.
Auf der Mit-Leid-Ebene überfordert, ziehen wir uns aus der
Handlungsverpflichtung zurück. Das gilt, was das Schlimmste daran ist, nicht nur für unsere Einbeziehung in das über die Informa-
tionsmedien zugespielte Leid, sondern dieser innere Rückzug betrifft auch unsere *personale Leidverarbeitung*. Die Ausklammerung des Beteiligungsimpulses ist nicht zuletzt darauf zurückzu-
führen, daß unsere Fähigkeit zur Identifikation mit den Nachrichten der Über-Informations-Welt drastisch verringert wurde. Leid-

überschwemmung, und dazu gehört die massenmediale Anlieferung von *Fremdleid* ohne Zweifel, führt zunächst einmal zur Verdrängung und dann, in einem zweiten Schritt, zu einer Art *Psychokompression* – zu Schuldgefühlen. Ein Teufelskreis ist damit in Gang gebracht: Aus dem empfundenen, aber nicht ausgedrückten Gefühl »Ich hasse die Welt« wurde ein »Die Welt haßt mich«. In Wirklichkeit eine Unterstellung, die der Larvierung eines Selbsthaßgefühles dient. Wir klammern uns aus. Daran können auch die vielen »Animateure« der »schönen Seiten des Lebens« nichts ändern. Die uns medial zugespielte Freude bleibt die Freude der anderen, so wie das uns zugespielte Leid das Leid der anderen bleibt. Beides verliert in gleicher Weise *Miterlebnisfunktion.* Unsere »inneren Landkarten« sind durch den Überfluß an äußerer Information nicht reicher gegliedert worden. Unser *existentielles Bewußtsein* trägt mehr »weiße Flecken« als je zuvor.

Es wäre ungerecht, festzustellen, daß eine mangelnde Journalistenmoral am steigenden Verfall kommunikationsethischer Normen schuld sei. Peter Hunziker wies darauf hin, daß in den meisten Ländern mit Kulturanspruch Journalisten auf Ehrencodices verpflichtet seien, die postuliert sind auf Wahrhaftigkeit in der Berichterstattung, auf Verteidigung der Informationsfreiheit, auf Lauterkeit der Recherche und Respektierung der Privatsphäre sowie auf Befolgung der geltenden Gesetze, um nur einige Parameter zu nennen. Was aber besonders fehle, so Hunziker, sei eine umfassende Festschreibung der Medienethik, die auf die allgemeinere Aufgabe öffentlicher Kommunikation, nämlich auf *soziale Verständigung,* hin ausgerichtet ist. Das größte Versäumnis dabei aber besteht darin, daß die Wirkungen der Kommunikationsverbreitung auf das Publikum nicht explizit in den Verantwortungsbereich journalistischer Pflichten einbezogen sind. Es liegt somit eine systematische Ausarbeitung einer *Sozialethik der Medien* im Sinne des »Prinzips Verantwortung« nicht vor.

Wir dürfen uns allerdings keinen Illusionen hingeben: Auch mit ihrer Ausformulierung und Einführung ist noch lange nicht die lückenlose Anwendung garantiert. Dazwischen steht der Schwachpunkt Mensch.

Die Latte ist auch hoch gelegt: Sollte eine ausformulierte »Verantwortungsethik« auch die erforderliche *präventive Dimension* erhalten, müßte sie ein großes Ziel vor Augen haben, nämlich die *Gesamtverantwortung* des Menschen für das Gesamtsystem Erde. Nicht nur für die Beziehungswelt Mensch-Mensch im Rahmen des Kommunikationsgefüges. Nur dann hätte sie die Chance, zu einer *Bewahrethik* für die folgenden Generationen zu werden.

Ernest Jouhya hat es als »*dialektische Vernunft*« bezeichnet, was durch die Integrierung verschiedener zusammenhängender Basisprinzipien gekennzeichnet ist: durch Partizipation, Freiheit, Vielfalt, Lebenswert, Solidarität. Was aber noch wichtiger ist: *Präventivethik will Schaden verhindern und nicht nur reparieren*, will als Grundgesetz menschlichen Gestaltens nur das ansehen, was geschehen kann, ohne etwas anderes zu belasten. Diese Forderung ist breit auffächerbar. Sie greift in die ökologischen Grundregeln alles Systemischen ein. Claus Eurich fand in seiner »Megamaschine« eine prächtige Definition dafür: »Die Eigenschaft des Menschen, mit einer bestimmten Anzahl von anderen Menschen, Sachen, Bezügen und Informationen bewußt und aufmerksam umgehen zu können, ist biologisch und sozial determiniert. Wir nennen diese Eigenschaft *Valenz*. Sie ist das Selektionsprinzip von Lebewesen in der Evolution: Wer die Informationsfülle wirksam begrenzen konnte, überlebte.«

Das weist darauf hin, daß wir uns in der Gesellschaft der Überinformation auf falschem Weg befinden: Die Vernetzung der Welt zu einem »global village«, wie Marshall McLuhan das nannte, übersieht die *kritische Größe* für menschliche Kommunikation. Zweifellos: Technisch ist Kommunikation der Welt machbar. Nicht jedoch *im* Menschen und *mit* Menschen. Die Informationsverknüpfung von Menschen unter Überbrückung kultureller, sprachlicher und wertbezogener Besonderheiten bedeutet in Wirklichkeit den Ausschluß von »Gemeinschaft«. Eurich präzisiert: »Die Weltkommunikation aus dem Wohnzimmer heraus geht auf Kosten einer Teilnahme am Geschehen in der eigenen Lebenswelt.«

Die audiovisuell gesteuerte Gesellschaft stellt also vielleicht doch nicht eine evolutive Stufe der Menschheitsentwicklung dar. Hochtechnologie hat die Ausbreitung einer *Bewußtseinsindustrie* ermöglicht. Sie ist zuerst den Gesetzen des Fließbandes gefolgt und jetzt den Gesetzen der Automation. Es liegt wohl eine tiefe Sym-

bolik darin, daß die erste Phase der Industrialisierung Menschenmassen heranholte und die zweite Phase Menschenmassen aus-
schloß.

Das Gespenst der *Freisetzung* geht um. Mit Schrapnellwirkung.
Sozial und mental. Zum Drama der »kollektiven Depression« stellt
die »Weltdepression« das Bühnenbild. In einem doppelten Dilemma muß man auch einen zweifachen Weg suchen: den der *Resozia-
lisierung* einerseits und den der *Rementalisierung* andererseits. Also insgesamt: die *Rehumanisierung* der Welt. Damit sie nicht länger und immer polarisierter aus psychosozialen Tätern und Opfern
besteht.

PS: Um den Denkhintergrund der in diesem Buch geprägten Neubegriffe zu erhellen, sei im Anhang deren kurze Erläuterung beigefügt.

Glossar der Neubegriffe

De-Realisation
Durch die von den Medien beständig zugespielte »gespiegelte« und substituierte Wirklichkeit verlieren wir zunehmend, gewissermaßen als fortschreitendes Syndrom, den konkreten Bezug im persönlichen Erlebnisraum. Diese »Entwirklichung« ist einer autonomen psychosozialen Weltorientierung gegenläufig und verstärkt die Fremdmeinungsabhängigkeit sowie die Außensteuerung der Menschen durch »Stellvertretererlebnisse«.

Ethnischer Kannibalismus
Menschenfressend sind sie ja wirklich, die wahnwitzigen Bruderkonflikte, die in der Kleinräumigkeit eines beschränkten Regionalismus aufbrechen. Arme Welt – in der Neuordnung mit Blut geschrieben wird. In Wirklichkeit leben wir ja in einer »Völkerwanderung«. Da werden unter den »Stämmen« alte Rechnungen präsentiert – Mord und Totschlag sind Heimzahlungsmittel.

Habitueller Voyeurismus
Zweifellos ist es ein »Dressureffekt« der permanenten Konditionierung durch die bunte Welt der Bildermedien, daß die »Schausüchtigkeit« der Medienkonsumenten sprunghaft stieg. Schlüsselloch-Mentalität und Kanal-Surfing im TV haben eine Art manisches Entertain-Bedürfnis geschaffen, das gewohnheitsfixiert auf Blickfang aus ist.

Headline-Zonen
Die Kategorisierung der Erde in erste, zweite, dritte und neuerdings auch vierte Welt tritt in die Interessenschatten zurück hinter den täglich neu geschaffenen Aktualkategorien der Medien. Die Headlines der Zeitungen und elektronischen Medien bestimmen

somit den Augen-Blick der Welt: Revolution, Erdbeben, Flugzeugkatastrophe, Oscar-Preisträger, Börsenkrach. Alles hinschauen, bitte! Ein Flash – und der »Rest der Welt« bleibt im Dunkel.

Kollektive Depression

Seelentonnen von Fremdleid werden von den Medien in der »Bad News«-Welt täglich über uns geschüttet. Vermehrte Aggression oder »innere Abmeldung« sind die neuen Krankheiten der überinformierten Gesellschaft. Depression ist kein Einzelschicksal mehr, sondern Massenschicksal. Klar, daß die persönliche Leidbewältigung damit empfindlich gestört ist.

Mind-Kidnapping

Die audiovisuell gesteuerte Informationsgesellschaft entführt uns Tag für Tag aus uns selbst. Saugt unser Individual-Ich in ein »schmerzloses Konzentrationslager des Geistes«, nimmt uns in kollektive Informationsgefangenschaft. Gibt uns vor, was wir zu denken haben.

Partizipagon

Aus der Partizipation, der aktiven Teilnahme an der Gesellschaft, wird nur allzu leicht die Anteilnahme. Das Leid an ihr. Durch sie. Eine neue, fordernde Resignation. Im Wortsinn selbst (altgriech. agonia: Kampf, Angst, Beklemmung) liegt bloß das passive Mitleiden – leider nicht das teilnehmende Mitleid verankert.

Perzeption

wurde schon von G. W. Leibniz als Ausdruck für die psychische Tätigkeit schlechthin verwendet. Seit 1955 bahnt sich, nach Erscheinen von F. H. Allports Arbeit »Theories of Perception«, ein Umdenken der Kommunikationspsychologie an. Vom Rezipientenbild (dem »Empfänger«) weist der neue Weg zum »Perzipienten« (dem »Verarbeiter«). Perzeption umfaßt weit über die Reizaufnahme hinaus alle Facetten der peripheren und zentralen Reizverarbeitung: Von den physikalischen über biophysikalische, biochemische, biophysiologische bis zu den höchsten psychologischen Funktionen wird nun alles »integriert« gesehen.

242

Prefabs
Vorfabrizierte »Bauteile« der (Fremd-)Meinungsbildung. Von den Mediennutzern werden die von den Medien ideologisiert angelieferten Meinungsblöcke zumeist unkritisch übernommen und als »eigene Meinung« adoptiert.

Rementalisierung
Rückvergeistigung. Von Resozialisation wird gesprochen. Sie kann aber nur im *bewußten* Wollen entstehen. Zu Bewußtsein aber gehört eine neue Geistigkeit innerer Denkordnungen. Die größte Gefahr der bildanalphabetischen, immer sprachloser werdenden Gesellschaft ist nicht nur Sprachverlust, sondern Denkverlust.

Travestiemedium
Im etymologischen Wörterbuch steht unter »travestieren«: »Durch Veränderung der Form lächerlich machen« (v. travestire: verkleiden). Das trifft eigentlich auf das gesamte Infotainment zu – vor allem aber auf die betuliche »televisionärrische« Deformation der Tageswirklichkeit: überinszeniert in der Horrorvision. Tag und Nacht im bunten Narrenkleid der Trivialprogramme.

243

Personenregister

Sachregister

Literaturverzeichnis

Appeldorn W.: *Die optische Revolution*, Rowohlt TB 1972

Arendt H.: *Eichmann in Jerusalem*, Piper 1964

Balint M.: *Angstlust und Regression*, Klett 1960

Bettelheim B.: *Kinder brauchen Märchen*, München 1980

Boorstin D. J.: *The Image*, Atheneum, New York 1961

Bresser K.: *Was nun? Über Fernsehen, Moral und Journalisten*, Luchterhand Essay 1992

Canacakis J.: *Ich sehe Deine Tränen*, Kreuz Verlag, Stuttgart

Eco U.: *Apokalyptiker und Integrierte. Zur kritischen Kritik der Massenkultur*, Fischer 1989

Földy R.: *La depression collective. Une nouvelle maladie de la societé saturée par l'information*. Impact: Science et societé, Bd. 30 (1980)

Földy R./Perner R.: *Die starken Zweiten.Träger des Erfolges*, Wirtschaftsverlag Langen Müller/Herbig 1992

Földy R.: *Allesmacher & Nichtskönner. Eine Gesellschaft mit beschränkter Haftung*, J & V 1991

Fröhlich W./Zitzlsperger R./Franzmann B. (Hrsg.): *Die verstellte Welt*, Beiträge zur Medienökologie, Fischer 1988

Fromm E.: *Haben oder Sein. Die seelischen Grundlagen einer neuen Gesellschaft*, Stuttgart 1976

Gruen A.: *Der Verrat am Selbst – die Angst vor Autonomie bei Mann und Frau*, dtv 1986

Hommes W.: *Wohin mit der Angst?* Herderbücherei 1983

Hunziker P.: *Medien, Kommunikation und Gesellschaft. Einführung in die Soziologie der Massenkommunikation*, Wissenschaftl. Buchgesellschaft, Darmstadt 1988

Kielholz P./Pöldinger W.: *Depressionsdiagnostik und -therapie als Beitrag zur Selbstmordverhütung*, in: Erwin Ringel (Hrsg.): *Selbstmordverhütung*, Fachbuchh. f. Psychologie, Frankfurt/Main 1981

Kunczik M.: *Brutalität aus zweiter Hand. Wie gefährlich sind Gewaltdarstellungen im Fernsehen?* Köln 1978

Lüth P.: *Sprechende und stumme Medizin. Über das Patienten-Arzt-Verhältnis*, Frankfurt/Main 1974

McLuhan M.: *Die magischen Kanäle. Understanding Media*, Fischer 1970

Mitscherlich A. u. M.: *Die Unfähigkeit zu trauern. Grundlage kollektiven Verhaltens*, Piper 1969

Pasolini P. P.: *Freibeuterschriften*, Wagenbach 1988

Pöppel E.: *Grenzen des Bewußtseins. Über Wirklichkeit und Welterfahrung*, dtv Sachbuch 1987

Postman N.: *Wir amüsieren uns zu Tode*, Fischer 1991

Postman N.: *Das Verschwinden der Kindheit*, Fischer 1990

Postman N.: *Das Technopol*, S. Fischer 1992

Rattner J.: *Der Demagoge und sein Publikum*, in: »Politik auf der Couch«, Picus 1992

Richter H. E.: *Umgang mit der Angst*, Hoffmann und Campe 1992

Ringel E.: *Der Arzt und seine Depressionen*, Facultas, Wien 1984

Ringel E.: *Zur Gesundung der österreichischen Seele*, Europa, Wien 1987

Ringel E.: *Unbewußt – höchste Lust*, Kremayr & Scheriau, Wien 1990

Rogge J. U.: *Raum-zeitliche und medienbezogene Erfahrungen von Kindern*, in: Schriftenreihe der deutschen Gesellschaft für Publizistik und Kommunikationswissenschaft, Bd. 18, Ölschläger 1992

Rosenfield I.: *Das Fremde, das Vertraute und das Vergessene. Anatomie des Bewußtseins*, S. Fischer 1992

Scheidt J. vom: *Innenweltverschmutzung*, Fischer 1988

Schulz W.: *Die Konstruktion der Realität in den Nachrichtenmedien*, Freiburg 1976

Strasser J.: *Leben ohne Utopie?* Luchterhand 1990

Szondi L.: *Gestalten des Bösen*, Bern/Stuttgart 1969

Timm H.: *Geerdete Vernunft*, Luchterhand Literaturverlag 1991

Welz R.: *Medien und Suizid. Zum Stand der Forschung*, in: »Suicid Prophylaxe«, Heft 1/1992, Roderer Verlag

Wendland H. D.: *Der Mensch in der Gemeinschaft*, in: »Freiheit der Persönlichkeit«, Kröner 1958

Weniger Medienberichte – weniger Selbstmorde (factum est mic), in: Ärzte Woche vom 7.10.1992

Wilber K.: *Das Spektrum des Bewußtseins*, Scherz 1987

Winnicott D. W.: *Reifungsprozesse und fördernde Umwelt*, Kindler 1974

Winterhoff-Spurk P.: *Fernsehen und kognitive Landkarten. Globales Dorf oder ferne Welt?* in: Schriftenreihe der deutschen Gesellschaft für Publizistik und Kommunikationswissenschaft, Bd. 18, Ölschläger 1992

*Bitte beachten Sie
folgende Seiten*

238 Seiten, DM 36,–

Reginald Földy

Ohne Elite geht es nicht

geht es nicht

Die Illusion von der Gleichheit

Wirtschaftsverlag Langen Müller/Herbig

260 Seiten, DM 34,–

Erwin Ringel

SEELEN-SPIEGEL

Wegweiser durch unsere Gefühlswelt

Langen Müller

200 Seiten, DM 29,80